S. A. Duse

Unter Pinguinen und Seehunden

Erinnerungen von der schwedischen Südpolexpedition 1901-1903

Verlag
der
Wissenschaften

S. A. Duse

Unter Pinguinen und Seehunden

Erinnerungen von der schwedischen Südpolexpedition 1901-1903

ISBN/EAN: 9783957003140

Auflage: 1

Erscheinungsjahr: 2015

Erscheinungsort: Norderstedt, Deutschland

Hergestellt in Europa, USA, Kanada, Australien, Japan
Verlag der Wissenschaften in Hansebooks GmbH, Norderstedt

Unter Pinguinen und Seehunden.

Erinnerungen von der
Schwedischen Südpolexpedition
1901—1903.

Von

S. A. Duse.

Einzig autorisierte Übersetzung von Emil Engel.

Berlin 1905.
Verlag Wilhelm Baensch
Buchdruckerei und Verlagsbuchhandlung
Aktien-Gesellschaft.

C. A. Larsen

mit Dank für treue Freundschaft zugeeignet

vom

Verfasser.

Inhalt.

Seite

Seite

1. Über den Atlant.

Vorbereitungen. — Falmouth. — Die ersten Eindrücke. — Das Leben an Bord. — „Haustiere". — Sao Vicente. — Über die Linie. — Buenos Aires.

— —

Es war ein recht eigentümliches Gefühl, mit dem ich die ruhigen Verhältnisse hier bei uns aufgab, um mich ungewissen Erlebnissen und Abenteuern auszusetzen. Es war ein Empfinden beginnender Freiheit, des Glückes und stürmischer Freude, durchmischt von einer gewissen Wehmut und für einen Augenblick auch wohl von einer gelinden Unentschlossenheit, als ich da die vielen Lieben sah, die mir mit bekümmertem Gesicht und voller Besorgtheit die Hand bei der Abfahrt drückten.

Mein alter Traum war nun also verwirklicht worden. Ich sollte mich nun selbst einmal in den Eisregionen versuchen, sollte selbst vielleicht einige von den vielen Abenteuern durchleben, die sich dem Polarforscher bieten, und von denen ich schon als Junge so Vieles mit Entzücken und jugendlicher Begeisterung gelesen hatte. Die Hoffnung, Gelegenheit zu haben, etwas Wertvolles in meinem, dem kartographischen Fach ausführen zu können, spornte mich gleichfalls sehr an. Mit einem Wort: trotz einiger (weniger) Dissonanzen in der Freude war ich überglücklich. Es sollte ja für mich ein ganz neues Gebiet, auf dem ich meine Kräfte versuchen durfte, werden und außerdem sollte ich nun wenigstens für eine Zeit aus der tödlichen Einförmigkeit des Alltagslebens in einer kleinen Garnisonstadt herauskommen.

Mein Vorsatz, mich einer so ziemlich riskanten Fahrt anzuschließen, erweckte sehr große Verwunderung unter einem Teil meiner Freunde und Bekannten. Verschiedentlich verwunderte man sich darüber, warum ich eigentlich reiste und welcher der eigentliche Grund hierfür wäre. Während der letzten Tage meines Verweilens in Stockholm hatte ich auch das Vergnügen, verschiedene aufrichtige Fragen wie folgende zu beantworten: Was hast du ausgefressen, daß du nun außer Landes willst? Bist du unglücklich verliebt? zc.

Viele warnten mich vor der Fahrt und versuchten, deren Gefahren und Widerwärtigkeiten in schlimmster Beleuchtung darzustellen, während wieder andere, beseelt von demselben Geist wie ich, von derselben Sehnsucht, hinaus in die weite Ferne und heraus aus der bedrückenden Enge der Zivilisation zu kommen, mich für sehr beneidenswert hielten.

Lange hatte ich mich nicht mit dem Gedanken herumgetragen, an der Expedition Nordenskjölds teilzunehmen. Noch in ganz vorgerückter Zeit war es ja sehr ungewiß, ob die Expedition auf Grund ökonomischer Schwierigkeiten zustande kommen würde, und erst im Frühjahr 1901 schien es wahrscheinlich, daß die Abfahrt innerhalb einer gewissen Frist Wirklichkeit werden sollte. Die Idee, mich um einen Platz in dem wissenschaftlichen Stab der Expedition zu bemühen, war mir von meinem Regimentskameraden und Freund, dem Hauptmann Svedenborg, der mein Sehnen und Trachten wohl kannte, eingegeben, und ihm habe ich auch die Verwirklichung dieser Idee zu verdanken. Auf meine erste Anfrage im vorigen Sommer antwortete mir Dr. Nordenskjöld, seine ökonomischen Hilfsmittel ließen es nicht zu, einen besonderen Kartographen mitzunehmen. Demzufolge hatte ich mir auch alle Pläne aus dem Kopf geschlagen, und schon eingerichtet für den Winterdienst beim Regiment, erhielt ich plötzlich anfangs Oktober

Aus Nathorst, Zwei Sommer im nördlichen Eismeer. O. Kjellström phot.

„Antarctic“.

eine telegraphische Anfrage, ob ich noch gewillt, teilzunehmen, und ob ich in einer Woche reisefertig sein könnte.

Da war nicht lange Zeit zu überlegen. Im ersten Augenblick schien es mir unmöglich. Diensturlaub mußte erlangt und eine vielumfassende Ausrüstung beschafft werden. Man begnügt sich ja auf einer ein paar Jahre währenden Fahrt nach dem Südlichen Eismeer nicht mit der einfachen Equipierung, wie solche bei einer Reise auf dem Kontinent benötigt wird. An tausend Sachen und Dinge war da zu denken, und nur wenige Tage standen mir zur Verfügung.

Mein Entschluß war jedoch bereits vorweg gefaßt. Hinaus mußte ich, wenn nur eine Möglichkeit hierfür bestand. Tags darauf reiste ich nach Stockholm, wo während eines kurzen Zusammenseins mit Nordenskjöld in aller Eile die wichtigsten Fragen abgetan wurden. Eine Vergütung für meine Teilnahme verlangte ich natürlich nicht, da ich wußte, wie gedrückt die ökonomischen Verhältnisse waren. Zu meiner Verwunderung erfuhr ich jedoch nun, daß die Expedition auch kommerzieller Natur, demzufolge den Teilnehmern eine mögliche Einnahme in Gestalt von Fangerträgen erstehen konnte. Das Programm umfaßte nämlich außer den wissenschaftlichen Arbeiten auch Jagdfahrten nach Walen und Robben.

Nun folgte eine aufreibende Woche für mich. Nachdem ich mich vergewissert hatte, daß mir der Diensturlaub bewilligt werden würde, ging es an die Beschaffung der notwendigen Polarausrüstung, die ich mir von hundert verschiedenen Stellen heranholen mußte. Hierbei unterstützte mich bereitwilligst Hauptmann Svedenborg, dessen Erfahrungen von der erstklassigen Ausrüstung Andrées her besonders wertvoll waren. Da gemäß Versicherung Nordenskjölds die Expedition Bettzeug und dergl. bereit hielt, brauchte ich an nichts als persönliche Ausrüstungseffekten, Wollsachen, Pelzwerk u. a. m. zu denken.

Wie es mir möglich gewesen, in den paar Tagen mit alledem fertig zu werden, ist mir jetzt nahezu unbegreiflich, und hätte man mir nicht so umgehend den Dienst bewilligt, wäre es mir auch sicher nicht so geglückt. In erster Linie muß ich hierfür dem Chef der Kommandoabteilung, Oberst zc. M. Blomstedt tiefgefühlten Dank ausdrücken, da er mit großem Entgegenkommen und ganz besonderem Wohlwollen trotz der Schwierigkeiten in unerwartet kurzer Zeit die notwendige Erlaubnis für mich, an der Expedition teilzunehmen, erwirkt hatte.

Hierdurch glückte es mir wirklich, fertig zu werden, zwar nicht zur Abfahrt des Antarctic von Gothenburg, so doch aber zeitig genug, nach Berechnung die Expedition in einem europäischen Hafen zu erreichen. Der Antarctic verließ also Schweden ohne mich, und im letzten Augenblick wurde ausgemacht, daß ich am 23. Oktober in Falmouth zu ihm stoßen sollte.

Am festgesetzten Tage fand ich mich nach einer flotten Fahrt über den Kontinent in der kleinen englischen Hafenstadt ein. Von dem Antarctic hatte man noch nichts gehört und ich hatte füglicherweise nichts anderes zu tun, als geduldig zu warten. Ich will durchaus nicht behaupten, daß dieses immerhin etwas langwierige Warten ohne jede Annehmlichkeit gewesen, was ich den Naturschönheiten der Umgegend des Städtchens und der großen Gastfreundschaft des schwedischen Konsuls verdanke.

Falmouth, das sehr alt ist, hat eine entzückende Lage an der Südküste Cornwalls. Seine engen, krummen Straßen und die auf dem steilabschießenden Strande terrassenförmig errichteten Gebäude erinnern teilweise an die ältesten Stadtteile Genuas. Gewiß findet man an einigen Stellen die für englische Küstenstädte charakteristische Einförmigkeit im Baustil wieder, Alles in Allem aber macht die Stadt einen sehr zusagenden Eindruck mit ihren kleinen, von hohen Mauern umgebenen Gärten, die von Lorbeer, Kakteen und Palmen strotzen, sowie den oft gänzlich efeuumrankten Häusern. Der Efeu wächst dort so üppig, daß eine der Kirchen, von denen es übrigens einen reichlichen Vorrat gibt, bis hinauf zur Turmglocke von diesem grünen Schmuck umkleidet ist.

Auf einer hohen vorstehenden Landspitze thront majestätisch die unter Heinrich VIII. zur Verteidigung des Hafens errichtete

Feste Pendennis Castle, von der herab man die herrlichste Aussicht über die Umgebung der Stadt genießt. Ueberall labt sich das Auge an der reichen Abwechslung von Farbe und Form, und das Ganze bietet eine Naturszenerie, die die Riviera kaum übertreffen kann. Die großen parkartigen Gärten machen uns staunen durch ihr nahezu tropisches Gepräge und eine Variation von Arten, — von Strandgewächsen des Schwarzen Meeres bis zu Exemplaren aus der Flora der Falklandinseln, — die einen Botaniker in Entzücken versetzen müssen. Die meiste Zeit meines Verweilens in Falmouth brachte ich denn auch damit zu, Ausflüge in die Umgegend zu machen teils allein, teils mit Engländern oder dänischen Offizieren des Kreuzers „Valkyrien", der auf dem Weg nach Westindien hier angelegt hatte, um Kohlen einzunehmen.

Hier wartete ich nun Tag für Tag, neugierig darauf, das alte berühmte Fahrzeug, das während kommender Zeiten meine Wohnstätte bleiben sollte, zu Gesicht zu bekommen. Der Antarctic ließ jedoch auf sich warten und manchmal schien die Ungewißheit, wo er sich befand, eine sehr große zu sein. Täglich trafen telegraphische Anfragen dieserhalb ein, und schließlich sandte das Reutersche Telegraphenbureau einen Bevollmächtigten an mich, Näheres über diese Angelegenheiten zu erfahren.

Ich selbst grübelte damals verschiedentlich über die Verzögerung, doch nachdem ich mit der alten Schute und ihren eingefressenen Gewohnheiten näher gekannt geworden, begriff ich die Ursache davon. Es war nicht gerade viel, was man mit einer Fahrtsteigerung auf dem Antarctic erzielen konnte, und lange brauchte man durchaus nicht an Bord zu sein, um dahinter zu kommen, an welche Übertreibung es grenzte, das Fahrzeug unter die schnelleren Fortschaffungsmittel zu registrieren.

Nach nahezu einer Woche Wartens erhielt ich schließlich am Morgen des 27. die Nachricht von dem Konsulat, daß der Antarctic angekommen und draußen auf der Reede vor Anker läge. Nordenskjöld kam desselben Tages mit dem Morgenzuge von London und wurde sofort auf dem Konsulat von Dr. W. S. Bruce, der ein paar Stunden früher angekommen war, aufgesucht.

Dr. Bruce war damals gerade dabei, seine schottische Expedition, die, wie bekannt, später ungefähr dieselben Plätze wie wir besuchten, auszurüsten und wollte nun etwas Näheres über unsere Pläne erfahren. Er erbot sich auch, sich für den Fall, daß nach unserem ersten Eindringen in die Eisgegenden Nachricht von uns aus dem einen oder anderen Grunde ausbliebe, auf die Suche nach uns zu begeben.

Hier traf ich auch Larsen zum erstenmal und wurde von ihm mit der ganzen frischen und offenen Herzlichkeit eines norwegischen Seemannes begrüßt. Ich hatte ja schon lange von ihm, der durch seine geographischen Entdeckungen seinen Namen weltbekannt gemacht hat, reden gehört, und er entsprach vollständig dem Bilde, das ich mir von ihm vorgestellt hatte. Bestimmt und sicher, mit einem gewinnenden und vertraueneingebenden Wesen und einer Sicherheit, die nur durch Gewohnheit an Gefahren zu erringen ist, verfügte er auch über eine prächtige Gutmütigkeit, die selbst in den gefährlichsten Situationen nie wich. Und später, als ich ihn in kritischen Augenblicken zwischen dem Eise und während schwerer Stürme sah, lernte ich erst völlig seinen Verstand und seine Erfahrenheit, seine Entschlossenheit und Kühnheit schätzen. Furchtlos in allen Situationen paarte er mit Kühnheit auch eine große Vorsicht, was auch die Ursache war, daß die Besatzung sich gänzlich auf den „Alten" und sein sicheres Bestimmen verließ. Larsen war sogar ein Sanguiniker par préférence. — Mancher hätte vielleicht vermeint, er sähe die Zukunft gar zu rosig und licht, — doch ich fühle mich unwillkürlich stark hingezogen zu einem Manne, der, wie ich weiß, nie verzweifelt, sondern immer voller Hoffnung ist, wie düster auch die Gegenwart einmal scheint.

Nach einem angenehmen Lunch in dem eleganten Heim des Konsuls begaben wir uns endlich in einer der Dampfschaluppen des Konsulats hinaus zum Antarctic, der mit seinem im reichsten Flaggenschmuck prunkenden hohen Takelwerk sich ordentlich stattlich ausnahm, als er da dicht neben dem weißangestrichenen dänischen Kriegsschiffe lag.

Antarctic! Ja, was ist über diese alte bereits so oft beschriebene Schute noch zu sagen? Er ruht nun in seinem Grabe unter dem Eise des Erebus- und Terrorgolfs, nachdem er seine vielseitige Laufbahn ehrenvoll beschlossen hat. Eine Kritik des Fahrzeugs und seiner durch hohes Alter hervorgerufenen vielen Gebrechen ist hier nicht am Platze. Antarctic war alt, aber trug sein Alter mit Ehren. Niemand konnte, wenn man den feingeformten Rumpf und die schlanke, riesige Barktakelage betrachtete, vermuten, daß dieses stattliche Fahrzeug seine dreißig Lenze gesehen hatte und folglich in die Klasse der Ausrangierten gehörte. Kam man jedoch an Bord, merkte man an dem gesprungenen, morschen Holz, an den ölgetränkten Balken und dem verbogenen, unebenen Deck sogleich, daß die Schute nicht in dem letzten Jahrzehnt erbaut worden.

Bereits als der Antarctic 1893—1895 seine ersten Fahrten in die Südpolargegend machte, hielt man ihn für zu bejahrt, und doch kehrte er aus diesen Abenteuern ohne einen nennenswerten Schaden wieder. Danach war das Fahrzeug im Laufe der Jahre einer Reihe von Reparaturen und Veränderungen, auf die ich hier nicht näher eingehen kann, unterzogen worden. Zur arktischen Expedition des Prof. Nathorsts 1898 wurde besonders ein aus Teilen der ursprünglichen Schanze und des Mitteldecks verfertigter äußerst geräumiger Gun—room eingerichtet, an dessen Seiten die Kajüten der Gelehrten belegen waren. Oberhalb desselben nach hinten hatten die Steuermänner und Maschinisten ihre Kajüten und ihre kleine Messe. Diese Einrichtung war fast noch in demselben Zustand, als der Antarctic diese seine letzte Eismeerfahrt antrat.

Wir hatten inzwischen beigelegt, und nach wenigen Augenblicken stand ich auf dem Deck des Antarctic. Ich kann nicht leugnen, daß meine erste Verwunderung von ziemlicher Bestürzung durchmischt, daß ich äußerst enttäuscht war; denn das Ganze sah nichts weniger als einladend aus. Das Verdeck bot das Bild eines wirklichen Chaos, wie es so angefüllt war mit einer Unmenge Gepäckballen, die man aufeinandergehäuft hatte, um Platz für Kohle zu gewinnen. Stangen und Planken, Kästen, Fässer und Säcke, Fischhamen, Schrapen und allerhand andere Gegenstände lagen überall in schönster Unordnung aufgestapelt und zwischen all diesem suchten die zottigen, knurrenden grönländischen Hunde vergebens nach einem Tummelplätzchen oder einer Ruhestätte. Um das Gemälde vollständig zu machen, füge ich noch hinzu, daß man gerade jetzt mitten drinn in der Kohlenverstauung war. Ein Kohlensack nach dem anderen wurde in dem großen Raume ausgeschüttet, Kohlenstaubwolken wirbelten um Alle und alle Männer arbeiteten im Schweiße ihres Angesichtes. Es war nicht gut möglich, in diesem Treiben die späteren Gun-room-Kameraden von den anderen zu unterscheiden.

Nach und nach lotsten wir uns vorwärts bis zur Gun-room-Treppe und kamen so auch denn hinunter in unsere künftige Heimstätte, woselbst ich in gebührlicher Ordnung die Bekanntschaft mit den Kameraden machte. Hier unten war es hell und anheimelnd. Die Kajüten dagegen schienen mir anfangs keinen überflüssigen Spielraum zu bieten. Sie maßen ungefähr 2 Meter im Quadrat und 2 Meter in der Höhe und dieser kleine Raum wurde überdies durch die Koje, den Schreibtisch und ein Kleiderspind verringert. Eine behagliche Dämmerung herrschte hier unten, da das Tageslicht nur spärlich durch das kleine Dachfenster hereindringen konnte.

Meine Kajüte wurde mir angewiesen, ich ergriff sofort Besitz von ihr und richtete mich nach bestem Vermögen in ihr ein, wiewohl der Raum von Kästen und Kisten und anderen Sachen nahezu vollgepfropft war. Es kam mir im ersten Augenblick unbestritten einigermaßen unbehaglich an, daß ich mich in dieses enge Loch hineinpferchen sollte, doch bald fühlte ich mich darinnen heimisch. Damals wußte ich noch nicht, daß eine Zeit kommen würde, in der ich meine kleine Kajüte auf dem Antarctic bitter vermißte und mich nach meiner warmen Koje zurücksehnte.

Dr. Bruce dinierte an diesem Tage an Bord. Für den Abend waren wir auf „Valkyrien" geladen, wo uns beim Abendessen Dänemarks Begleitwünsche, daß es uns wohlergehen solle,

Dozent Otto Nordenskjöld.

übermittelt und ein Hoch auf unser Unternehmen und unser altes Fahrzeug, das unlängst unter dänischer Flagge seine bekannte Grönlandsfahrt gemacht hatte, ausgebracht wurde. Am Abend darauf verließen wir Falmouth mit einer bedeutenden Deckladung und bald waren wir draußen auf dem Atlantischen Ozean.

Erst als wir aufs Meer hinausgekommen und ich mich einigermaßen zu sammeln vermocht, fand ich Zeit, meine Kameraden näher in Augenschein zu nehmen. Wir also sollten so lange Zeit künftig das gleiche beengte Deck treten, ganz besonders wir, die plangemäß den rührigen Teil der Expedition ausmachen sollten! Zeit hatte man ja genug, gründliche Bekanntschaft miteinander zu machen, möglicherweise auch Zeit genug, einander überdrüssig zu werden. Von anderen Expeditionen hatte ich erzählen hören, wie schwer es gewesen, mit einander auszukommen, wenn das Einförmige des Lebens an Bord anfing, die Sinne zu bedrücken und die gute Stimmung fortzuscheuchen, wenn sich der Gedanke an die Heimat und die Sehnsucht nach dieser trotz starken Dagegenauflehnens der Menschen bemächtigte und sich Trübsinn einstellte.

Auf einer Expedition war man es in dem Grade überdrüssig geworden, des Anderen Stimme zu hören, daß man sich nur per Korrespondenz unterhielt. Man griff zu dem einfachen Mittel, an den Kajütentüren Briefkästen anzubringen, die die mehr oder weniger interessanten Ergüsse, die man durch die Feder festzuhalten sich getrieben fühlte, aufnahmen, und auf diese Weise konnte es lange Perioden so fortgehen. Auf einer anderen Expedition war man zu Handgreiflichkeiten übergegangen, um der Mißstimmung Luft zu verschaffen, und auf noch einer anderen kam es so weit, daß periodischer Wahnsinn ausbrach, u. s. f.

Wie würden wir auf die Dauer miteinander auskommen? Diese Frage drängte sich mir unwillkürlich auf, und mit einer gewissen Neugier und Spannung betrachtete ich meine Kameraden, besonders die, mit denen ich die längste Zeit innerhalb der Dahlborde des alten Antarctic zubringen sollte. Ehe ich weitergehe, will ich versuchen, mit einigen Worten die Eindrücke zu schildern, die meine Mitbrüder im Gun-room, welche mir mit

Ausnahme des Dr. Ekelöf anfangs sämtlich Fremde waren, auf mich machten.

Mit Nordenskjöld, Bodman und Ekelöf sollte das Beieinanderweilen verhältnismäßig kurz sein. Sie gehörten nämlich zu der Abteilung, die irgendwo auf dem Eislande abgesetzt werden sollte, um zu überwintern.

Nordenskjöld schien anfangs nach den überhasteten Arbeiten, die er mit dem Zustandebringen der Expedition gehabt hatte, ganz nervös und überanstrengt. Er war übrigens während der ganzen Zeit schweigsam und verschlossen, der Typ dieser eigentümlichen Naturen, die unter gewöhnlichen Verhältnissen so schwer zu verstehen sind.

Bodman war lebhaft und heiteren Gemüts. Beinahe immer mit einem Scherzwort oder aufmunternden „bon mot" auf den Lippen, schien er vornehmlich dazu auserkoren, das auffrischende Element der Überwinterungsabteilung zu werden. Er mußte zu seiner eigenen Befriedigung immer tätig sein, und Beschäftigung fehlte ihm auch nicht. Während der Zeit, die er an Bord zubrachte, leitete er die meteorologischen und hydrographischen Untersuchungen und für die Winterstation war ihm die wichtigste der Arbeiten anvertraut, nämlich die magnetischen Observationen.

Ekelöf kannte ich bereits seit der Zeit her, da uns in derselben Schule die ersten Wissenschaftsgründe in die Jungenschädel eingepaukt wurden. Wie Bodman war auch er praktisch und sehr sportmäßig veranlagt, weshalb er auch besonders dazu ausersehen, an der Überwinterung teilzunehmen. Neben seiner Wirksamkeit als Arzt stellte er ferner mit der Präzision eines Gelehrten und mit scharfem Beobachtungsvermögen bakteriologische und andere Untersuchungen an, deren Resultat sicherlich von großem Wert sein werden.

Unter denen, die an Bord verbleiben sollten, befand sich vornehmlich Ohlin, der auf dem arktischen Forschungsgebiet erfahrenste von uns. Er war gutmütig und voll trockenen Humors, ein stets ersehnter Genosse bei den Abendunterhaltungen im Gun-room, woselbst seine munteren Einfälle und Anspielungen immer unter den Anwesenden eine launige, heitere Stimmung erzeugten. Im späteren Verlauf der Expedition mußte er, körperlich gebrochen, wieder heimkehren, um, kaum in der Heimat angelangt, seine Laufbahn zu beschließen. Sein Gedenkbild wird stets mit wehmütigem Vermissen seiner selbst in all Denen fortwähren, die ihn je kennen und schätzen gelernt hatten, fortleben als eine Erinnerung an einen liebwerten, freundereichen und gutherzigen Kameraden und unersetzlichen Freund.

K. A. Andersson war wie Ohlin Zoologe. Stark und abgehärtet, groß geworden in den bohusländischen Schären und demzufolge schon seefest, beteiligte er sich mit Vorliebe gern an den Arbeiten der Matrosen, und in kritischen Momenten, wenn es z. B. galt, schnell die Segel zu bergen, sah man ihn in einer für eine gewöhnliche Landratte äußerst lebensgefährlichen Stellung auf einer Raa. Dank seiner unermüdlichen Arbeitslust und -kraft konnte er, nachdem uns Ohlin verlassen, die wichtigen zoologischen Arbeiten in außerordentlicher Weise allein weiterführen.

Schließlich ist Skottsberg, der Botaniker, an der Reihe. Jung, doch sehr vorgeschritten, vielseitig talentiert und einigermaßen selbstbewußt, war er unbedingt der originellste in unserem Kreis. Mit seinen gleichzeitig freien und sicheren Manieren gab er den Typ eines „freien jungen Mannes“, vor dem die Welt offen liegt, ab.

Über Larsen habe ich bereits gelegentlich unserer ersten Begegnung gesprochen. Er bewies sich während der ganzen Expeditionsdauer als der treue Freund, wie ich ihn anfangs befunden. Sein ungewöhnliches Interesse für unsere Arbeiten machte es uns leicht, unser wissenschaftliches Programm auszuführen trotz der Schwierigkeiten, deren sich eine kombinierte Fang- und wissenschaftliche Expedition immer gewärtig sein muß.

Je näher ich mit meinen kecken und tüchtigen, offenen und rechtschaffenen Kameraden bekannt wurde, desto gewisser wurde es für mich, daß es für uns, die wir die langen Wintermonate draußen auf dem Meere gemeinsam zubringen sollten, keine

Schwierigkeiten geben würde, einig zu bleiben. Dies bestätigte sich denn auch später während der Winterfahrten des Antarctic, und als uns dann schließlich ganz unerwartet Widerwärtigkeiten zustießen, schlossen wir uns nur in noch wärmerer Freundschaft einander an.

Ruhig und sicher, doch erschrecklich langsam glitt der Antarctic auf dem Atlantischen Ozean dahin und das Leben an Bord trug auch jenes Gepräge gleichartiger Ruhe. Anfangs hatte ich große Furcht vor der weniger angenehmen Seekrankheit, doch bald gewann ich meine Ruhe wieder, als ich meine erste Feuerprobe, einen ordentlichen Seegang vor der Biscayabucht, glücklich überstanden hatte. Wir hatten uns während dieser ganzen Fahrt über den Atlantischen Ozean auch eines besonders guten Wetters zu erfreuen. Das Meer lag mehrere Tage hindurch ruhig wie ein Spiegel da und die vielbesprochenen Passatwinde blieben fast gänzlich aus.

Eintönig mußte es ja mit der Länge der Zeit an Bord werden, wenn man so Tag für Tag, Woche für Woche außer dem Fahrzeug nur Himmel und Meer sah. Hierzu trug noch bei, daß wir während dieses Teiles der Reise just nicht viel zu tun hatten. Die ständige Hamenfischerei, die mit gewissen Unterbrechungen Tag und Nacht fortgeführt wurde, das gleichfalls ständige Abnehmen oder Abmessen der Wassertemperatur, das Wasserproben, nebst einer Wassersammlung aus der Tiefe, wobei nur wenig Gelegenheit zum Beistand beim „Aufwinden" des Wasserschöpfers geboten war; das machte Alles aus. Aber die Bibliothek, die uns mit freigebiger Hand von verschiedenen Verlegern geschenkt worden, gab uns einen angenehmen Zeitvertreib. Ein Teil der Zeit ging auch mit dem Aufzeichnen der Reiseeindrücke und Stimmungen in die Tagebücher verloren. Zudem suchte man auf alle erdenkliche Art und Weise, sich zu beschäftigen, um die Zeit schneller hinter sich zu bringen. Eine Zeitlang konnte man auch dem Schmied helfen, der mit einer bewunderungswürdigen Gleichgültigkeit der Wärme gegenüber unter der brennenden Tropensonne Tag für Tag bei seiner Esse stand.

Kapitän C. A. Larsen

Ein anderes Mal war man, wenn nötig, Tischler. Dann wieder kam das Umstauen der Ladung, wobei man ebenfalls zugegen sein mußte, um die eigenen Privatkolli vor dem Begrabenwerden im Boden des Fahrzeugs oder vor der Uebersiedlung in die Bagageabteilung der Winterstation, in die hineinzuwandern ein großer Teil des Vorrats Neigung empfand, zu „retten."

Nicht geringste Mühe und Sorge verursachten uns die Hunde. Für das Wohlergehen derselben war nicht besonders gut gesorgt. Eigentümlich genug führte man weder eine für die gewöhnlichen Krankheiten dieser Tiere ausreichende Medizin noch eine Anleitung zu deren Pflege mit, und kein Mensch an Bord hatte eine Ahnung, wie diese arktischen Tiere während der tropischen Hitze behandelt werden mußten. Der Arzt war nämlich nicht davon unterrichtet worden, daß Hunde mitgenommen werden sollten, und hatte für diesen Fall auch darum keine Maßregeln ergriffen.

Von Anfang an wurden zehn ausgewachsene und fünf junge Eskimohunde mitgeführt. Eine der Hündinnen warf außerdem nach der Abfahrt vom Sandefjord Junge. Doch bei einem Sturm im Kanale kullerte sie durch die heftigen Erschütterungen des Schiffes über ihre Jungen und erdrückte so alle zehn. Als ich an Bord kam, lagen die kleinen Leichname noch bei der Mutter, und es war herzergreifend mitanzusehen, mit welchem Eifer sie sie beleckte, um Leben und Wärme in die erkalteten Körper hineinzubringen. Nachdem die toten Jungen über Bord geworfen, hörte man Tage und Nächte hindurch das durchdringende Geheul der Hündin nach ihren Kleinen.

Wärmer und wärmer wurde es, je näher wir dem Süden kamen, und bald fing die Staupe unter den armen dickpelzigen Geschöpfen, denen keine Möglichkeit geboten, sich gegen die Hitze zu schützen, zu grassieren an. Sie litten furchtbar.

Am 30. Oktober gab ich einem der Tiere, das sehr schlimm daran war, eine Dosis schwefelsaures Chinin, mit welchem Mittel ich einmal einen Hund gegen die Staupe erfolgreich behandelt hatte, aber hier erwies sich das Resultat, daß der Hund nach einer Stunde starb. Ebenso erging es mir am Tage darauf mit einem anderen, und von da an gab ich meine Heilungsmethode auf. Nachgerade fing die Sache an, bedenklich auszusehen; denn selbst die monatalten Hündchen zogen es eines nach dem anderen vor, in die seligeren Jagdgefilde auszuwandern.

Der Todeskampf der Hunde war entsetzlich mitanzusehen. Nahezu erblindet durch Eiterabsonderung der Augen und gelähmt im ganzen Rückteil schleppten sie sich unter Starrkrampfanfällen über das brennendheiße Deck. Um sie der letzten Kämpfe zu entheben, erschoß ich die übriggebliebenen Kranken, sobald sich der Starrkrampf einstellte. Auf diese Weise verloren wir außer den jungen noch sechs von den alten, sodaß von den 25 Hunden schließlich nur vier übrig blieben, als wir unser eigentliches Wirkungsgebiet erreichten. Von diesen ungewöhnlich widerstandsfähigen Tieren war nur eine Hündin einmal leicht erkrankt.

Die beiden männlichen Tiere, von der Besatzung Basken und Suggen nach den Hunden Nansens, die den Fram begleiteten, benannt, hielten, sobald sie losgekoppelt wurden, beständig Ausguck nach der Schiffskatze, deren Leben oftmals in Gefahr geriet.

Die Katze war das Geschenk einer jungen Dame aus Sandefjord und wurde von den Matrosen als glückmitführend betrachtet. Sei dem, wie ihm wolle, sie hatte jedoch ihre eigenen Sauberkeitsbegriffe und schien sich vornehmlich für den Gun-room und unsere Kajüten zu begeistern: kein Platz war ihr dort heilig. Sie hatte eine ungewöhnliche Gabe, sich einzuschleichen, sobald ein Spalt, eine Luke oder dergleichen geöffnet wurde. So hielt sie mich eine ganze Nacht munter durch ihr Miauen und Gejammere, ohne daß ich, trotz aller List, herausbekommen konnte, woher die Laute kamen. Aufgebracht und wütend stellte ich am Morgen in der Kajüte eine Razzia an und erwischte sie schließlich unter meiner Koje in einer Kiste, in der sie zwischen den Kleidern und anderen Dingen eine Gastrolle gegeben und in ihrer selbeigenen Methode gewirtschaftet hatte.

Eines Tages stellte Ekelöf bei einem der Besatzung, bei dem die Katze die letzte Nacht zugebracht hatte, Krätze fest. Wir ergriffen darauf sofort das Tier und nahmen an ihm zu seiner großen Verblüffung eine weniger angenehme, dafür aber gründlichere Waschung mit Sublimat vor. Sie wußte unser Wohlwollen jedoch keineswegs zu schätzen, sondern setzte sich energisch zur Wehr, wovon unsere zerkratzten Hände hernach deutlich Zeugnis ablegten. Nach diesem Vorgang schien es dem Miezchen nicht mehr an Bord zu behagen; denn in Buenos Aires, deren Lockreize sichtlich zu stark für dasselbe waren, entschlüpfte es uns mit großer Behendigkeit. Nach der Mutmaßung Skottbergs verschwand es, um sich in irgend einem Winkel der Großstadt ein stilles Familienglück zu gründen.

Dies ist die kurze Geschichte der Schiffskatze. Hiernach erhielten wir neue Katzen und auch eine reichliche Auswahl Mäuse. Auf letztere Haustiere und deren Eigenschaften werde ich später zurückkommen.

Einen Unglücksfall hatten wir gleich zu Beginn der Reise, doch endigte derselbe umso angenehmer auf ganz humoristische Weise. Eines Abends saßen wir wie gewöhnlich mitten drin im Wiraspiel, als der alte Haslum, der zweite Steuermann, seinen Kopf durch die Treppenluke steckte mit einem kurzen „Feuer!" Unser aller bemächtigte sich eine gewaltige Aufregung. In der Erregung griff ich nach meinem Waschbecken und raste mit den Anderen aufs Deck, wo man Flammen aus der Großluke aufsteigen sah. Den reichlichen Zugang des die Schute umgebenden Wassers vergessend, goß ich den minder reinen Inhalt des Waschbeckens durch die Öffnung und dem Segelmacher gerade mitten aufs Gesicht, daß er sofort fluchend und spuckend heraufenterte. Meine wohlgemeinte Douche traf just den Urheber des Feuers. Er hatte im Zwischendeck eine brennende Lampe stehen lassen, die durch die Schwankungen des Schiffes zwischen die hier aufgestapelten Petroleum- und Spiritusfässer gefallen war. Rasch wurde Wasser um Wasser herbeigeschafft und so das Feuer bald erstickt, um gewiß im letzten Augenblick eine zerstörende Explosion zu verhindern.

Wiederholt hatten wir während der Fahrt Feuersbrünste, nie aber war es so kritisch, wie bei diesem Falle.

Sonst wurde die Eintönigkeit an Bord während dieser Zeit nicht viel unterbrochen. Mit Ausnahme der eigenartigen Krebstiere und kleinen Fische, die durch die Hamennetze heraufgezogen wurden, sahen wir nicht sehr viele Geschöpfe außerhalb des Fahrzeuges. Hin und wieder erschien plötzlich weitab ein Finnfisch und anfangs nahten sich auch einige Schwärme Delphine, die, wie uns zu höhnen, vor dem Bug herschwammen und spielerisch unsere Bahn kreuzten. Mit großer Spannung sahen wir dann den stets fruchtlosen Bemühungen der Matrosen, die diese flinken Tiere vom Bugspriet aus zu harponieren versuchten, zu. Mitunter ließen sich auch vor und hinter uns eifrig nach Nahrung suchende Haie sehen. Diese schlimmsten Raubtiere des Meeres, von deren widriger Gierigkeit man sich so Vieles erzählt, sind weder zur Jagd, noch zum Fischen gerade einladend. Schoß man wirklich mal einen aus dem Haufen, warfen sich sofort die Genossen über ihn her, um ihn in wenigen Augenblicken zu verschlingen.

Je näher wir den kapverdischen Inseln kamen, desto mehr belebte sich das Bild des Meeres. Große Scharen Flugfische umgaben uns von allen Seiten und die Schwärme der Meeresvögel mehrten sich. Der eine und der andere kleine vom Winde so weit getriebene Landvogel sank totmatt auf das Verdeck nieder, um seine Tage zu beschließen. Das Meer erhielt eine andere Färbung; der Duft der Strandalgen und Tange drang einem in die Nase, und endlich kam Land in Sicht. Es waren die waldlosen, bergigen kapverdischen Inseln, von denen Sao Vicente unser Ziel war. Hier verbrachten wir nur wenige Stunden, da wir eigentlich nur unseren Wasservorrat auffrischen und Postsendungen aufgeben wollten.

Es war ein recht angenehmes Gefühl, mit dem wir, nachdem wir über einen Monat blos das schaukelnde Verdeck getreten hatten, den Fuß aufs Land setzten. Etwas besonderes von Interesse hat dieser Außenposten des schwarzen Erdteiles nicht aufzuweisen. Die hohen kahlen Klippen wirken äußerst abstoßend und der kleine ausgedörrte und brennend heiße Flecken mit seinen niedrigen Häusern und kleinen Negerhütten war bald besichtigt. Umschwärmt von einer Schar schmutziger halbnackter Negerjungen, die unauf-

Ansicht von Falmouth.

Einige der Eskimohunde. Duse phot.

hörlich ihre Dienste anboten und ebenso unaufhörlich um eine Kupfermünze bettelten, streiften wir in den Straßen umher. Die Schamhaftigkeit der Neger ist selten hoch entwickelt. Nicht blos die Kinder gingen hier in paradiesischer Tracht, sogar verschiedene ältere Personen hatten ein Minimum an Bekleidung ihrer sterblichen Hülle. So waren z. B. zwei schwarze Schönheiten so ausnehmend liebenswürdig, auf den Wink unserer kleinen Cicerone bei unserer Ankunft ihre unbedeutenden Bedeckungen fallen zu lassen, was uns veranlaßte, sie sozusagen bei offenem Vorhang zu photographieren und ihre vielleicht allzu afrikanischen Formen sogestalt zu verewigen. Schließlich machten wir noch einige Einkäufe von Negerkuriositäten, die, wie mir später mein schwarzer Führer anvertraute, höchst wahrscheinlich „made in Germany" waren. Die Negerjungen erhielten Gelegenheit, ihre Geschicklichkeit im Tauchen nach hinabgeworfenen Kupfermünzen, die sie während des Sinkens mit unglaublicher Fertigkeit mit dem Mund auffangen, zu zeigen. Und bald glitt der Antarctic wieder hinaus aufs offene Meer, seine lange Reise fortzusetzen.

Die Hitze fing allmählig an unerträglich zu werden. Des Nachts hatten wir in den Kabinen nahezu + 35 ° C. und dieselbe Temperatur hatte natürlich auch das „erfrischende" Trinkwasser. Das Fehlen einer Ventilationsmöglichkeit in unseren Kabinen machte sich hier bemerk- und fühlbar. Viele von uns zogen es daher vor, die Nächte auf dem Deck zuzubringen, weil hier der eine oder andere Windzug etwas auffrischen konnte.

Die Linie wurde mit den pflichtigen Zeremonien passiert. Neptun stattete der Schute in höchsteigener Person Besuch ab, um bei der Einseifung, Abschabung und Taufe der armen Sünder, die nie vorher die südliche Hälfte unserer Erde betreten, zugegen zu sein. Besonders angenehm ist dieser Taufakt, bei dem man mit einer Mischung von Seife, Fett und Teer eingeschmiert wird, gerade nicht. Der Unterzeichnete war bei diesem hochfeierlichen Akt in der Eigenschaft eines Barbiers, der mit milder Hand und einem gewaltig imponierenden meterlangen Rasiermesser (aus Holz) die Delinquenten abschabte, tätig. Ich hoffte, auf Grund meines Eifers bei dieser Operation selbst der unbehaglichen Taufe zu entgehen, wurde jedoch von vielen bereitwilligen Händen ergriffen und kopfniederwärts in die wenig wohlriechende Tunke, die jetzt nur noch nach all der Anderen Waschung in der Schlammkufe enthalten war, gestülpt. Darauf brach unter Allen ein Krieg gegen Alle aus. Nasse Schwabber sausten durch die Luft, Teerbütten erfreuten sich eifrigen Zuspruchs, und man versuchte nochmals, einander in das Taufbecken zu stürzen, wobei einige wohlwollende Seelen die Gruppen der Ringenden mit Meerwasser überfluteten.

Ein sich einmischender Regen machte dem Tumult nach und nach ein Ende und die Feier des Tages wurde mit einem äußerst lukullischen Fest im Gun-room, wobei es hoch herging, abgeschlossen. Viele solcher abwechslungsreichen und angenehmen Tage hatten wir während der Reise nicht. Tags darauf waren wir wieder mitten drin in der alten Eintönigkeit.

Unser nächstes Ziel war Buenos Aires, wo wir Kohlen einnehmen und unsere Ausrüstung komplettieren sollten, und wir rechneten bereits mit jedem Tage, der uns weiter südwärts brachte. Die Schnelligkeit des alten Antarctic blieb während der langen Zeit fast immer die gleiche, sodaß wir uns hinreichend in Geduld üben konnten.

Erst am Morgen des 14. Dezember kam Land in Sicht. Es war die graugelbe eintönige Küstenlinie Uruguays, die hin und wieder an gefährlichen Punkten mit einem Leuchtturm abwechselte. Kaum angelangt in der Mündung des Rio de la Plata wurden wir von einem Lotsenschiff angerufen und erhielten Lotsen an Bord. Der Versuch, in die Hauptstadt Argentinas ohne Lotsen zu gelangen, ist mit einem großen Risiko verbunden. Selbst alte eingelebte Lotsen zögern oft bei schwerem, stürmischem Wetter oder zur Nachtzeit stromaufwärts zu fahren. Die starken Strömungen im Verein mit dem losen Sandboden verändern die Sandbänke in völlig unberechenbarer Weise. Wo vor einigen Tagen noch Alles fahrtklar war, kann jetzt eine verräterische Bank liegen, die nur durch hellere Färbung des Wassers oder durch heraussteckende

Bodman, Skottsberg, Nordenskjöld, Duse, Ekelöf, Larsen, K. A. Andersson, Ohlin — Duse phot.

Im Gun-room.

Mastspitzen eines unlängst gescheiterten Fahrzeuges entdeckt werden kann. Bereits am frühen Morgen war der Antarctic nahe daran, auf eine solche Bank festzurennen, und nur das rechtzeitige Dazwischenkommen Larsens rettete uns im letzten Augenblick. Der Steuermann, der die Wacht hatte, sah wohl einige kurze Segelstangen aus dem schmutziggelben Wasser herauslugen, aber in der Meinung, es mit Seewegzeichen zu tun zu haben, behielt er ruhig den Kurs des Fahrzeuges bei, bis der Schiffsleiter durch einen Zufall nach oben kam und mit seinen scharfen Augen sofort entdeckte, daß wir direkt auf ein gesunkenes Fahrzeug lossteuerten.

Dank einem günstigen Winde ging die Fahrt flußaufwärts mit einer Schnelligkeit, die uns alle überraschte. Nachdem wir durch den engen, doch zu den großartigen Hafenanlegungsplätzen führenden Kanal, der in diesem seichten Flußbett mit großer Mühe offengehalten wird, bugsiert waren, langten wir schließlich am 16. morgens in Buenos Aires an, wo der Antarctic nach einer langen Wartefrist in einem der geräumigen Hafendocks aufgenommen wurde.

Eine nähere Beschreibung dieser größten Stadt der südlichen Halbkugel will ich hier nicht unternehmen. Wenige Städte haben sich in so kurzer Zeit in solchem Grade entwickelt. Dort, wo vor einem Jahrzehnt nur einstöckige Häuschen mit den charakteristischen platten Dächern und den von Säulengängen umgebenen und gepflasterten offenen Höfen standen, erheben sich jetzt wahre Paläste, die den Vergleich mit denen der größten Städte Europas völlig aushalten. Die Großbauten haben hier ein eigenartiges Gepräge durch die kolossale Fensterhöhe und die oft marmornen Fassaden, die mit Säulen und Steinbalkone geschmückt sind. Obgleich sie eine ansehnliche Höhe erreichen, schließen sie gewöhnlich nicht mehr als 3—4 Stockwerke in sich.

Die asphaltierten, wohlgepflegten Boulevards erinnern lebhaft an Paris, nur ist das Leben und Treiben auf denselben weniger unruhig und geräuschvoll, obgleich Droschken und Equipagen hier in einer Weise gefahren werden, wie ich sie nur in Petersburg und Moskau habe übertreffen sehen.

Die Expedition verweilte in Buenos Aires fünf Tage, die kürzeste Frist, um einen Teil wichtiger Fragen ins Reine bringen zu können. Die argentinische Regierung versprach uns mit ungewöhnlicher Freigebigkeit, die Expedition in einem Geschenk von ca. 250 Tonnen Kohle, die wir bei Gelegenheit im Feuerlande abheben sollten, zu unterstützen. Die Behörden zeigten sich übrigens alle äußerst entgegenkommend und interessiert und waren bemüht, uns in allen Dingen zu Diensten zu sein. Von verschiedenen Seiten erhielten wir Einladungen zu Banketten und Festlichkeiten und unser Schiff hatte ständig Zustrom an Besuchern. Die Zeitungen sandten täglich ihre Reporter, die uns zu interviewen bemüht waren, und von denen häufig etliche Photographenapparate bei sich führten.

Wir erhielten hier zwei neue Gun-room-Kameraden, nämlich den amerikanischen Artist Mr. Stokes, der von seiner Teilnahme an den Grönlandexpeditionen Pearys her bekannt, und den jungen argentinischen Marineoffizier Leutnant José Sobral. Der Erstgenannte verließ uns jedoch sehr bald, um wieder heimzukehren. Sobral dagegen schloß sich der Abteilung an, die zur Überwinterung bestimmt war. Daß diesem ungewöhnlich kecken und sympathischen Jüngling ein Platz in der Winterstation gewährt wurde, war eine Gegenleistung Nordenskjölds für die versprochene Kohlenladung. Gemäß der ausgemachten Bedingungen sollte er sogar an allen Schlitten- und Bootfahrten Nordenskjölds teilnehmen.

Nach einem angenehmen, obschon leider sehr kurzen Aufenthalt in der argentinischen Millionenstadt, bei dem wir nicht den geringsten Eindruck von dem bevorstehenden Krieg mit Chile davontrugen, wandten wir den Vordersteven wieder gen Süden. Vom heißesten Sommer und von einer Natur, auf die eine freigebige Vorsehung ihre reichsten Schätze ausgeschüttet zu haben schien, gingen wir nun Winter und Kälte, einem ungewissen Kampf mit Eis und Schnee entgegen.

2. Eine antarktische Sommerfahrt.

Port Stanley. — Unser antarktisches Wirkungsfeld. — Erstes Erblicken des Eislandes. — Pinguinen. — Robbenabschlachten. — Das Problem des Orléanskanales. — Eisberge. Ostwärts. — Anlandsetzung der Winterabteilung. — Ein letzter Vorstoßversuch gen Süden.

Der letzte Teil dieser Überfahrt von Buenos Aires nach unserem Ziel, den immerwährenden Eisgegenden, schien mir erstaunlich schnell vor sich zu gehen.

Nur noch zwei Plätze in der bevölkerten Welt unterwegs waren wir angelaufen, nämlich das auf den Falklandinseln belegene Port Stanley und die magnetische Station der Argentinier auf der Stateninsel. Am ersten Orte konnten wir den allzu dezimierten Hundebestand um 8 kräftig gestaltete langhaarige Schäferhunde, die sich allem Anschein nach für unsere Zwecke vorzüglich eigneten, vermehren.

Wie ich bald erzählen werde, glückte es uns hierdurch keineswegs, die leidige Hundefrage auf besonders vorteilhafte Weise zu lösen; denn diese „neuimportierten" Tiere gingen in dem recht begrenzten Kampf ums Dasein auf dem Eise nur einem traurigen Ende entgegen.

Port Stanley ist nicht gerade geeignet, ihm viele Worte zu opfern. Die kleine Ansiedlung, die etwa 800 Einwohner zählt, bietet nichts, was einen Fremden im geringsten interessieren könnte. Aus den niedrigen einstöckigen Häusern, die in starren Fluchtlinien den südlichen Strand der sich langhinziehenden und binnenseeartigen Bucht bedecken, ragt nur der große Häuserkomplex, der die Residenz des Gouverneurs ausmacht, heraus. Die Stadt erfreut sich dreier Kirchen, die fleißig besucht werden; noch größere Anziehungskraft aber haben die vielen Kneipen, kleine, enge, schmutzige und verräucherte Spelunken, in denen an der unvermeidlichen Bar der Seeleute sauer erworbene Pfennige draufgehen.

Die Lage der Stadt ist nicht besonders anziehend und die Umgebung derselben schrecklich eintönig. Einen unbedeutenden Bergrücken hinter dem anderen breitet sich die niedrig gelegene flache Landschaft wie eine einzige öde Heide aus, die nur an einigen Punkten, an denen der zerklüftete Berggrund zu Tage tritt, von einem schärferen Höhenkamm unterbrochen wird. Sie hat eine trostlose Ähnlichkeit mit einer Steppenlandschaft, rauh und ungastlich, abwechselnd grau und gelblich grün und ohne auch nur einen einzigen Schimmer von Ansprechenheit. Nicht ein Baum, nicht einmal ein Strauch existiert hier, die Einförmigkeit zu unterbrechen, woran wohl die hier ständig herrschenden Stürme schuld sind, die die Heide durchrasen und unerbittlich jeden schwachen Versuch bescheidener Pflanzen, sich zu einer nennenswerten Höhe zu entwickeln, ersticken. Diese Inseln, die von der Natur so karg ausgerüstet mit dem, was den Menschen das Verweilen in einem Lande erträglich macht, sind in einer der sturmreichsten und unfreundlichsten Gegenden unserer Erde belegen. Nur zu oft wird man an die nahe Nachbarschaft des Kap Horn erinnert. Das Scheitern kleiner Kutter und Schoner, die zwischen den zerschnittenen Küsten verkehren, gehört zur Tagesordnung. Ein beneidenswertes Los ist es gewißlich nicht, hier als Küstenschiffer tätig zu sein.

In Stanley traten wir das neue Jahr mit einer im Gunroom veranstalteten kleinen Feier an, zu welcher auch die Steuerleute und Maschinisten geladen waren. Hochs auf Gedeihen und Glück zu unserem Unternehmen wurden ausgebracht, der Phonograph spielte seine schnarrenden Weisen herunter und ließ uns nicht einmal unsere beliebten Burschenlieder vermissen. Der Abend hatte ein natürlich-herzliches Gepräge, ein solches, wie man es zwischen einfachen Schiffswänden, innerhalb derer sich Alle näher zu einander gezogen fühlen, findet.

Das Weihnachtsfest hatten wir einige Tage nach dem Verlassen Buenos Aires draußen auf dem Meere gefeiert. Wir erfreuten uns eines gedeckten Festtisches, einer Beleuchtung des ganzen Gun-rooms, großartiger Bewirtung mit Nassem und Trockenem und sogar auch der Weihnachtsgeschenke, die zwar nur in Kleinigkeiten bestanden, aber mitunter recht belustigend waren. Obgleich bei diesem Fest, das ja vornehmlich ein Heim- und Familienfest ist, begreiflicherweise häufig die Gedanken voller Sehnsucht die Richtung nach der Heimat zu unseren Lieben nahmen, war jedoch auch dieser Tag als einer unserer fröhlichsten zu bezeichnen.

Der Besuch auf der Stateninsel, welcher der Vermehrung einiger magnetischer Instrumente galt, erwies sich als nahezu unnötig; denn das magnetische Observatorium war noch nicht vollständig eingerichtet, und wir mußten deshalb wieder unverrichteter Dinge weiterziehen.

Ohne besondere Bekanntschaft mit den traditionellen Kap-Horn-Stürmen zu machen, setzten wir von der Stateninsel aus unseren Weg nach dem Süden fort. Es wurde immer stiller und einsamer um uns, kein Segel ließ sich mehr sehen und die Vogelwelt erhielt ein anderes Gepräge. Die tropische Hitze war in eine winterähnliche Kälte übergegangen und die Meerestemperatur näherte sich dem Gefrierpunkt.

Auch an den Teilnehmern der Expedition war eine Veränderung vorgegangen. Die Schläfrigkeit und Trägheit, die die Tropen hervorgerufen und die noch lange, nachdem wir die wärmeren Luftstriche verlassen hatten, festsaß, war jetzt wie weggeblasen. Eine nie vorher beobachtete Rührigkeit herrschte an

Bord und Aller hatte sich eine gewisse Spannung bemächtigt, besonders derer, die nie vorher eines der Polargebiete unserer Erde betreten, eine Spannung in der Erwartung, die neue Welt, in der ewiger Schnee herrscht, zu sehen zu bekommen.

Das Gebiet, wohinzu wir nun unseren Kurs lenkten, ist ungefähr südlich von Kap Horn gelegen. Hier zog sich weit gegen Norden ein halbinselförmiges Vorgebirge des eisbedeckten Landes mit einem Vorposten von felsigen, gleichfalls eisumhüllten Inseln — die Süd-Shetlandgruppe — hin.

Zum größten Teil war diese antarktische Landpartie noch vollständig fremd. Nur Teile dieser Küstenkonturen hatte man, so gut es sich machen ließ, vom Schiff aus auf Karten festgehalten oder skizziert. Ich will mich hier nicht bei den früheren Besuchern und deren Arbeiten aufhalten, sondern nur ein paar Worte einfügen über die Entdeckung eines Teiles der Ostküste, die wir laut Programm näher untersuchen sollten, nämlich über die des König Oskar II.-Landes.

Diese merkwürdige Entdeckung wurde bekanntlich von Larsen, dem Leiter des Antarctic, gemacht, der im Jahre 1893 auf seinem Fangschiff „Jason" dieses Fahrwasser zum zweitenmal aufsuchte. Bereits im Anfang des Novembers befand er sich hier unten und landete am 18. November auf Kap Seymour, woselbst er schon ein Jahr vorher gewesen und woher er auch die ersten Fossilien vom Antarctic mitgebracht hatte. Von dort wandte er sich längs des Eisrandes weiter ostwärts, wandte sich jedoch nach Verlauf einiger Tage wieder nach dem Westen. Am 29. Novbr. lenkte er den Kurs südwärts in eisfreies Gewässer. Am 1. Dezember, am „Oskartage", erblickte er im Westen unter 66° 4′ S. und 59° 49′ W. ein hohes, felsiges, durch Eis versperrtes Land. Am 4. Dezember, als Larsens Ortsbestimmung 67° 00′ S. und 60° 00′ W. wies, wurde im Süden ein anderes schneebedecktes Gebirgsland wahrgenommen. Hier schmolz gerade das Eis und das Wasser stürzte mit großem Getöse von der Eismauer herab.

Am 6. Dezember hatte der Jason seinen höchsten Breitegrad (68° 20′) erreicht und hier bestand das Eis aus niedrigem Baieis,

Duse in Tropentracht. Ekelöf phot.

Ohlin als Friseur. Ekelöf phot.

Auf Deck des Antarctic.

von wenigen Rissen durchsetzt. Das Wetter war schön und der Nebel unbedeutend. Das ungebrochene Meereis, das sich weitab des Landes dahinzog, zwang Larsen indessen, sich nordwärts zu wenden. Diese interessanten Entdeckungen Larsens erweckten in geographischen Kreisen großes Aufsehen und wurden allgemein als die wichtigsten von allen seit der Zeit des Südpolarfahrers Roß gemachten angesehen.

Larsen hatte vermeint, eine Meerenge zu finden, die das Ludwig Philipp-Land von dem König Oskar II.-Land trennen mochte, und natürlicherweise brachte er den vermuteten Kanal mit der von dem Franzosen d'Urville entdeckten Mündung zum Orléans-kanal in Verbindung. Um die Existenz der in Frage kommenden Meerenge hatten sich in der geographischen Presse eifrige Diskussionen entsponnen, und eine nähere Erforschung dieses Verhältnisses war eine unserer vornehmsten Aufgaben.

Unsere Expedition sollte sich übrigens auf der Ostseite, wo an einem passenden Platz eine Winterstation für magnetische und meteorologische Observationen errichtet werden sollte, aufhalten. Für diese Station, die für sechs Personen bestimmt war, wurde ein äußerst geräumiges Holzhäuschen mit für eine Zeit von zwei Jahren berechneten Vorrat und Proviant mitgeführt.

Während des kommenden Winters sollte der Antarctic mit den an Bord befindlichen übrigen Teilnehmern die subantarktischen Fahrgewässer östlich von Kap Horn erforschen, bei welcher Gelegenheit gemäß der Bestimmungen Nordenskjölds das Fahrzeug vorzugsweise für den Fang von Walen und Seehunden auf eine einen halben Winter nicht übersteigende Frist verwendet werden durfte.

Spät waren wir draußen, allzu spät, um unterwegs unnötig Zeit verschwenden zu können. Dabei war die Reise während der ganzen Zeit so sehr, wie es der nicht allzu schnelle Propellerschlag der alten Schute zuließ, beschleunigt worden und auch der geringe Aufenthalt unterwegs hatte nur die kürzestmögliche Frist in Anspruch genommen.

Noch rauschte das lichte, lärmende Großstadtleben von Buenos Aires in unseren Köpfen, als der Antarctic schon das wüste Meerdas nun während des Winters unser Wirkungsfeld bleiben sollte, erreicht hatte. Ein schweres Eisjahr war uns prophezeit, als wir Südamerika verließen, und lebten wir daher in der Erwartung, frühzeitig auf Treibeis zu stoßen.

Am 9. Januar passierten wir den 60° S., ohne auch nur Eis gesehen zu haben, und am 10. erwarteten wir, Land in Sicht zu bekommen. Mit einem fieberhaften Eifer spähten wir über das Meer nach dem ersten Aufblitzen des geheimnisvollen antarktischen Landes, mit dem unsere Phantasie so lange beschäftigt gewesen. Erst um ein Uhr Nachmittag gewahrten wir eine Eislandkontur, die bald deutlicher wurde, und schließlich trat das klare Bild einer schneebedeckten Küste hervor, deren wenige schwarze Felsholme wie Außenposten zum Schutz gegen Eindringlinge erschienen.

Wie soll ich die Gemütsverfassung, in die ich beim Anblick dieses Wunderbaren versetzt wurde, beschreiben? Dieses Land, im Altertum vielleicht mit einer reichen Vegetation, in der tausende von Tieren gelebt, versehen gewesen, lag nun erdrückt unter der Wucht gewaltiger Eismassen, die seine wirkliche Gestalt vollständig verbarg. Alles ist so ungleich verschieden von dem, was wir uns gewöhnlich vorstellen. Das Eis liegt weiß und kalt da, wie ein Leichentuch über das, was wir sehen, gebreitet, und das Ganze ist ein wirkliches Bild der zu Tode erstarrten Natur. Die Blicke verweilen auf dem bedrückenden, großartigen Gemälde, das unwillkürlich gleichzeitig abstoßend und begeisternd wirkt. Es ist ein Teil der König Georg-Insel, was wir sehen, und je näher wir kommen, desto deutlicher tritt die wilde Schönheit des Landes hervor. Der Glaciären seltsame, prachtvolle Farbenabwechselungen machen einen tiefen und gewaltigen Eindruck. Dieses Farbenspiel mit seinen feinen Nuancen mit der Feder wiederzugeben, ist mir unmöglich.

Wir stehen da schweigend vor all diesem Neuen, als plötzlich über den Horizont eine kürzere, scharfbegrenzte weiße Linie herüberblitzt und die Aufmerksamkeit auf sich zieht.

„Das ist ein Eisberg!“ ruft Larsen vom Haupttop herunter. Und bald sehen wir die Konturen von einem dieser typisch antarktischen Eisfelsen — tabular iceberg ist sein englischer Name, — mit seiner plateauartigen Oberfläche und den senkrecht abfallenden Seitenwänden. Dieser hier war ganz klein und lag in der Nähe des Landes, möglicherweise gar auf dem Grunde.

Wir setzten die Reise fort. Beinahe Alles, was wir von den Süd-Shetlandinseln sahen, war eisumhüllt und nur einige wenige Strandstreifen hier und da waren schneefrei. Larsen, der von zwei früheren Besuchen her hier unten Erfahrung gesammelt hatte, behauptete, daß es ungewöhnlich viel Eis mit Rücksicht auf die jeweilig wärmste Zeit des antarktischen Sommers gewesen. Das bedeutete nichts Gutes für unsere Möglichkeitsversuche, tief südwärts einzudringen.

Am 11. Januar landeten wir auf der Nelsoninsel, die an einigen Stellen ganz eisfrei war, und hier machten wir unsere erste Bekanntschaft mit Pinguinen und Seehunden.

Es ist ein eigenartiges Schauspiel, das eine Pinguinenkolonie bietet. In einiger Entfernung erhebt sich ein Hügel, wimmelnd von tausenden dieser Tiere, die so dicht beieinanderhocken, daß kaum ein Fleckchen unbedeckten Bodens zu erspähen, gerade wie ein riesiger Ameisenhaufen. Wie wir uns dem Strande nähern, kommt Leben in den Haufen. Das Geschnattere und Gegackere wächst, wie als räsonierten sie darüber unter sich, was für merkwürdige Geschöpfe wir wären, und von allen Seiten strömen sie herunter zum Wasser. Sie bewegen sich in geordneten Haufen, häufig mit einem Anführer an der Spitze, und die kühnsten kommen uns springend und tauchend bis weit ins Meer entgegen und begleiten uns dann, sich dicht dem Ruderboot zur Seite haltend, wie eine Leibwache zum Strand.

Eine derartige Pinguinenkolonie, die, stinkend von Guano, sich wie ein dicker Brei über den ganzen Platz ausbreitet, ist in der Nähe nicht besonders angenehm. Die Jungen, welche sich in der leckren Suppe wälzen, sind keine Schönheiten. Schmierig und rauhig und mit der natürlichen schmutziggrauen Daunenbekleidung, die in geradezu lächerlicher Weise von dem rotgelben Guano durchfärbt ist, sehen sie aus, als wären sie nicht im Entfernteſten Sprößlinge der ausgewachſenen blauſchwarz und weiß glänzenden Pinguinen.

Von allen Seiten drängen ſich dieſe nun heran mit ihrem plumpen, watſchelnden Gang, ihren vorgeſtreckten Hälſen und mit durch die kleinen floßähnlichen Flügelſtumpen bewerkſtelligten Geſten und Bewegungen, die ſelbſt den Ernſteſten zwingen müſſen, in helles Lachen auszubrechen. Furcht kennen ſie nicht. Nachdem ſie einen einer hinreichenden Betrachtung unterzogen haben, neigen ſie bedenklich den Kopf nach rechts und links und ſchreiten, ihren eigentümlichen Kehllaut ausſtoßend, zum Angriff vor. Und dieſer Angriff iſt keineswegs zu verachten. Sie ſtoßen mit dem kräftigen Schnabel und ſchlagen mit den harten Flügelſtumpen in blinder Raſerei darauf los, daß ein Menſch ſeine Arbeit hat, ſich zu verteidigen. Je mehr man ſich mit den Füßen wehrt und darauf los ſchlägt, um ſich frei zu machen, deſto wilder werden ſie.

Beſonders an Heckenplätzen, wo man kaum Raum findet, den Fuß hinzuſetzen, iſt es ſchwer, vorwärts zu kommen, wenn man keinen ſchlagfeſten Knüppel bei ſich führt. Eine unglaubliche Kraft beſitzen dieſe Tiere in ihren Schwingen, und verſchiedene von uns wurden blutig geſchlagen, als ſie verſuchten, ſie mit den Händen zu erhaſchen.

Die Seehunde, fromme und friedliche Tiere, wenn ſie nicht gereizt werden, betrachteten uns, wie ſie da am Strande lagen und ſich ſonnten, mit der gleichen unverkennbaren Neugier und Verwunderung. Mit ihren großen klugen Augen folgten ſie jeder unſerer Bewegungen, blieben aber ohne die geringſte Furchtbezeigung ruhig liegen und ließen uns ganz nahe an ſich herankommen. Mit der einen Hand konnte man ſie wohlmeinend beklatſchen und mit der anderen ihnen gleichzeitig eine Piſtolenkugel durch den Kopf jagen.

Sie lagen ruhig und friedlich in Gruppen bis zu zehn Stück am Strande, ohne die Gefahr zu ahnen, die nahende Menſchen für ſie bedeutete. Wären es Seehunde aus dem nördlichen Eismeer geweſen, die an das blutige Vordringen der Fangfahrer gewöhnt und hierdurch gewarnt, hätten ſie ſich ſicher, ſchon ehe

Promenade in São Vicente. Duse phot.

Straßenszene in São Vicente. Duse phot.

Bilder von den kapverdischen Inseln.

wir in Schußlinie herangekommen, ins Wasser begeben. Die einzige Bewegung, die wir unter ihnen bei unserer Annäherung beobachteten, war, daß einige den Kopf erhoben und uns mit vorgestrecktem Hals und lebhaftem Interesse betrachteten, während sie hin und wieder mit einem eigentümlich trompetenartigen Ton die Kameraden auf die neuen Erscheinungen aufmerksam zu machen suchten.

Da knallte ein Schuß. Einer von ihnen sank in sich zusammen und das Blut spritzte aus einem Nackenloch hervor. Dann wieder ein Schuß und ein neuer Seehund wälzte sich in seinem Blute. Nicht einmal jetzt begaben sich die übrigen in ihr rettendes Element. Sie rückten näher, sahen das Blut der Kameraden, doch begriffen nicht, daß Gefahr im Anzuge war. Derjenige, der je einmal gezähmte und dressierte Seehunde ihre verwunderlichen Kunststücke ausführen sah, weiß, daß diesen Tieren nicht Intelligenz mangelt. Die unerklärliche Trägheit der antarktischen Seehunde in solchen Fällen, da sie doch sofort sehen mußten, was es galt, muß darum ausschließlich ihrer Unbekanntschaft mit dem schlimmsten Raubtier der Schöpfung — dem Menschen — zugeschrieben werden. Gewiß aber kommt eine Zeit, in der auch diese Tiere begreifen gelernt haben werden, welche Gefahr im Anzuge, wenn der Mensch sich nähert, in der sie ebenso scheu und schwer nahbar sein werden wie ihre Brüder auf der nördlichen Halbkugel.

Bald war das Schlachten in vollem Gang. Nicht ein Seehund entging. Das Ganze war scheußlich mitanzusehen. Mit geübten Händen machten sich die Matrosen sofort daran, die Tiere, sobald sie gefallen waren, abzuhäuten. Und bald färbte sich das Wasser am Rande des Strandes, wo das Blutbad vor sich ging, rot.

Wenn man diesem Abschlachten — mit der Bezeichnung J a g d kann dieses Treiben nicht beehrt werden! — zusah, wurde einem klar, wie es im nördlichen Eismeer während der Fangzeit zugeht. Dort zwingt die Konkurrenz die Fangfahrer zu einer so unerhörten Eile, daß sie sich nicht einmal vergewissern können, ob die Tiere, an deren Abhäutung sie sich begeben, wirklich tot sind. So ist es schon vorgekommen, wie mir ein Augenzeuge berichtete, daß beinahe halbabgehäutete Seehunde wieder zum Leben erwachten, sich von ihren Peinigern losrissen und, ihre Haut förmlich fetzenweise zurücklassend, ins Wasser flüchteten. Derselbe Mann, der mir dies in seiner gefühllosen Manier erzählte, fügte lachend hinzu: „Sie lassen sich übrigens viel leichter abhäuten, wenn sie noch etwas zappeln!"

Eine solche Eile war ja nun hier nicht nötig, gleichwohl aber passierte es wiederholt während unserer Fangjagd, daß Seehunde, die bereits teilweise abgehäutet waren, zu sich kamen und, mutig bis zum letzten Augenblick, mit ihrem eigentümlichen Gurgellaut nach dem Messer schnappten. Ich selbst sah einmal dem häßlichen Schauspiel zu, wo es einem Seehunde glückte, dem Manne, der ihn abhäutete, das Messer aus der Hand zu reißen.

Es ist tief zu beklagen, daß die schlechten ökonomischen Verhältnisse der Expedition zu dieser Fangjagd, die einer wissenschaftlichen schwedischen Expedition so garnicht würdig, zwangen, und die trotz größter Humanität und weitestem Entgegenkommen Larsens — er pflegte den Fang erst immer in zweiter Linie zu berücksichtigen, selbst als er die Vollmacht besaß, sich ihm in erster widmen zu dürfen; — mitunter hemmend auf die wissenschaftlichen Arbeiten wirkten und auch die Annehmlichkeit an Bord in bedeutendem Grade störte.

Während der von Süd Shetland aus südlich gerichteten Fahrt hatten wir schweres Wetter, Gegenwind und hohe See. Am 12. Januar kamen wir hinunter nach Kap Roquemaurel, von welchem Punkt aus — gemäß d'Urville — in westlicher Richtung der Orléanskanal beginnen sollte, und wir folgten bei ruhigem und klarem Wetter dem Lauf der unbekannten Küste. Diese zog sich indessen immer mehr nach Westen, und das Ganze schien keineswegs ein sich südlich hinziehender Kanal zu werden.

Auf der Steuerbordseite hatten wir nur Inseln, von denen selten eine von bedeutender Größe war. Von diesen Inselgruppen konnte man doch schwerlichst behaupten, daß sie so dicht lagen, um die Begrenzung eines Kanales auszumachen. Wir folgten indessen fortgesetzt der zusammenhängenden Küste, die eine westsüdwestliche Richtung beibehielt. Schließlich gelangten wir in einen deutlicher markierten Kanal, dessen Nordwestseite von einer Reihe dicht aneinander liegender Inseln begrenzt wurde.

Wohin würde uns dieser führen? Zum Stillen Meer oder in den Atlantischen Ozean? Diese Fragen drängten sich mir auf, als ich in der Nacht auf der Kommandobrücke stand und die wichtigsten der von uns passierten Partien skizzierte. Mochten wir vielleicht in den von den Belgiern entdeckten Gerlachekanal gelangt sein? Zufälligerweise hatte ich deren Karte nicht zur Hand, und erst am Morgen, als Nordenskjöld heraufkam, erhielt ich diese.

Es erwies sich nun bei dem Versuch, sich mit dieser Zuhilfe zu orientieren, daß sowohl Details wie große Züge wenig übereinstimmten. Es war einfach ganz unmöglich, an Hand dieser Karte herauszubekommen, ob wir im Gerlachesund waren oder nicht, und das einzige wirklich darauf Hindeutende, daß wir uns in ihm befanden, nämlich die schlagende Ähnlichkeit einer vorspringenden Landspitze mit einer in der Reiseschilderung Cooks vorkommenden Abbildung des Kap Murray, konnte nicht als ausschlaggebend angesehen werden.

Nordenskjöld hielt die Zeit nicht für geboten, dieses Problem zu lösen, und wir mußten wenden, ohne Klarheit in die Sache gebracht zu haben. Hiernach gab diese Frage Anlaß zu vielen heißen Disputen an Bord und viele vermeinten, wir seien in einer Meerenge, die mit der der Belgier gleichlief, gewesen. Unsere Anzeichnungen hatten ja einen südöstlichen Kurs um den Gerlachesund ergeben, doch konnte dies auch wohl auf Erschütterungen der Chronometer beruhen. Ich für meinen Teil antwortete immer, wenn man nach meiner Ansicht in dieser Frage fragte, daß, wenn wir im Gerlachesund gewesen, die belgische Karte, die uns zur Verfügung stand, beträchtlich fehlerhaft.

Kurz: dieses ganze Problem, ob der Orléanskanal ein selbstständiger Sund oder nur als Mündung zum Gerlachesunde zu betrachten sei, blieb in diesem Sommer ungelöst, und erst in folgenden Sommer sollte es geklärt werden.

Wir fuhren nun denselben Weg zurück, um das Ludwig Philipp-Land herum und zwischen diesem und der Joinvilleinsel weiter niederwärts. Überall die gleiche einsame Eislandschaft, dieselben in Schnee gehüllten Eisstrände. Nur eine dunkle senkrecht abfallende Felswand, einige schwarz aufsteigende Klippen und hin und wieder ein bräunliches Strandfleckchen heben sich von dem weißen Gemälde ab.

Je weiter wir nach dem Süden kamen, desto mehr nahm die Kälte und die Schneemasse zu, desto gewaltiger wurden die Eisberge. Sie lagen in ihrer ganzen imponierenden Majestät auf dem ruhigen, fast spiegelblanken Meere da, einige die höchstphantastischen Figuren, hohe spitzige Türme oder abgerundete Kuppeln, die in der strahlenden Sonne goldig erglänzten, bildend, andere mit grottenähnlichen Formen oder gewölbte hohe Bogen mit zertrümmerten Säulen, die an die zerfallenen Bauten der Antike erinnern, darstellend — Alles abwechselnd in den prächtigsten Farben vom reinsten Weiß bis zum Meergrün und in das tiefste Azurblau auslaufend.

Den eigenartigsten Anblick bieten jedoch die plateauartigen Eisberge, deren Dimensionen ins Ungeheure gehen. Mit senkrecht abgeglätteten Seitenwänden erheben sie sich aus dem Meere zu einem mächtigen Plateau mit einer Oberfläche, eben und glatt wie ein Fußboden, einer Fläche, die sich auf tausende Quadratkilometer erstrecken kann. Über dem Meere erreichen sie keine beträchtliche Höhe — 20—30 Meter —, man muß aber andererseits bedenken, daß ihre Tiefe unter dem Wasser bei homogenem Eise etwa achtmal so groß ist. Wir passierten einen solchen, der eine Länge von ungefähr 28 engl. Meilen hatte, welche Zahlangabe — beim Passieren durch das Fahrzeuglogg ausgemessen, — ganz zuverlässig ist.[1])

Wie diese Eisriesen gebildet werden, ist noch nicht ganz geklärt. Wahrscheinlich sind sie Teile kolossaler Landeismassen, die

[1]) Im Jahre 1892 stieß Larsen zwischen Süd-Georgien und den Süd-Sandwichsinseln auf einen Eisberg, der eine Länge von über 50 engl. Meilen besaß.

Plaza de Mayo

Avenida Sarmiento.

Buenos Aires.

Leutnant José Sobral.

im Laufe der Jahrhunderte anwuchsen und immer weiter hinaus ins Meer hinausgeschoben worden, wodurch schließlich die Abscheidung der äußersten Partien zustande kam. Stimmen erheben sich auch für die Möglichkeit, daß diese Eisberge vom Meereseis, das im Zeitenlaufe solche gewaltige Dicke erhielt, herstamme.

Unsere Fahrt ging weiter vorwärts zwischen Klippen, Schären und Inseln, von denen sich auf den Seekarten nicht eine Spur vorfand, oder wenn dies doch der Fall war, erwies sich das Bestehende als fehlerhaft. Nach einer Landung auf der Pauletinsel, woselbst die Masse der Pinguinen alles überstieg, was wir bisher gesehen hatten, kamen wir hinunter nach Kap Seymour, das einschließlich der ganzen Seymourinsel völlig schneefrei war und mit seinem warmen, bräunlichgrauen Farbenton eine anheimelnde Unterbrechung der übrigen Landschaft bot.

Das Packeis hatte sich inzwischen außerhalb der Insel, die vollständig blockiert war, verdichtet. Erst zwei Tage später, als der Wind umschlug und das Eis ins Meer trieb, glückte es uns, uns dem Strande mit den Dingen, die hier in Verwahrung gebracht werden sollten, zu nahen. Auf der höchsten Stelle des Strandabhanges und deutlich sichtbar vom Meere aus wurde ein Zeichen mit dem kurzen Bericht, daß wir hier passierten, errichtet. Darunter wurde, wohlgeschützt durch eine Steinschutzmauer, das kleine Notzufluchtsdepot mit einem Vorrat an Milch, Brot, Konserven nebst Wollsachen, Segeltuch, Petroleum u. A. m. errichtet. Dieses Depot war für die Winterstation bestimmt. Wir hatten nämlich in Absicht, diese Station selbst weiter südwärts zu errichten und daß für den Fall, wenn im nächsten Sommer die Eisverhältnisse eine Abholung der Überwinternden dauernd verhinderte, die Seymourinsel eine Zufluchtsstätte werden sollte, bei welcher Gelegenheit das Depot in Benutzung käme.

Daß uns im nächsten Sommer das Eis gerade auch von diesem Platze abhalten würde, davon konnte keiner etwas ahnen.

Von hier aus wandten wir uns wieder nach dem Süden und kamen nach zwei Tagen starker Packeisbedrängnis am 19. Januar an einen festen Eisstrand. Hier machten wir eine Skitour über das Eis, das uns in einer Breite von mindestens 30 km von dem König Oscar-Lande trennte. Die Eskimohunde wurden zum erstenmal zu Probefahrten herangezogen und es erwies sich als sehr schwierig, sie zum Gehen zu kriegen. Sie verwickelten sich im Geschirr, rannten einander um und wenn sie einen Pinguin zu sehen bekamen, waren sie alle Feuer und Flamme hinter demselben her, Alles Huller die Buller durcheinander werfend.

Verschiedentlich lagen Seeleoparden auf dem Eise. Diese Tiere sind im Vergleich zu den gewöhnlichen Weddellrobben wesentlich schlanker und geschmeidiger und bewegen sich auf dem Lande mit größerer Leichtigkeit als jene. Es ist nicht gut, ihnen zu begegnen, wenn sie gereizt sind. Sobral und ich trieben einen solchen vor uns her gegen den Eisrand, als ich, der ich mich dem Tiere am nächsten befand, plötzlich in eine Vertiefung sank, mich aber doch dank meinen Skischuhen und -stöcken oberhalb halten konnte. Alsbald wandte sich der Leopard mit aufgesperrtem Rachen gegen mich, und nur mit Hilfe des scharfzugespitzten Skistockes glückte es mir, mir das Tier so lange vom Leibe zu halten, bis es erschossen wurde.

Obgleich es schien, als wollte sich das Eis immer mehr verdichten, setzten wir dennoch unsere Reise nach dem Süden fort, doch kaum dem Polarzirkel nahegekommen, mußten wir umwenden, da sich hier das Packeis zu einer völlig undurchdringlichen Barrikade angehäuft hatte. Vergeblich suchten wir nach einer Öffnung, um wenigstens dem Lande näher zu kommen, auf dem wir einen passenden Überwinterungsplatz zu finden glaubten. Überall lag sich weit hinstreckendes festes Meereseis oder legten sich uns mehr oder weniger zusammengepreßte Packeisgürtel in einer Breite von mehreren Meilen in den Weg und hinderten uns, dem Lande nahezukommen. Dieses war mit Ausnahme einiger Inseln und Kleinplätze ebenfalls völlig eisbedeckt, und für das Errichten des magnetischen Observatoriums benötigten wir eisfreien Grund.

Nordenskjöld beschloß daher, die Winterstation in die Gegend der Seymourinsel, die auf Grund ihres Reichtums an Fossilien von großem geologischen Interesse war, zu verlegen. Nur wollte

Bild von der Stateninsel. Ekelöf phot.

Pinguinenkolonie. Larsen phot.
Pygoscelis antarctica.

er, obschon die Zeit vorgerückt war, die Errichtung der Station nicht vornehmen, ohne vorher einen Versuch, den Eisgürtel weiter südlich zu durchbrechen, gemacht zu haben.

Wir fuhren also weiter, dem Eisrande folgend, um in südöstlicher Richtung anzufangen. Während der folgenden Zeit hatten wir das wechselreichste Wetter. An dem einen Tage war es ruhig und klar und die Sonne brannte herab, an dem anderen neblig und dick, verbunden mit mehreren Grad Kälte; manchmal hatten wir außerdem ganz gewaltigen Schneesturm. Im Allgemeinen aber war es innerhalb des Treibeises ungewöhnlich ruhig.

Nach und nach kamen wir weiter gen Süden durch ziemlich dichtes und beschwerliches Packeis. Es ist interessant, die Eisnavigation zu studieren. Der Antarctic, der dem Steuer vorzüglich gehorcht, schlängelt sich wie ein Fisch zwischen den Eisschollen vorwärts. Seine Bewegungen wurden von der Tonne am Großtop, in der Larsen selbst oder einer der Steuermänner ständig seinen Platz hatte, kommandiert. Hier war Verläßlichkeit sowohl auf den Kommandierenden wie auf den Mann am Steuer vonnöten. Unaufhörlich widerhallte der Ruf: „Steuerbord! Babord!" wie das Läuten für den Maschinisten, wenn die Maschine stoppen oder in Gang setzen sollte. Wir lernten hierbei den Wert der alten Schute, ihren gediegenen Bau und ihre gewaltige Stärke erst richtig schätzen.

Die Stöße gegen Eisblöcke waren mitunter so stark, daß man von seinem Stuhl gegen die Wand geworfen werden konnte und die Utensilien, die den Schreibtisch zierten, auf die Koje oder den Fußboden flogen. Dies ist besonders dann unangenehm, wenn man gerade schreibt; denn dann spritzen die Tintenklexe nur so. Beim Anrennen des Eises entsteht ein Getöse, das eine verwunderliche Ähnlichkeit mit dem des Donners hat, erst ein langsames dumpfes Grollen, das in einen heftigeren Donner übergeht und mit einem gewaltigen Krach endigt. In meiner Kabine, die die zweitvordere war, hörte man dieses infernalische Getöse so scharf und deutlich, daß ich mitunter glaubte, die Wand sei durchbrochen. Dies hatte jedoch keine Gefahr. Im Bug hatte die Schute eine Dicke von über 3 m, ungeachtet des äußeren eisbrechenden Eisenschutzes, und die Seitenwände außerhalb unserer Kajüten waren über 1 m dick.

Einen eigenartigen Anblick bietet das unendliche Feld von Eisblöcken und -schollen, die zum großen Teil so dicht aneinander liegen, daß man nur hier und da etwas Wasser hervorleuchten sehen kann. Wo das Eis am engsten zusammengepreßt ist, sieht es aus wie eine einzige weiße Decke, deren kleine Unebenheiten im Abstand verschwinden. Über diese blendendweiße Fläche erheben sich hier und dort die niedrigen plateauförmigen Eisberge und unter diesen einige spitzige, hohe Eisfelsen wie Kirchtürme über flache Häuserdächer.

Auch die Tierwelt vermindert etwas die Einförmigkeit, wiewohl sie hier sehr schwach vertreten ist. Hin und wieder bemerken wir einen verwunderten Pinguinenhaufen auf einer Eisscholle, von welcher zufälligen Freistadt aus uns die kleinen originellen Vögel krächzend und aufflatternd betrachten, uns folgend, soweit es die Eisumrandung erlaubt. Auch einige einzelne Kaiserpinguinen zeigen sich. Diese größten Vögel des südlichen Eismeeres mit ihrem blauschwarzen Rücken, glänzend weißen Bauch und den orangegelben Flecken zu beiden Seiten des Kopfes sind wirklich stattliche Tiere. Sie erreichen, aufrecht stehend, eine Höhe von über 1 m und der Brustumfang übersteigt ebenfalls 1 m. Einige Seeleoparden und Weddellrobben liegen friedlich auf dem Eise, eine geringe Anzahl Kaptauben, die uns hierher gefolgt sind, sowie hin und wieder eine fern aufsteigende Wassersäule, die die Gegenwart eine Wales verrät, — das ist Alles, was wir um uns von der Tierwelt sehen.

Am 26. lagen wir wegen zu dichtem Nebel den ganzen Tag über still. Es wehte scharf und eine eisige Kälte durchsetzte die Luft. Nach dem Seegang, den wir verspürten, trotzdem wir im Schutze des Eises lagen, zu schließen, war draußen auf dem Meere sicher ein gewaltiger Sturm. Gegen Abend wies der Anemometer eine Windstärke von 12 m in der Sekunde.

In den nächstfolgenden Tagen kamen wir nicht weit. Der Sturm währte fort und der Nebel war fast gleichdicht. Am 30. Januar wurden wir in einiger Entfernung einen eisbedeckten Gipfel gewahr, der anfangs einer Insel zuzugehören schien, doch bei näherer Untersuchung ergab es sich, daß es ein ungeheurer Eisberg, der den Inseln, die hier zu finden sind, verblüffend ähnlich geformt war.

Wir arbeiteten uns weiter durch das schwieriger zu passierende Eis vorwärts, vergeblich nach einer Öffnung suchend, die uns gen Süden bringen sollte. Blickte man zurück über die Eismasse, die wir durchbrochen hatten, war es schwer zu begreifen, wie dies möglich gewesen; so dicht zusammengepreßt erschien sie. Allmählich wurden wir nach dem Norden getrieben und die Aussichten, in diesem Sommer das Eis zu durchbrechen und einen höheren südlichen Breitegrad zu erreichen, verschwanden. Unser Kohlenvorrat hatte bedenklich nachgelassen und da er vorzeitig auszugehen drohte und auch die Herbststürme sich häuften, beschloß Nordenskjöld am 2. Februar, den Versuch aufzugeben.

Wir traten also die Rückfahrt von dieser Osttour an, die uns eigentlich keine Resultate eingebracht hatte. Nun galt es die Anlandsetzung der Winterstation, mit der wir vielleicht schon zu lange gezögert hatten. Wir beeilten uns daher so viel wie möglich und die Rückfahrt ging ohne bemerkenswerte Begebnisse von statten. Die Kälte nahm inzwischen zu, sodaß sich in einer Nacht einer der Matrosen am Steuerruder die Fingerspitzen erfror. Am 10. Februar hatten wir einen sehr heftigen Sturm, bei dem der Klüver in Fetzen gerissen wurde. Während dessen trieben wir nordwärts in die Sidney Herbert Bai hinein, wo wir in Leeseite von Land kamen. Gegen Abend saßen wir unvermutet auf dem Grunde, ruhig und sanft, ohne jeden Stoß, kamen jedoch mit Leichtigkeit unter Zuhilfenahme der Segel wieder los. Zwei Tage später kamen wir hinunter zu dem westlich von der Seymourinsel gelegenen Admiralitätssund. Nach einer hastigen Rekognoszierung eines Teiles der auf der Südseite am Fuße des Snow Hills belegenen Gegend wurde beschlossen, die Winterstation hier zu errichten.

Der Platz war in jeder Hinsicht äußerst zusagend. Ein dem Treibeise unnahbares sehr geräumiges Strandplateau, das, wie es schien, vor den kalten südlichen Winden geschützt, das überdies völlig schneefrei und mit einem großen Reichtum an Fossilien versehen, versprach einen ruhigen und stillen Platz für die magnetische Arbeit und gab Nordenskjöld ein besonders interessantes geologisches Arbeitsfeld.

Die kleine Bucht war eigentümlicherweise frei von Tieren. Nur einige grauweiße Meerschwalben kreisten kreischend über unseren Köpfen und bewegten sich sogar wie im Angriff auf die Friedestörer. Eine junge Robbe lag in tiefem Schlaf am Strande und wurde durch einen leichten Klapps an den Kopf ermuntert. Ihre Verwunderung, uns zu sehen, war wirklich zum Lachen. Die Augen wanderten von einem zum anderen, während sich ihre Nüstern schnaubend schlossen und öffneten. Der Friede dieses armen Tieres wurde, als die Eskimohunde an Land kamen, in einer ziemlich ungemütlichen Weise gestört. Diese gingen augenblicklich zum Anfall über, doch in ihrer gewöhnlich feigen Manier führten sie den Angriff auf den Rückteil des Gegners aus. Schließlich glückte es der Robbe, ihren empfindlichsten Körperteil in dem nassen Element zu sichern, und von dieser gesicherten Position aus konnte sie jeden neuen Angriff mit Erfolg zurückschlagen.

Bald war Leben und Bewegung am Strande. Die Anlandschaffung des Proviants und Materials für die Winterstation begann und ebenso die Erbauung des Häuschens. Wie lange der Antarctic ungestört in der Bucht verweilen durfte, war unmöglich zu berechnen. Schlug der Wind um, konnte das Treibeis sehr bald hier anlangen, und da auch die Winterkälte anfing, sich fühlbar zu machen, konnten wir in solchem Falle möglicherweise gar festfrieren. Das durften wir nicht riskieren. Deshalb beschleunigten wir auch die Anlandsetzung bis aufs Äußerste. Alle halfen beim Bergen und Tragen der Stämme, Planken und Bretter und Jeder tat sein bestes. Ungeachtet dessen hatten wir unsere Not, Alles klar zu bekommen.

Am 14. Februar wurden wir frühmorgens gegen 4 Uhr durch den Ruf „Das Eis kommt!“ erweckt. Jede Minute war nun kostbar. Der nördliche Teil der Bucht füllte sich allmählich mit hereinkommendem Treibeis und an der Stelle, wo der Antarctic lag, schien die Mündung bereits blockiert. Auch einige Eisberge trieben herein und auf uns zu, stießen aber glücklicherweise bald auf Grund. In aller Hast verstauten wir den Rückstand an Kohlen und Proviant hinunter in die Boote, — wobei ein Teil vergessen und von anderen Sachen zu viel genommen wurde! — die Hunde hießen wir mitgehen und bald war die letzte Bootladung abgegangen. In diesen letzten Stunden herrschte an Bord ein unglaubliches Durcheinander, und auf dem Lande, wo in aller Eile Alles Huller die Buller abgeladen wurde, war es wahrhaftig nicht besser. Die berechnete Kohlenmenge konnte in so kurzer Zeit nicht an Land geschafft werden. Nordenskjöld übernahm an ihrer Statt Mr. Stockes' reichlichen Photogenvorrat.

Stokes, der anfangs ebenfalls die Absicht gehabt hatte, zu überwintern und zu diesem Zweck ein eigenes kleines asbestüberkleidetes Häuschen, sowie eine in jeder Hinsicht erstklassige Ausrüstung mitgenommen hatte, vermeinte, bereits jetzt mit seinen Skizzen und Studien ein großartiges Resultat erzielt zu haben, und beschloß deshalb nach Übereinkunft mit Nordenskjöld, bei unserer nächsten Ankunft auf den Falklandinseln die Expedition zu verlassen. Vielleicht schienen ihm auch die Beschwerlichkeiten der Reise auf die Dauer zu groß zu werden.

Wir verließen die Expedition nach einem äußerst kurzgehaltenen Abschied, doch in der Hoffnung, wenn sich die Verhältnisse als günstig erwiesen, ihn nur auf kurze Zeit getan zu haben. Nordenskjöld hatte nämlich unterlassen, bei unserer ersten Fahrt längs der Ostküste südlich von der Seymourinsel an einem passenden Platz ein Depot, das für spätere Schlittenfahrten von großer Bedeutung gewesen wäre, zu errichten. Deshalb war unsere Absicht, mit dem Antarctic wieder eine Fahrt nach dem Süden zu unternehmen, um dies zu verwirklichen. Wenn bei unserer Rückkunft die Bucht vor dem Stationsplatz nicht eisbedeckt oder versperrt sein sollte, wollten wir nochmals hineinkommen, um Nordenskjöld das Resultat der Fahrt zu berichten.

Außer Nordenskjöld verblieben bei der Station Bodman, Ekelöf und Sobral, ferner zwei der besten Matrosen, der Schwede Okerlund und der Norweger Jonassen, welcher früher an der Nordpolexpedition des Herzogs der Abruzzen teilgenommen hatte.

Der Antarctic kam glücklich an dem mehr und mehr anwachsenden Treibeise vorbei und wir wandten uns wieder gen Süden. Eine ganze Woche hindurch bemühten wir uns, uns durch das Eis vorwärts zu arbeiten, doch ohne Resultat. Jetzt hatten sich bedeutend größere Eismassen vor der Küste angehäuft als bei unserem letzten Passieren derselben, und nirgends konnten wir dem Lande so nahekommen, daß es möglich gewesen wäre, ein Depot zu errichten. Alle die verschiedenen und recht schweren Gegenstände, die hierzu gehörten, über die viele Meilen breite Strecke des bereits zur Hälfte zerbröckelten Meereseises, das uns von dem Strande trennte und das in jedem Augenblicke vollständig brechen konnte, zu schaffen, war ein Wagstück, das sich als nahezu unausführbar erwies, denn wir ermangelten ja all der Dinge, die zu einer Schlittenausrüstung gehören.

Der Winter hatte seine Ankunft nun ebenfalls deutlicher fühlbar gemacht und die Gefahr, mit der Schute festzufrieren, wurde mit jedem Tage größer. Wir hatten füglicherweise nichts anderes zu tun, als uns wieder aus dem Eislabyrint, in das wir geraten waren, herauszulotsen und uns unverrichteter Dinge wieder nach dem Norden zu wenden.

Ein antarktischer Eisberg. Duse phot.

3. Wieder nach dem Norden.

Ein letzter Besuch auf der Winterstation. — Die Geschichte der Hunde. Der Effekt der Robbensuppe. — Nahe daran zu scheitern. — Wieder im Hafen. — Ostwärts. — J. G. Andersson.

Mit großer Mühe kamen wir endlich aus dem dichtesten Eise heraus und fanden, nachdem wir uns schließlich durch einen letzten Packeisgürtel in der Nähe der Cockburninsel durchgebrochen hatten, den Admiralitätssund unvermutet eisfrei. Am 21. Februar dampften wir frühmorgens bei der Winterstation vor, um mit den Kameraden noch einmal an Land zusammenzutreffen, ehe unsere lange Winterkampagne begann.

Im Gun-room hatte sich, seitdem sie uns verlassen hatten, eine gewisse Leere bemerkbar gemacht, und obgleich dadurch in diesem und auf Deck ein größerer Spielraum erzielt worden, vermißten wir sie sehr. Das Gedränge im Gun-room war vorher recht bedeutend gewesen. Bei der Abfahrt von Buenos Aires hatten wir sogar die Kabine des Stewards in Anspruch nehmen müssen, sodaß dieser zur Dunkelkammer im Zwischendeck seine Zuflucht nehmen mußte. Auf Deck hatte ein Teil der Materialien für die Winterstation Platz weggenommen und besonders im Achter waren Teile des künftigen Winterhauses aufgestapelt.

Im Vorderteil hatten die Hunde ihren Aufenthaltsort gehabt, und obgleich diese Tiere einem oft im Wege herumsprangen und überall Unordnung anrichteten, wenn sie einander ihre Schlachten lieferten, sowie auch nicht besonders ausgeprägten Reinlichkeitsbegriffen huldigten, waren sie uns doch eine große Unterhaltung gewesen. Die Falllandhunde waren sehr gut eingeschlagen; die eine und die andere wildere Beißerei zwischen ihnen und den Eskimohunden war ja unausweichlich, und hierbei zogen gewöhnlich die ersteren den Kürzesten. Die Eskimohunde gingen nämlich meist in Trupps zum Angriff vor, wenn sie ein einzelnes Individuum der gegnerischen Partei überrumpeln konnten. Wagten sie sich jedoch in einen Streit „Mann gegen Mann", wurden die Rollen gewöhnlich vertauscht.

Diese Befehdungen galten jedoch nicht ausschließlich der Rasseverschiedenheit. Die blutigsten Kämpfe fanden nämlich zwischen zwei alten Rivalen von Port Stanley mit Namen Jim und Tom statt. Wenn diese, die sich nicht einmal zu sehen bekommen durften, einander ordentlich zu fassen kriegten, benötigte es mehrerer Männer, sie auseinander zu reißen.

An Bord hielten wir die schlimmsten Raufbolde angebunden und verhinderten sie so, in unbewachten Augenblicken einander zu zerfleischen, doch nachdem sie das Schiff verlassen hatten, ließ sich das nicht ebensogut machen.

Als wir uns dem Stationsplatz näherten, merkten wir, daß das Winterhaus bereits aufgeführt. Bei unserer Abfahrt waren nur Gerüst und Dachstuhl fertiggestellt, doch von der Bretterausfüllung selbst war noch nichts angebracht. Dieses Haus, welches dieselbe Form wie jenes hatte, in dem Amdrup auf Grönland überwinterte, bestand aus 5 Zimmern. Drei von diesen dienten zu Schlafzwecken, jedes für zwei Personen bestimmt, ein größeres galt dem gemeinsamen Aufenthalt und das fünfte sollte die Küche vorstellen. Die Außenwände waren doppelt, und zum Schutz gegen die Feuchtigkeit dienten Teerpappe und Linoleummatten. Für Heizung war gut gesorgt. Außer einem Küchenherd und einer Kochmaschine gab es „Primus" (=Petroleum=)kocher und viele Petroleumlampen. Der Vorrat an Petroleum war reichlich.

Wir sahen die Kameraden genau so munter und bei ebenso prächtiger Laune wieder, wie wir sie verlassen hatten. Sie empfingen uns am Strande mit herzlichem Handschlag, und wir folgten ihnen in ihre Wohnstätte. Das Häuschen stand auf einer Erhöhung des Strandplateaus und machte unbedingt den Eindruck der Ruhe und des Friedens. Auf der einen Seite hatte man die schroffen Sandsteinabhänge mit ihren aus den eruptiven Basaltgängen aufsteigenden halbverwitterten schwarzbraunen Kämmen, die, zerfallenen Mauern gleichend, an Ruinen alter Ritterburgen erinnerten. Die warme braune Farbenstimmung wurde von keinem Schneefleckchen gestört. Nichts wies darauf hin, daß man sich auf antarktischem Boden befand, außer wenn der Blick auf den ganz nahe befindlichen gewaltigen, sich weit vorschiebenden Gletscher fiel, der an die Herrschaft der Kälte und des Eises erinnern machte und wie ein Wächter diesen kleinen Winkel beherrschen zu wollen schien. Die dem Stationshaus zugelegene Gletscherwand war vollkommen senkrecht und hatte eigentümlicherweise die braune Farbe der Berge.

Das kleine Magnethäuschen war, wie wir vermutet hatten, bereits am ersten Tage primitiv errichtet worden und die Mitglieder der Winterabteilung hatten in ihm die Nächte ganz bequem zugebracht, indem sie in ihre Schlafsäcke krochen. Ein kräftiger Sturmwind, dem auch wir am Tage vor unserer Ankunft ausgesetzt gewesen, war indessen teilweise über die Bucht gefegt gekommen und hatte am Morgen, unmittelbar nachdem Alle die kleine schrankähnliche Zufluchtsstätte verlassen hatten, Alles über den Haufen geworfen, ohne jedoch glücklicherweise etwas von den empfindlichen Instrumenten zu beschädigen.

Näher heran bot es nicht genau denselben einladenden Anblick, dieses Chaos von Artikeln so verschiedener Art, die da am Strande und um das Haus herumlagen. Kisten, Fässer, Säcke, Planken und Bretter, Schlitten, Schneeschuhe und allerhand

Kleinigkeiten in ungeheurer Unordnung und mitten in dem ganzen Getriebe alle Hunde, die sich während unserer Abwesenheit durch verschiedene Junge vermehrt hatten. Die Tiere, die hier unangekoppelt und frei herumlaufen konnten, hatten von der ersten Minute an, da sie den Fuß auf festen Boden setzten, einander gewaltige Schlachten geliefert. Der am schlimmsten Zugerichtete war Jim, der mit einer klaffenden Wunde am Schenkel, Toms deutliches Wappen, herumhinkte. Noch lebten jedoch alle Tiere.

In diesem Zusammenhang kann ich gleich berichten, was das Ergebnis war, diese Repräsentanten des Hundegeschlechts der verschiedenen Erdhälften eine längere Zeit auf diesem einsamen Platz beieinander zu haben. Nach und nach forderte der Rassehaß seine Rechte. Die Wolfsnatur der Eskimohunde brach sich in der einfachen Weise durch, daß sie, sobald sich eine Gelegenheit bot, ihren Vorsatz ungestört ausführen zu können, einen der anderen überfielen und nach allen Regeln der Kunst umbrachten. Diese Mordmanie hinderte Basken und Suggen aber nicht, sich mitunter gegen die fremden Hündinnen liebenswürdig zu bezeigen, und als wir zwei Jahre später zur Winterstation kamen, war von den stolzen Repräsentanten der Falklandrasse nur ein kleiner elender Bastard, — „Pelle“ benannt, — der ganz kurzhaarig und in den Augen der Welt recht unansehnlich, übriggeblieben. Dieses kleine Wesen, das sich eigentümlicherweise weder seiner Verwandten väter- noch mütterlicherseits erinnerte, war bedeutend kleiner als einer von diesen, zeigte sich jedoch ungewöhnlich abgehärtet gegen die Kälte und konnte anscheinend ohne Beschwernisse die kälteschärfsten Stürme ertragen.

Den Eskimohunden selbst schien es bei der Winterstation ausgezeichnet zu gefallen; sie vermehrten sich während der kommenden zwei Jahre ganz ansehnlich. Später bot sich mir einmal Gelegenheit, wenn auch nur auf kurze Zeit, ihr etwas kompliziertes Familienleben zu beobachten, doch war dies interessant genug.

Wir hatten bei unserer Ankunft Nordenskjöld keine gerade erfreuliche Nachricht zu übermitteln. Die große Bedeutung für die künftigen Schlittenfahrten der Überwinternden, weiter südwärts

Weddellrobbe. Larsen phot.

Der erschossene Seehund wird abgehäutet. Duse phot.

irgendwo ein Proviantdepot zu haben, sah ein jeder ein, und nun war es uns nicht geglückt, ein solches an Land zu schaffen. Dagegen war nun 'mal nichts zu machen. Wir kamen bald auf andere Fragen zu sprechen: auf die Schwierigkeiten und das einförmige Leben der Überwinternden auf diesem abgelegenen Platz. Sie hatten ja reichlich Kleider und andere Dinge zum Schutz gegen die Kälte bei sich; der Proviantvorrat reichte gemäß Berechnung Nordenskjölds auch für eine längere Überwinterung aus, wenn solche notwendig würde; den Phonographen hatten sie mit sich genommen — Sobral ließ an seiner Statt einen anderen an Bord, — und außerdem verfügten sie über eine reichhaltige Bibliothek, sowie über verschiedene Karten- und andere Spiele.

Man konnte also nicht sagen, daß sie sich irgendwelcher besonderen Not zu vergewärtigen hatten. Gleichwohl dachte ich mit einem Seufzer der Erleichterung daran, daß ich nicht bei der Winterstation verweilen brauchte. Das Leben, das mich während des kommenden Winters erwartete, war ja ein ganz anderes. Neue und auch unbekannte Teile der Erde sollte ich besuchen können und lange Perioden hindurch auf dem Meere, das ich bereits lieben gelernt, zubringen dürfen! Dies mußte ja bedeutend mehr Abwechslung verschaffen, als das einförmige Verharren auf einem und demselben Fleck, wo man vollständig von der übrigen Welt abgeschlossen war.

Leider hatten wir nicht viel Zeit übrig, anläßlich dieses letzten Besuches lange mit den landansässigen Kameraden zusammen zu sein. Nachdem sie einen kurzen Besuch an Bord abgestattet hatten, bei welcher Gelegenheit sie ihren etwas vernachlässigten Staubhüllen eine nötige Würdigung zuteil werden lassen konnten, sowie nach Einnahme einer ordentlichen Mahlzeit war es für uns an der Zeit, wieder zu scheiden. Der Wind begann sich wieder aufzufrischen, und wieder war es der eistreibende Nordostwind. Einige Bootladungen Kohle nebst einem Teil der letzthin vergessenen Gegenstände waren bereits an Land geschafft worden, und in aller Hast schrieben die Zurückbleibenden noch einige Zeilen an ihre Lieben daheim in Schweden.

Zum letztenmal drückten wir einander die Hände, einander Erfolg wünschend, und zum letztenmal erscholl es: „Wir treffen uns wieder!“ Ein aufmunterndes Hurra — und der Antarctic dampfte zum Admiralitätssund hinaus, um sich nie mehr in demselben zu zeigen. Tief bewegt ließen wir die Kameraden am Strande zurück. Unbestimmt war es ja, ob und wie wir uns nach so langer Zeit, während welcher uns wie ihnen viele unvorhergesehene Gefahren sowohl unter den Gletschern zu Lande als auch draußen auf dem Meere begegnen konnten, wiedersehen würden.

Wir richteten nun die Fahrt nach dem Osten in der Absicht, an den Dangerinseln vorbei das offene Meer zu erreichen. Bald merkten wir, daß der Winter gekommen war. Das Eis ballte sich wieder dichter, die Kälte nahm zu und in kurzer Frist hatten wir vollen Schneesturm. Das ganze Verdeck wurde weiß und die Takelage kleidete sich in eine Eiskruste.

Weit kamen wir nicht, ehe das Eis uns gänzlich den Weg versperrte. Um nicht zwischen den von allen Seiten herantreibenden Eisschollen festzusitzen, mußten wir schleunigst wenden. Der einzige Weg, der freies Fahrwasser überbehalten hatte, führte nordwärts zwischen das Ludwig Philipp-Land und die Joinvilleinsel hindurch. Dorthin lenkten wir den Kurs.

Antarctic war durch den großen Kohlenabsatz sehr erleichtert worden und lag bedenklich hoch auf dem Wasser. Wie notwendig es uns auch werden konnte, fanden wir doch nicht Zeit, Ballast einzunehmen. Wir mußten uns damit begnügen, die Wassertanke zu füllen und die Fahrt in der Hoffnung auf günstiges Wetter fortsetzen. In den Nächten war es nun stockfinster, sodaß wir gezwungen wurden, in letzter Zeit mehrere Stunden während der Nacht stillzuliegen. Glücklicherweise wurden wir diese Zeit hindurch von keinem nächtlichen Sturm heimgesucht. Zwischen diesen Inseln, Felsen und den vielen grundansässigen und fließenden Eisbergen hätte ein solcher die verhängnisvollsten Folgen haben können.

Eigentlich sehnten wir uns alle wieder nach dem Norden. Der kalte und rauhe Winter ist zu einem Streifzuge in diesen stürmevollen und verräterischen Fahrgewässern wenig geeignet, und Aussichten zu wissenschaftlichen Arbeiten existieren bei dieser Jahreszeit hier unten nicht.

Dagegen ist der Sommer hier unten eine herrliche Zeit und ich für meinen Teil hatte in vollen Zügen die mir gebotene prächtige Naturszenerie und die Eigenheiten des freien und ungebundenen Polarlebens genossen. Viele Gelegenheiten, das Deck zu verlassen, waren uns zwar nicht geboten gewesen, doch von diesem herab konnte man ja alles ringsum Vorgehende beobachten.

Weiter hatten wir es an Bord sehr gut gehabt, und nachdem ich mich in die Verhältnisse eingelebt hatte, gefiel es mir ausgezeichnet. Der Proviant war reichlich und gut und der Zuschuß an Naturprodukten, die das Eis gab, wurde nicht verachtet. Letzten machten Pinguinen und Robben aus. Der Steward besaß eine gewisse Kunstfertigkeit, die verschiedenen Braten auf eine ziemlich gutschmeckende Art anzurichten, und trotz des Trangeschmackes, den das Gewürz nicht völlig wegtäuschen konnte, und der eigenartigen schwarzbraunen Färbung wurden diese Dinge mit gutem Appetit gegessen.

Ohlin hatte jedoch seine eigenen Ansichten über den Wert dieser Nahrungsmittel und konnte nie dazu bewegt werden, ein Gericht, dem in irgend einer Form Robbenfleisch beigefügt war, anzurühren. Daß diese Abneigung aber nicht auf Geschmack beruhte, beweist folgende recht lustige Begebenheit:

Eines Tages hatten wir bereits Mittag gegessen, bei dem unter anderem eine mit Robbenfleisch hergestellte Bouillon serviert wurde, die jedoch zum größten Teil dank dem gedörrten Gemüse und Fleischextrakt den Robbengeschmack verloren hatte und besonders gut geraten war. Nach einem Hamenfischfang hielt sich Ohlin noch auf Deck mit seinen geliebten Krebstieren auf und setzte sich deshalb erst zu Tisch, als einige von uns schon beim Kaffee saßen. Der Steward war instruiert.

„Steward, womit ist die Suppe hergestellt? Doch hoffentlich nicht mit Robbenfleisch?“ fragte Ohlin, argwöhnisch schnuppernd

Auf die mit ernstem Gesichtsausdruck gegebene verneinende Antwort fing er ruhig zu essen an.

„Das ist ja 'mal heute eine ganz ausgezeichnete Suppe! Die macht unserm Steward wirklich alle Ehre! Bringen Sie mir noch einen Teller voll!“ Er erhielt diesen, aß und gab sich dem Genusse hin. Erst als er später äußerst wohlgemut beim Kaffee saß und sich dem Genuß seiner Zigarre hingab, steckte eine wohlmeinende Seele ihren Kopf aus der Kabine und fragte, wie ihm die Robbensuppe gefallen habe.

„Robbensuppe!? Was — zum Teufel — meinst du?“ Im Nu flog er von seinem Stuhl hoch.

„Steward! War wirklich die Suppe aus Robbenfleisch?“ Jetzt lag eine gewisse Unruhe in seiner Stimme.

Der Steward konnte sich nicht länger ernsthaft halten und Ohlin, der nun die Intrige einsah, verschwand die Decktreppe hinauf und wurde später angetroffen, als er über die Brüstung gelehnt sich in allen Qualen der Seekrankheit wand und seinen betrogenen Magen förmlich umkehrte.

Die Fahrt wurde nach dem Norden zu fortgesetzt. Wir hatten das Treibeis hinter uns gelassen und hofften, ohne Schwierigkeiten den Bransfieldsund zu passieren. Es sollte aber anders kommen. Kaum waren wir im Norden von der Joinville-insel, als ein Sturm mit all der Gewalt, deren ein solcher in diesem Gebiet mächtig, losbrach. Der Schneenebel wurde dichter und hing schwer und grau wie eine undurchdringliche Mauer um uns. Der Ausguckmann vorn konnte knapp einige Meter weit sehen. Ein Eisberg nach dem anderen tauchte dicht vor dem Bug auf, sauste blitzschnell vorüber, und nur mit äußerster Anstrengung glückte es uns, einer verderblichen Kollision zu entgehen.

Der Sturm kam von Südosten und wurde fürchterlich heftig. Am 25. Februar hatte er eine Stärke von über 20 m in der Sek. und der Schneenebel war fortdauernd gleich undurchdringlich. Um sechs Uhr morgens trennten uns nur wenige Sekunden vom Tode in Gestalt eines dicht vor uns befindlichen mächtigen Eis-

Packeis. Skizze vom Verf.

Aussicht von der Seymourinsel Duse phot.

Küstenpartie vom Ludwig Philipp-Land. Larsen phot.

Warte und Depot auf der Seymourinsel. Bodman phot.

berges, den wir erst durch das Getöse der gegen ihn anschlagenden Brandung gewahr wurden. Den ganzen Tag über die gleiche Wildheit, die gleiche Raserei im Sturm! Hätten wir nur klares Wetter gehabt, um der Gefahr recht ins Auge sehen zu können! hätten wir nur frei vor dem Sturme herlaufen können! So aber war es die ganze Zeit hindurch das gleiche aufregende Blindekuhspielen mit den Eisbergen! Und außerdem hatten wir leewärts die Felseninseln Süd Shetlands, gegen welche uns alle entfesselten Kräfte der Natur schleudern zu wollen schienen. Nicht ein Segel hatten wir oben, und bei voller Maschine mußten wir quer vor Sturm und See halten, — die gefährlichste aller Lagen! — eine Aussicht zu haben, klar von der drohenden Inselkette zu gehen.

Diejenigen, die da zu Hause in ihren ruhigen, warmen Zimmern von Schiffbruch und Untergang in den Zeitungen lesen, haben keine Ahnung, welche wirklichen Kämpfe draußen auf dem Meere durchgemacht werden, wie unsagbar schwer das Handwerk des Seemanns oft sein kann und welche unerhörten Anforderungen an diese Leute, die mehr als andere Gelegenheit haben, dem Tode ins Auge zu sehen, gestellt werden. Ja, das Leben des Seemannes ist hart! Wenn die sonnigen Tage dahin sind und die Stürme sich über das kleine Fahrzeug herwerfen wie Raubtiere, die mit ihrem Opfer spielen, und es in wirbelndem Totentanz über das kochende, siedende Meer schleudern, wobei es in dem einen Augenblick in einem Abgrund zu versinken droht, um im nächsten wieder von einer gewaltigen Woge, auf deren Gipfel der Propeller, wie seine Ohnmacht zu beweisen, hoch oben in der Luft den hochspritzenden weißgrünen Gischt peitscht, hochgerissen zu werden, — wenn das Meer düster und gewuchtig mit fürchterlicher Gewalt und einem Donner wie aus Kanonen auf und über das Deck stürzt und die wildrasenden Sturzwellen Alles, was nicht hinreichenden Widerstand bietet, mit sich fortreißen, das gebrechliche Werk von Menschenhand verwüstend und verheerend, — wenn der dichte, Alles verhüllende Seenebel einen mit verbundenen Augen ins Verderben rasen läßt, während die entfesselten Mächte wie in schneidendem Hohn über die Machtlosigkeit des unbedeutenden Menschleins zu jubeln scheinen, — dann muß der Seemann, den Tod selbst vor Augen, auf seinem Posten verharren, durchweicht und steifgefroren, ausgehungert und totmatt zu ohne weichen sein hartes, lebengefährdendes Amt vollbringen.

Das Leben des Seemannes ist hart, hier unten vielleicht härter als sonstwo. Packeis und Schraubeis häuft sich hier hinterlistig und hastig, in wenigen Stunden den Weg verschließend, um das Schiff gegen einen klippigen Strand zu pressen, es in den Grund zu zerren oder unbarmherzig zu zermalmen. Die Eisgebirge mit ihren glatten, harten Wänden oder phantastisch wie Klippen, Türme und Spieße geformten Seiten, diese Riesen, gegen welche die des Nördlichen Eismeeres wie Kinder erscheinen, — ungefährlich bei ruhigem und klarem Wetter, werden sie fürchterlich an einem Tage wie diesem. Sie treiben nicht mit dem Winde; ihr unglaubliches Deplacement bindet sie an das nasse Element und in diesem können sie, der Strömung folgend, mit einer Schnelligkeit von mehreren Knoten herangerast kommen gegen das dem Steuer nicht mehr zu gehorchen vermögende und hin und hergeschleuderte Schiff zu einer kalten und grausigen Umarmung. Und alles das auf einem Teile unserer Erde, wo ein Seefahrer nach Schiffbruch sich selbst überlassen und jede Möglichkeit menschlicher Hilfe fehlt.

Es ist kein Spiel auf einem Fahrzeug wie dem unsrigen, auf dem die schwache Maschine nicht einmal bei ruhigem Wetter mächtig zu 6 Knoten Fahrt ist, unter solchen Verhältnissen den stetig ungleichen Kampf gegen die entfesselten Elemente auszukämpfen!

Gegen Abend wird die See höher. Die alte vielgeprüfte Schute geht mit dem ganzen Backbordreling unter Wasser, ächzend und aufstöhnend mit jeder neuen Orkanbö, bei jeder neuen Sturzsee erzitternd und in allen Fugen krachend. Die Dunkelheit drängt sich auf. Der graue Nebel um uns herum geht mit einer Mischung ins Violette zur düsteren Färbung der Nacht über. Die See wird schwärzer und schwärzer, und nur die gewaltigen

Stationsgebiet am Snow Hill. Larsen phot.

Die Stationsvorräte werden an Land geschafft. Larsen phot.

Wassersäulen, die sich mit gesteigerter Wut erheben und in einer verworrenen Menge auf uns herabstürzen, geben mit ihrem weißlichen zischenden Gischt dem Ganzen eine Färbung.

Erst jetzt, wo Alles in Dunkelheit gehüllt ist, fühlt man, wie beißend die Kälte ist; erst jetzt hört man völlig das tiefe Getöse eines in Aufruhr befindlichen Meeres.

Während der Nacht wurde die Ungestümheit der See unerhört. Die Schute stieg und legte sich auf die Seite, stampfte und schlingerte im launenvollen Spiel der Riesenwogen, sodaß jeder Gedanke an Schlaf für uns dahin war. Gegen Morgen ging der Sturm in einen Orkan über und der alte Schiffsrumpf schien unter dem Druck der herniederbrechenden Wassermassen zu jammern. Das neueste große Walboot wurde von einer Sturzwelle ergriffen, in einem Augenblick aus seinen Traghaltern herausgerissen und weit weggeschleudert, — für immer zu verschwinden. Eine andere, gleich verheerend wirkende Sturzwelle fegte über das Deck und schlug die mit stärksten Eisenkrampen befestigte Relingtür des Backbords aus, als ob sie von Pappe gewesen wäre.

Nie werde ich wohl den Anblick vergessen, den das Deck bot, als ich am Morgen heraufkam, um meine gewohnten magnetischen Observationen vorzunehmen. Das große Leck im Reling mit dem schwarzgrünen, brausenden Meer außerhalb grinsten einem wie ein offenes Grab entgegen. Orkanbö auf Orkanbö fuhr heulend durch das Takelwerk und gegen einen Eisberg von nahezu 20 m Höhe brach sich die See in glänzenden Kaskaden fast doppelt so hoch.

Daß diesmal Gefahr verbunden war, wußten wir alle. Rastlos war daran gearbeitet, die schwächsten und meist ausgesetzten Teile des Schiffes zu verstärken. Eine dauerhafte Brettklappe, auf die Gun-roomluke passend, wurde für den Fall zusammengezimmert, daß eine Sturzwelle die Kappe darüber fortrisse. Die große Stahlwire, die mehrere Tonnen wog, wurde mit dicken Planken gesorrt und stagiert, der Treppenraum zur Schanze sorgfältig verschlossen, und aller Verkehr ging durch den Gun-room. Am Morgen waren drei Ölsäcke auf die Luvseite gehängt worden und diese gossen unaufhörlich ihren dampfenden Inhalt über das wütende Element.

Wir wußten, was es galt. Larsen hatte uns allen in seiner ruhigen, ernsten Weise mitgeteilt, daß wir vor dem Abend auf das Ende gefaßt sein müßten. Eine einfache Berechnung hatte ergeben, daß der mit seinem nahezu leeren Großraum hoch oben auf dem Wasser liegende Antarctic aus dem Kurse gegen die König Georginsel treiben würde, und für uns galt es, östlich um diese Insel zu kommen. Sonst waren wir verloren.

Es ist nicht Furcht, was man bei solcher Eröffnung empfindet, — mit dem Gedanken auf große Abenteuer und die Möglichkeit eines gewaltsamen Endes ist man ja bereits lange vertraut gewesen, — aber die Gedanken nehmen doch eine eigenartig wehmütige Richtung in solchen Momenten, in denen man nicht weiß, ob nicht in der nächsten Minute ein dicker schwarzer Strich über das Ganze gezogen wird. Man erkennt seine eigene Kleinheit gegenüber den in ihrer ganzen Wildheit losgelassenen Elementen und erlahmt nahezu bei dem Bewußtsein seiner eigenen Ohnmacht. Alles vorher Passierte drängt sich einem auf, blitzschnell wechseln die Bilder, — und das Alles endigt mit einem eigenartig quälenden Empfinden bei dem Gedanken, gerade jetzt sterben zu sollen! Man versucht, sich selbst einzureden, die Gefahr sei nicht so groß; es wird einem schwer, das Grausige, so plötzlich von all dem uns noch ans Leben Bindende getrennt zu werden, völlig zu fassen.

Die Dämmerung fängt an, wiederzukommen. Der Nebel hat etwas nachgelassen und die Eisberge, denen wir bis dahin wie durch ein Wunder ausgewichen, zeigen sich seltener. Der rasende Sturm wütet jedoch noch ebenso heftig fort und die See geht gleich hoch. Mit kalter Ruhe berieten wir abends den Ernst der Situation. Larsen konnte zwar nicht mit Sicherheit angeben, wie weit uns der Sturm aus dem Kurs gerissen, doch war er der Überzeugung, daß es, sollten wir am Kap Melville vorbeikommen, doch nur soso bliebe. Kartenanzeichnungen während eines solchen Sturmes zu führen, ist ja unmöglich, und die Berechnungen waren größtenteils Mutmaßungen.

Nun mußten wir eigentlich an dem Platz, der unser Geschick entscheiden sollte, angelangt sein. Der kritische Moment kam heran und die Spannung steigerte sich peinigend. Man stand da und stierte sich nahezu blind in dem grauen Nebel, um einen Schimmer von dem Lande, gegen dessen Klippen wir vielleicht bald ungehemmt geschleudert werden würden, zu entdecken. Das Gehör wurde bis aufs Äußerste geschärft, um das Getöse einer Brandung zu vernehmen.

Da hören wir plötzlich durch das Gestürme den eintönigen Ruf des Ausguckers „Land backbord!“ Und durch den immer dünner werdenden Nebel schimmern die schwachen Konturen einer felsigen, übereisten Küste hindurch. Es war die östliche Ecke der König Georginsel, welche wir in weniger als zwei engl. Meilen Abstand passierten. Wir waren also gerettet.

Die Reaktion war eine heftige. Die gedrückte Stimmung, die über uns während der letzten Tag- und Nachtfrist geschwebt hatte, war schrecklich peinigend gewesen, und die große Erleichterung nach der scharfen Spannung kam ganz plötzlich.

Der Nebel zerteilte sich mehr und mehr, und Eisberge sahen wir eine ganze Zeit lang nicht mehr. Der Sturm schien sich gleichfalls herabzumindern; die See brach sich nicht mehr mit der gleichen Kraft an dem Schiff. Die Passage war jetzt klar, und kein Hindernis vermochte mehr, unsern Weg zu sperren. Trotz des heftigen Rollens der Schute, das mich in der Koje hin- und herschleuderte, schlief ich in dieser Nacht ruhiger als seit Langem.

Während des Sturmes hatte ich gelernt, unsere Matrosen, ihre zähe Ausdauer und ihren unverwüstlichen Mut zu bewundern. Sie kamen und gingen ruhig und mit entschlossenem Ausdruck im Gesicht, ermattet und von Salzwasser triefend, doch stets mit einem Scherzwort auf den Lippen und willig, wo es nottat, zuzugreifen. Sie waren fast alle Norweger, ausgesuchte Leute von der Sorte, die sich nicht in einem Leben träger Ruhe wohlgefallen. Keckere und tüchtigere Kerle soll man sich suchen; zwar waren sie mitunter schwer zu regieren, wenn die alte nordische Berserkergemütsart über sie kam, doch treu und zuverlässig in der Stunde der Gefahr. Ich werde ihrer stets mit warmem Dank für die lange Zeit unseres gemeinsamen Kampierens gedenken.

Am nächsten Morgen hatte der Sturm bedeutend nachgelassen und wir konnten im Laufe des Tages mit bloßen Segeln vor dem Winde hereilen. Es zeigte sich nun, daß der Antarctic in den letzten 24 Stunden mehr als 30 engl. Meilen in nordwestlicher Richtung aus dem Kurs getrieben war.

Der Antarctic bot nun keinen hübschen Anblick mehr. Mehr oder weniger ramponiert bedurfte er fast an allen Ecken der Reparatur. Ohne weiteren Aufenthalt setzten wir inzwischen die Fahrt fort und die obligatorischen Wasserproben und Hamenfischereien wurden wie gewöhnlich vorgenommen. Nach der Etablierung der Winterstation übernahm ich die meteorologischen und hydrographischen Arbeiten an Bord, doch waren besonders die ersten während dieser Fahrt ganz unbedeutend. Das einzige Thermometerhäuschen war nämlich von der Station mit Beschlag belegt worden, und erst während unseres ushuaiaer Aufenthaltes glückte es mir, ein neues, das an Dimensionen und Aussehen nicht allzuviel von dem alten abwich, zu erhalten.

Ohne weitere Abenteuer passierten wir Kap Horn und erreichten nach einem kurzen, doch heftigen Sturm in der Nähe der Stateninsel am 4. März den Beaglekanal.

Die Gegend um diesen Kanal, dessen Ufer anfänglich an die Fjordlandschaften Norwegens erinnern, verändert sich je weiter man nach dem Westen kommt. Die Gebirge werden höher, die ganze Natur wilder, und in der Gegend von Ushuaia hat man eine Naturszenerie, die anzutreffen in diesem südlichen Breitegrad man kaum erwartet hätte. Innerhalb desselben Rahmens das üppigste Strandgrün übergehend in einen dichten Urwald, wohin sich Papageie und andere tropische Vögel verirrten, und hinter diesem Walde die hohen gletscherbedeckten Gebirge, die sich kühn wie Alpengipfel erheben.

Vom Feuerlande und seinem kleinen Flecken Ushuaia werde ich später in anderem Zusammenhang erzählen. Unser erster Aufenthalt in dieser kleinen „Stadt", deren einzige Eigenheit darin besteht, daß sie das südlichste zivilisierte Zentrum der Erde und deren wenigst bevölkerte Hauptstadt, d. h. Residenz in einem selbständig regierten Territorium ist, war aus verschiedenen Hinsichten amusant und interessant. Hier nahmen wir eine volle Kohlenladung von den uns von der argentinischen Regierung versprochenen Kohlen ein und setzten alsdann die Reise ostwärts nach den Falklandinseln fort.

In Port Stanley wurde die Schute so gut es sich nach ihren ausgestandenen Widerwärtigkeiten machen ließ repariert und die Vorbereitungen für die lange Winterexpedition getroffen. Es war eine recht langstielige Zeit, die wir hier in relativer Untätigkeit verharren mußten, um wieder hinauskommen zu können. Unsere vornehmste Beschäftigung bestand im Studieren der Briefe und Zeitungen, die schon seit Langem auf unsere Rechnung hier gelagert hatten. Außerdem waren einige jüngere Mitglieder der Expedition sehr eifrig von einigen Repräsentanten des zarten Geschlechts, die mit bekannter Liebenswürdigkeit englischer Damen unser Verweilen so angenehm wie möglich zu machen suchten, in Anspruch genommen.

Mr Stokes verließ uns, sobald wir Port Stanley angelaufen waren, und trat mit dem nächsten Dampfer die Heimreise an. Er stellte bedeutend größere Anforderungen an Komfort und Bequemlichkeit, als wir ihm an Bord des Antarctic bieten konnten, und war sichtlich sehr zufrieden, die enge Schute verlassen zu können.

An seiner Stelle stieß hier Dozent Johan Gunnar Andersson zu uns, der während der Zeit, die Nordenskjöld fern von der Expedition verbrachte, die Leitung der wissenschaftlichen Arbeiten an Bord übernehmen und außerdem die geologischen Untersuchungen ausführen sollte. Schon ehe ich Andersson hier traf, hatte ich viel von ihm reden gehört, sowohl von seiner Teilnahme an der Professor Nathorstschen arktischen Sommerexpedition 1898, als auch von seiner eigenen Expedition nach der Bäreninsel und seinen dortigen Abenteuern mit dem Deutschen Lerner, der bei seiner Ankunft bereits einen Teil der Insel als „Privateigentum" annektiert hatte.

Ich hatte auch erzählen hören, welche wichtige Rolle Andersson bei der Organisation und Ausrüstung unserer Expedition gespielt hatte. Ja, es hieß sogar, daß ohne ihn und seine tatkräftige Beihilfe die Expedition sicherlich nie zustande gekommen wäre.

Über Anderssons hervorragende Eigenschaften als Gelehrter zu sprechen, ist hier nicht der Ort, — sie sind übrigens hinreichend bekannt! — doch kann ich nicht umhin, die meisterliche Art, mit der er es als wissenschaftlicher Leiter verstand, alle die verschiedenen Arbeiten einzuteilen und alle Kräfte zu vereinen, um die größtmöglichen Resultate zu erzielen, zu rühmen. Wenn man ihn bei der Arbeit sah, wobei er, alles Andere beiseite lassend, mit nie ermüdlicher Energie seine Forschungen ausführte, verstand man, daß für ihn die Wissenschaft Zweck und nicht Mittel war.

Das Schicksal wollte, daß in einem späteren Zeitraum der Expedition Andersson und ich lange Monate hindurch in rauhen und gedrückten Verhältnissen gemeinsam zubringen sollten, wobei ich Gelegenheit hatte, ihn kennen und schätzen zu lernen als einen Freund und Kameraden, den man nie vergißt.

Bodman, Åkerlund, Nordenskjöld, Jonassen, Sobral, Ekelöf — Duse phot.

Die Mitglieder der Winterstation am Snow Hill.

4. Süd Georgien in Wintertracht.

Sturm. — Die Geheimnisse der Meerestiefen. — Süd Georgien in Sicht. — Die Cumberland-Bai. — Zum Meer getrieben. — Der Roßgletscher. — Die deutsche Station. — In der Maibucht. — Naturszenerie. — Jagd auf Seeelefanten. — Eine waghalsige Rudertour. — In der Grapenbai („Grytvik"). — Heimfahrt. — Wieder in Port Stanley. — Ohlin.

—

Der Aufenthalt in Port Stanley wurde, wie ich schon gesagt habe, hauptsächlich zu Vorbereitungen für die kommende Winterkampagne verwendet. Neue Segel wurden genäht, die Takelage an Stellen verstärkt und der teilweise ganz ramponierte Rumpf mit Lappen versehen. Der während der Sommerfangjagd erzielte Speck ward in Fässer gefüllt und an Land gebracht, um nach dem Ende der Süd Georgienexpedition in Öl verwandelt zu werden. Es erforderte viel Arbeit, das Schiff wieder seeklar zu machen, und erst am 11. April morgens konnten wir die Anker lichten.

Wir verließen Port Stanley, von allen im Hafen liegenden Schiffen mit Flaggen und Hurrarufen begrüßt. Auf Deck des englischen Kreuzers „Cambrians" spielte das Musikchor die schwedische Königsweise, und mit gesenkter Flagge passierte der Antarctic, während wir alle auf der Kommandobrücke versammelt den wohlbekannten Klängen der Heimat lauschten.

Es war ein neuer Abschnitt in der Geschichte der Expedition, der nun anheben sollte, nämlich Winterfahrten im subantarktischen Gebiet. Gemäß dem wissenschaftlichen Arbeitsplan für diese Winterexpedition sollte irgendwo auf Süd Georgien eine Landstation für eine so lange als mögliche Zeit errichtet werden und während Hinreise und Heimfahrt das Meer zwischen Falkland und Süd Georgien hydrographisch und zoologisch untersucht werden.

Dozent Andersson hatte einige Instrumente mitgenommen, die sehr wertvoll für diese Arbeiten wurden. Die wichtigsten waren eine automatische Sondierungsmaschine und Areometer für Salzgehaltbestimmungen der Wasserproben. Die etwas knappgehaltene kartographische Ausrüstung erhielt gleichfalls einen wohlverwendbaren Zuschuß in einer photogrammetrischen Kamera, die in Süd Georgien in große Anwendung kam.

Während der ersten Tage der Reise war das Wetter ausgezeichnet und die ozeanographischen Untersuchungen konnten ungestört ausgeführt werden. Am 15. begann indessen ein zwei Tage währender Sturm, vorangezeigt durch grossen Barometerfall und heftigen Seegang. Gegen 11 Uhr Abends nahm der Sturm ganz plötzlich einen so gewaltsamen Charakter an, daß wir eine sehr kritische Stunde durchkämpfen mußten, ehe die Segel geborgen waren. Alle Mann wurden gepurrt, und wir lenzten, während die Arbeit vor sich ging. Die Fock war bereits in Fetzen gerissen und von dem Großmarssegel waren auch nicht mehr viele ganze Stücke vorhanden.

Das Erste, was beim Ausbruch eines Sturmes gemacht wird, ist das Aufschrauben von Schutzluken über das Gun-roomskylight — die Glasscheiben würden den Sturzwellen nicht lange widerstehen, — und hierdurch werden sowohl der Gun-room als auch unsere Kabinen in ein nichts weniger als behagliches Dunkel gehüllt. Gewiß brennen in solchen Fällen Tag und Nacht Lampen, gleichwohl aber bleibt es da unten ganz finster, was denn macht, daß man lieber das Tageslicht auf Deck aufsucht, selbst wenn der Wind die Haut etwas zerbeißen oder eine Sturzwelle mit wenig Rücksichtnahme einem eine etwas abkühlende Überspülung verabreichen sollte.

Am 17. war das Meer wieder so ruhig, daß die Arbeiten aufgenommen und von nun an ohne Unterbrechung bis zum Ende der Reise ausgeführt werden konnten.

Bevor ich weiter gehe, will ich mich einen Augenblick bei unseren Entdeckungen der großen Geheimnisse der Meerestiefen aufhalten. Die hydrographischen Untersuchungen bestehen aus Sondierungen, wobei außer der Tiefe Maß auch die Temperatur des Grundbodens und dessen Beschaffenheit festgestellt wird. Weiter werden der verschiedenen Meerwasserschichten Eigenschaften und Gang und Richtung der Meeresstürme durch Serien von Temperaturfeststellungen und Heraufholen von Wasserproben aus den verschiedenen Tiefen erforscht. Hierzu wählten wir außer den Sondierungsapparat zwei Umwendungsthermometer (Negretti & Zambra) sowie zwei Wasserheber nach Petterson-Nansens Modell. Während der Winterexpedition gingen indessen die beiden erstgenannten verloren, glücklicherweise aber hatten wir Thermometer in Reserve, und Metallrahmen mit Umwendungsmechanismus wurden von dem ersten Maschinisten mit großer Geschicklichkeit hergestellt.

In Verbindung mit diesen hydrographischen Feststellungen wurde ständig die Hamenfischerei auf der Meeresfläche ausgeführt, und auch auf der Tiefe wurde mit Hamen gefischt, was recht interessante Resultate ergab. Neben den oft vorkommenden Trawlings und Abschabungen, die Proben vom Tierleben auf dem Grunde vorwiesen, hinterließen diese Fischereien den Zoologen ein reichliches Material für das Studium der nahezu unbekannten Meeresfauna.

Wie bekannt ist in einer Meerestiefe von ungefähr 500 m alles Licht erloschen und herrscht darunter ewige Nacht. Mit dem Eingang des Lichtes hört auch alles Pflanzenleben auf zu existieren. Das Tierleben dagegen währt abwechslungsreich und bunt bis hinunter in die tiefste Tiefe fort und nimmt in dieser finsteren Welt die eigentümlichsten und phantastischsten Formen an. Die Natur zeigt hier so recht ihre Launenhaftigkeit; neben der widerwärtigsten Art rein häßlicher Meeresungeheuer finden sich die schönsten, in unendlicher Farbenpracht erglänzenden Tiere.

Gleichwohl leben nicht alle Bewohner der Tiefe in einer absoluten Dunkelheit. Einige von ihnen besitzen die Macht, sich selbst ihr benötigtes Licht zu verschaffen. So gibt es beispielsweise auf dem Meeresboden leuchtende Korallen, die wie Straßenlaternen Licht über ihre Umgebung verbreiten. Auch verschiedene umherschwimmende Tiere strahlen ein derartig phosphoreszierendes Licht aus, mitunter scharf und klar, als wäre es elektrisch, manchmal wieder matt und blaß, immer aber hinreichend genug, für die Bedürfnisse des Individuums eine geringe Umgebung zu erleuchten, oder auch, um als Köder bei ihren Raubjagden zu dienen.

Die meist variierenden Formen weisen die Fische auf. Gewöhnlich sammetschwarz oder hellrot gefärbt oder auch wie von Silber glänzend, sind einige Arten sehr schön. Manche von ihnen haben längs der Seiten in doppelter Reihe kleine runde, leuchtende Flecke, die sich wie die Kajütenfenster eines Ozeandampfers ausnehmen; andere haben ihre Strahlenwerfer dicht neben den Augen und sogar in den Augenhöhlen selbst sitzend; noch andere besitzen auf einem vom Kopfe ausgehenden langen nach vorn gebogenen Spriet eine kleine leuchtende Kugel, die wie eine Fahrradlaterne ihre Strahlen über den Weg derselben wirft.

Entsetzlich garstig sind einige Arten von Raubfischen, von deren Köpfen Hörner, Spieße und Zacken ausgehen und deren mit einer abschreckenden Zahnreihe versehenen Kiefer bis rings um den Kopf zu reichen scheinen. Offenbarte sich ein derartiges Wesen plötzlich einmal einer etwas abergläubischen Köchin, glaubte diese ohne Zweifel, den leibhaftigen Satan selbst zu sehen.

So haben wir Krebse mit ungemeinen Abwechslungen in Farbe und an Aussehen. Häufig sind sie ganz durchsichtig und völlig farblos wie das reinste Glas, häufig vom Gelb oder Hellrot ins

Zwischen dem Treibeise. Duse phot.

Wieder im Admiralitätssund. Larsen phot.

schärfste Blutrot übergehend, oft mit Flecken im Blau und Violett, Gelb und Rot. Diese Tiere entsprechen nur durch ihre wirklich prachtvollen Farben dem Schönheitssinn, denn sonst sind sie keineswegs schön. Ihre langen biegsamen Fühlhörner, die mitunter mehrmals so lang als der Körper selbst, ihre scharfen, spitzigen, vom Stirnschild ausgehenden Hörner und die auf Stielen sitzenden schwarzen oder gelbroten Augen nebst den riesigen Fang- und Kneipwerkzeugen bieten ein alles andere als anheimelndes Aussehen. Einige von ihnen leuchten. Oft sind die Augen selbst die Lichtquellen und erglänzen in einem hübschen gelblichen Scheine; oft haben sie Lampen an den Seiten des Körpers. Das eigentümlichste, was ich sah, war ein Ostracod, welcher wie ein hell leuchtender orangefarbener Ballon, von dem aus einer winzigen Ritze die zappelnden Beine heraus staken, umherschwamm.

Am widrigsten von allen sind vielleicht die großen Meerspinnen mit ihren ungeheuer langen, krummen Beinen und kleinen Körpern.

Hübsch dagegen sind Seesterne, gelbe oder rote, Rauhmaden mit goldig glänzenden nadelscharfen Zäckchen und Tintenfische, weiße oder fleischfarbene, mit smaragdgrünen Augen.

Die Medusen endlich, meines Erachtens nach die schönsten von allen, zeigen, welche Vollendung die Kunstformen der Natur erreichen können. Von einem inneren tiefblau- oder hochrotfarbigen Kerner gehen Strahlen, Stacheln und ornamentähnliche Figuren aus, welche, in allen Regenbogenfarben abwechselnd, sternenartige Muster abgeben, die das Entzücken eines Dekorationsmalers hervorrufen würden.

Diese und viele andere Tiere, die ich hier nicht alle anführen kann, verrieten, welche unendliche Mannigfaltigkeit an Farbe und Form auf den Tiefen des Meeres zu finden ist. Jede neue Bodenschrapung oder Vertikalfischerei brachte irgend eine neue absonderliche Erscheinung zu Tage. Man sah bei solchen Gelegenheiten die gefangenen Tiere nach ihrer Einlieferung in das dunkle Laboratorium wie kleine bemalte Spielsachen in Balgen oder Töpfen umherschwimmen und im Schreck darüber, so plötzlich aus ihrer tiefen Freistätte herausgezogen zu sein, ihr intensivstes Licht ausstoßen.

Am 22. April bekamen wir Süd Georgien in Sicht.

Hoch und schmal erhebt sich die sich lang hinziehende Insel aus dem Meer wie ein einziger scharfgezogener Felsenrücken mit tiefen Einbuchtungen, großen Brüchen und krausen Höhenkämmen nebst übereinander getürmten, spießartigen, in eine Schneedecke, die weißer und blendender als das Sonnenlicht, je höher sie reicht, gehüllten Gipfeln.

Das winterliche Aussehen verminderte sich indessen, je näher wir kamen, und als wir, nachdem wir das nördliche Vorgebirge der Insel umfahren hatten, mitten vom Osten her die Bai erreichten, in der wir die Anker werfen wollten, machte die Umgebung mehr den Eindruck einer Sommerlandschaft, denn alle die niedrigen Partien am Strande waren in einen hübschen grünen Schmuck von Tussok-(„Knäuel"-)gras gekleidet. Hier schien dieses für einen Teil subantarktischer Inseln charakteristische Gras besser noch als auf den Falklandinseln zu gedeihen. In Bülten von häufig mehr als Manneshöhe bildet es große wogige Matten, durchbrochen von schmalen Furchen, die sich in weichen Formen wie Gartenwege hindurchschlängeln.

Sowohl Aussehen, Klima und Natur Süd Georgiens erinnern lebhaft an Spitzbergen. Selbst habe ich diese letztgenannte Inselgruppe nie gesehen, doch diejenigen, welche dort gewesen, behaupteten, daß, wenn man in die Buchten Süd Georgiens hineinkäme und die abschüssigen, schroffen Bergwände, die großen herabhängenden Gletscher mit ihren ins Blaugrüne übergehenden unregelmäßig abgetrennten Brüchen, sowie die weiter oben von Hängegletschern und Schneemassen erfüllten großen Gebirgspartien sähe, die Ähnlichkeit eine schlagende schiene.

Der Antarctic war nach einer glücklichen Überfahrt in einem sehr gutgelegenen Hafen der Cumberland Bai, in dem Larsen vor zehn Jahren mit seinem damaligen Schiff „Jason" geankert hatte, vor Anker gegangen.

Süd Georgien war schon vorher von Polarforschern besucht

gewesen. Während der internationalen Polarforschungen 1882 bis 1883 — an denen auch Schweden sich beteiligte, — hatte Deutschland hier eine meteorologisch-magnetische Überwinterungsstation unter Leitung des Dr. Schrader. Die deutsche Expedition ließ sich auf der Ostseite der Insel nieder und wählte zum Stationsplatz die südlich von der Cumberland-Bai liegende Royal-Bai, wo sie Wohnhaus und Observatorien errichtete.

Die Cumberland-Bai war vor unserer Ankunft nahezu unbekannt und nur eine Andeutung von der Existenz dieser Bucht fand sich auf den damaligen Karten vor. Wir bestimmten daher, daß dieser große zweiarmige Meerbusen mit seinen nächsten Umgebungen für einige Zeit das Feld unserer Wirksamkeit werden sollte. Erst wollten wir jedoch dem deutschen Stationsplatz einen Besuch abstatten, um nachzusehen, in welchem Zustand sich die Gebäude und das Material jetzt nach 20 Jahren befanden.

Am 24. April hatten wir in Absicht, den Jasonhafen zu verlassen, ein schwerer Sturm aber hinderte uns daran. Am Tage darauf war das Wetter besser, ruhiger im Hafen, wo wir lagen, doch hörte man den Sturm noch über die Gebirgskämme pfeifen. Wir lichteten die Anker gegen 8 Uhr morgens und steuerten gegen die Mündung. Als wir ein Stück hinausgekommen waren, merkten wir, daß draußen ein besonders schwerer Sturm wütete, und beschloß daher Larsen zu wenden. Das war jedoch leichter gesagt als getan. Der Sturm, der vom Westen her kam, ging zu wirklichen Orkanböen über und trieb uns unankämpfbar ins Meer hinaus. Das Großsegel und zwei Vordersegel wurden in Fetzen gerissen. Bis um 2 Uhr arbeitete der Antarctic mit voller Maschinenkraft vergebens, wieder in die Bucht zurückzugelangen. Bei dieser Gelegenheit zeigte es sich wirklich, wie schwach die Maschine war. Wir mußten nachgeben und aus dem Meerbusen lensen, um auf offenem Meere den Sturm auszureiten.

Während der Nacht und auch den folgenden Tag über schlingerten wir vor der Küste, ohne unserem Ziele nahen zu können. Erst am 27. April kamen wir in die Royal-Bai hinein und ankerten unweit der deutschen Station.

Am 28. machte ich einen Landungsversuch in der Nähe des Roßgletschers, dessen Bruch ich ausmessen sollte. Es war aber doch zu heftiger Seegang, um an dem klippigen Strand anzulegen, und erst am Tage darauf glückte es mir, die Ausmessung vorzunehmen. Gemäß der Beobachtungen der deutschen Expedition während eines Jahres (vom August 1882 ab gerechnet) hatte der Riß sich etwa 800 m zurückgezogen. Meine Messung ergab nun das überraschende Resultat, daß der Riß teilweise außerhalb der von den Deutschen ausgemessenen weitesten Lage belegen und daß der Gletscher jetzt in Allem etwas größer war als damals.

Neben dem Roßgletscher lagen einige gewaltige Seeelefantenmännchen und sonnten sich. Bereits im Jasonhafen trafen wir diese größten Robbentiere der südlichen Halbkugel, die uns keineswegs so gutmütig wie die gewöhnlichen Robben unten auf dem Eise empfingen. Diese sowie einige dreißig, die wir auf der anderen Seite trafen, mußten ins Gras beißen.

An demselben Tage statteten G. Andersson, Larsen und einige andere dem deutschen Stationsplatz einen Besuch ab. Obgleich die Häuser auf der Nordseite der Bucht, nahe an der Mündung und nur unbedeutend vor den scharfen Stürmen geschützt lagen, war gleichwohl das meiste besser erhalten, als man hätte erwarten können. Das Wohnhaus war völlig benutzbar; nur die eine und die andere Fensterscheibe war zerschlagen. Die wackeligen Möbel dagegen trugen ganz deutliche Spuren der Alterschwäche. Die Ausstopfung blickte hier und da durch die Überzüge und einige zerbrochene Stuhlbeine und geborstene Sitzteile machten einen Teil des Möblements zu seinem ursprünglichen Bestimmungszweck weniger bequem.

Mehr ramponiert war das magnetische Observatorium. Das Dach war fortgeweht und nur das Gerippe desselben stand noch aufrecht.

Auf die zurückgelassenen Nahrungsmittel hatte die Zeit scharf eingewirkt. Nur die Erbsen und Bohnen waren noch genießbar.

Am 30. April nachmittags verließen wir die Royal-Bai bei herrlichstem Wetter und gelangten am 1. Mai in die

Der Frischwasservorrat wird eingefüllt.

Duse phot.

Strandbild an der Winterstation. Larsen phot.

Das Winterhäuschen bei unserer Rückkehr. Larsen phot.

Cumberland-Bai. Hier sollte nun die umsprochene Landstation für eine Zeit von etwa 11 Tagen errichtet werden, während welcher Frist das Schiff eine Fahrt auf dem Meere machen sollte, dies hauptsächlich, um den praktischen Zweck der Expedition zu erfüllen. Larsen hatte nämlich bei seiner ersten Fahrt in diese Gegenden Grönlandwale zu sehen vermeint, und dieses einnahmebringende Wildpret war es, nach dem nun gejagt werden sollte.

Die Landabteilung, bestehend aus G. Andersson, Skottsberg, meiner Person und einem jungen englischen Handlanger für die topographischen Arbeiten, wurde nun in einer kleinen Bucht der Landzunge zwischen den beiden Hauptarmen des großen Meerbusens an Land gesetzt. Der Engländer war in Stanley nur für die Winterstation gemietet und war ein tüchtiger Junge, sobald er Land unter seinen Füßen fühlte. An Bord dagegen bemerkten wir ihn fast garnicht, außer wenn er sich einmal mit leichenblassem Gesicht auf Deck sehen ließ, hierzu durch die heftigen Anfälle der Seekrankheit gezwungen.

Die kleine runde Bucht, in der wir landeten, war ungewöhnlich hübsch. Anläßlich unserer am 1. Mai erfolgten Anlandsetzung erhielt sie den Namen „Maibucht" (Majviken). Ganz nahe am Strande wuchs das buschige Tussokgras und erstreckte sich bis weit hinauf zu einem breiten Talgang, der die beiden Partien des alpenähnlichen Gebirges trennte. Das Zelt wurde dicht am Strande unterhalb des Tussokgrases errichtet, das Ruderboot mit großer Mühe auf Land gezogen und befestigt, und nun begann eine sehr angenehme Zeit Freiluftlebens.

Mit diesem Platz als Ausgangspunkt sollten wir jetzt unsere Untersuchungen und Arbeiten so weit, als es die schwer vorwärtskömmliche Gebirgsgegend zuließ, erstrecken. Das große Bereich wurde auch unter naturhistorischen Forschungen und kartographischen Arbeiten durchstreift, und je mehr wir von dieser teilweise ständig übereisten Insel zu sehen bekamen, desto mehr lernten wir ihre großartige Natur bewundern.

Von den höheren Bergkämmen ist die Aussicht eine wunderbare, doch ist man selten sicher, sie lange hier oben genießen zu können;

denn die Stürme kommen hier oft mit Schnee- und Hagelschauern über die Berggipfel heruntergefegt, wenn man sie am wenigsten erwartet, und mit solcher Gewalt, daß man, wenn man unvorbereitet stehen bleibt und sich nicht rechtzeitig niederlegt, äußerst unsanft daran erinnert wird, daß hier die herabbrechende Lawine Alleinherrscher. Diese Stürme Süd Georgiens kamen uns damals furchtbar vor, doch sollte eine Zeit kommen, die uns lehrte, daß die Orkane des Südlichen Eismeeres mit bedeutend größerer Kraft rasen.

Vor den Blicken des Betrachters eröffnet sich von einem der höheren Bergplateaus eine Szenerie, die ich zu beschreiben nicht mächtig bin.

So weit das Auge sehen kann: das weite Meer, algengrün in der Bucht, wo die gleichmäßigen Dünungen schmeichelnd den Sandstrand bespülen, — weiter hinaus auf dem Meerbusen mit einem leichten Kräuseln in der Wogen silberweißen Schaum übergehend, um fern am Horizont mit einem weichen gräulichen Ton mit dem klaren Blau des Himmels zu verschmelzen. Wenn man es so ruhig und still daliegen sieht, kann man es kaum fassen, daß dies dasselbe Meer, das sich im Aufruhr mit unsinniger Raserei, brausend und tosend, donnergleich gegen Klippen und Felsen bricht.

Die weißen Gebirgsgipfel erheben sich kühn über ihre Umgebung, die sie mit einer von ihnen ausgehenden Schneedecke im reinsten Weiß zu verhüllen scheinen, nur unterbrochen von einigen eisgrünen Gletschern, welche sich wie Riesenschlangen zwischen den Schneekämmen vorwärtsschlängeln, bis sie über einer schwarzen abschüssigen Bergwand plötzlich in einem bläulichen scharfen Riß endigen. Davon stürzt hier und da mit vom Echo vervielfachten Krach eine gewaltige Eismasse hernieder, um unter dem steilen Abhang wieder zu einer neuen erstarrten Flut zusammengepreßt zu werden. Wenn die durch einen dünnen Schleier geröteter Wolken hindurchseihenden Strahlen der Morgensonne gegen die hohen glänzenden Gipfel geworfen werden, erglühen diese wie Feuerpyramiden, in Purpur und Gold flammend.

Ein Pinguinenpärchen auf seiner Niststätte. Duse phot.

Schlaftrunkene Weddellrobbe. Larsen phot.

Die in den Tälern liegenden Lagunen laden mit ihren spiegelblankgefrorenen Flächen zum Schlittschuhlaufen ein. Die wilden Bäche kommen munter rieselnd aus den Spalten hervor. An Stellen bilden sie kleine rauschende Wasserfälle, die spielend die von sonderlichen Eisformen bedeckten Abhänge hinunterspringen.

Ganz unten gegen den Strand sieht man die grünen Tussokbülten, zwischen denen ein fleckiger Seeleopard lautlos seines Weges kriecht. Hier und da erscheint eine große dunkelgraue Masse, ein schlafender Seelefant, der, unbekümmert um die Nähe der Menschen, seine Siesta genießt. Dicht am Strande spielen ihre Junge im glitzernden Sonnenlicht, im Meeresgischt tauchend und schwimmend, sich mitunter meterhoch aus den Wogen aufrichtend, um die frische Meeresbrise einzuatmen.

Und unten zu Füßen des Abhanges, über dem ich stehe, brechen sich die Brandungen mit einem schwachen Grollen gegen einige Klippen, hinter denen ein Pinguinenhaufen Zuflucht gesucht hat. Diese mißleiteten Vögel heben mitunter den Kopf, recken mit einem glucksenden Laut ihre Hälse und folgen mit ihren Blicken dem windschnellen Flug einer Meeresschwalbe, flattern mit ihren verkrüppelten Schwingenstumpen wie zu einem Versuch, ihre Gefangenschaft zu brechen und sich auf zu dem Himmelsblau zu erheben. Über meinem Kopfe kreist langsam und gewuchtig ein Riesenpétrel in immer engeren Kreisen und weiter oben gegen die Zinnen erschallt der Schrei der Möven.

Die Zeit ging verwunderlich schnell vorüber. Jeden Morgen gingen wir mit dem anbrechenden Tage an unsere Arbeiten und kehrten erst wieder mit Anbruch der Dämmerung nach dem Lagerplatz zurück, wo dann das einfache Mittagsmahl, dessen Hauptbestandteile des Landes eigene Produkte ausmachten, mit alles vertilgendem Appetit verzehrt wurde. Die Pinguinen waren hier scheuer als unten auf dem Eise, wurden aber doch getötet, sobald sie in unsere Nähe kamen. Von einem von uns erschossenen Seeleoparden erzielten wir sowohl Speise wie Wärme für lange Zeit. Etwas Wohlschmeckenderes als Pinguinen- oder Leopardenbraten konnten wir uns, hungrig wie wir waren, garnicht denken.

Und wenn wir dann abends die Pfeife im Munde um das prasselnde Feuer von Tussokgras und Leopardenspeck saßen, mochten wir unseren Platz nicht gegen einen anderen vertauschen.

Weniger behaglich hatten wir es dagegen Nachts; denn die Schlafsäcke waren von einer absonderlichen Konstruktion und sichtlich nicht dazu bestimmt, außer dem Hause, wenigstens nicht zur Winterzeit, benutzt zu werden. Diese Schlafsäcke — die einzigen, die sich nach dem Verlassen Nordenskjölds an Bord vorfanden, — waren dünne baumwollwattierte Futterale mit zugehörigen Außenfutteralen und ohne jede Spur von Wärme. Außerdem waren die Dimensionen so knappe, daß mit Ausnahme des kleinwüchsigen Engländers keiner von uns den Sack über die Schultern ziehen konnte. Später erfuhr ich, daß zu diesen Baumwollsäcken eigentlich noch ein Filzsack mit einem Oberteil zum Schutz für Schulter und Kopf gehörte. Mit diesem Zubehör wären die Schlafsäcke vielleicht benutzbar gewesen, doch so war ihr Nutzen recht gering.

Ich kann nicht unterlassen, hier hinzuweisen auf diesen Mangel in der Ausrüstung für eine Winterfahrt, die laut Bestimmung des Leiters eine Landstation in Dauer von „so vielen Tagen wie möglich" einschließen sollte. Gewiß hatten wir keine übertrieben hohe Kälte während unseres Landaufenthalts, die Minimaltemperatur war — 12° C., es war aber doch unerträglich peinigend, Nacht um Nacht zu frieren, daß man sich schüttelte. Andersson und Skottsberg hatten andere Schlafsäcke aus Filz, die der erstere bei seiner Ankunft mitgebracht hatte und zu diesen griffen sie, nachdem sie sich in der ersten Nacht genügend davon überführt hatten, was der Vorrat der Expedition bieten konnte. Auch ich hatte beabsichtigt, mir einen erstklassigen Schlafsack mitzunehmen, wurde aber davon abgehalten, da ich — wie ich im ersten Kapitel erwähnte, — die Mitteilung erhielt, daß die Expedition dergleichen Dinge mitführe.

Während unserer täglichen Exkursionen konnten wir ohne Besorgnis das Lager verlassen, denn hier gab es keine Landraubtiere, die uns etwas zerstören konnten. Gewiß lagen die

Robben oft oben am Strande, wir hatten sie sogar in unmittelbarer Nähe des Zeltes, doch störten sie uns nicht, wenn wir sie in Frieden ließen. Weddelrobben und Krabbenfresser sahen wir nicht. Die Insel schien nur von Seeleoparden und Seeelefanten, die sichtlich in beständiger Fehde miteinander lagen, mit Beschlag belegt worden zu sein.

In der Maibucht selbst und am Strande um unsere Lagerstätte sahen wir nur Seeleoparden, welche schließlich so an unsere Nähe gewohnt waren, daß sie keine Notiz mehr von uns nahmen und ruhig liegen bleibend uns so nahe wie möglich an sich herankommen ließen. Diese Tiere reizten wir nicht unnötig; denn für den Fall, daß dem Antarctic auf seiner gewagten Fahrt irgend ein Unglück zustoßen sollte, war unsere einzige Hoffnung auf sie gerichtet. Sie sollten uns alsdann sowohl Speise wie Brennmaterial abgeben, bis eine möglicherweise hierher gelangende Entsatzungsexpedition nahte.

Ich habe mir ein kleines Abenteuer vermerkt, das Andersson bei einer Kanoetour draußen in der Bucht zustieß. Während er friedlich und ruhig zwischen Algen und Tangen umherpaddelte, steckte plötzlich etwas abseits von dem Kanoe ein ganz respektabler Seeleopard seinen Kopf in die Höhe und schien mit Interesse den wunderlichen Gegenstand zu betrachten. Das Kanoe war grau angestrichen und hatte im Wasser eine dem Seeelefanten äußerst ähnliche Färbung. Wie diese von dem Leoparden aufgefaßt wurde, ist schwer zu sagen, doch wollte das Tier sichtlich auf irgendeine Weise intimere Bekanntschaft machen, denn obgleich Andersson eifrigst dem Strande zuruderte, kam das Biest immer näher, tauchte unter und steckte den Kopf wieder heraus, so das wackelige Fahrzeug in die Gefahr des Umkippens bringend.

Derjenige, welcher in der Nähe die Kauwerkzeuge eines Seeleoparden gesehen, setzt sicherlich wenig mehr Wert auf ein gemeinsames Bad mit diesem Tiere als auf ein solches mit einem Haifische. Als schließlich der Ruderer den Strand erreicht hatte, kam der Leopard unmittelbar hinterdrein, doch anstatt, wie erwartet war, zum Anfall vorzugehen, warf er sich auf die Erde, kullerte und wälzte sich mit Bewegungen, die sichtlich auf große Ausgeräumtheit hinwiesen.

Die Seeelefanten sind wirkliche Kolosse, von ungefähr 6 m Länge, und erinnern sowohl in Farbe wie in der Hauptform dem Elefanten. Sie lagen in den Gängen der Tussokmatte umher, und mitunter konnte man zwischen den Bülten auf ein Elefantenmännchen stoßen, das plötzlich den Vorderkörper zu einer Höhe von mehreren Metern aufrichtete und einen Schlund vorwies, der hinreichend groß, um einen mit Haut und Haar zu verschlingen. Mit einem eigentümlichen Gurgellaut blasen sie dabei die rüsselartige Nase auf. Auf dem Lande sind sie ziemlich schwerfällig, besitzen aber doch die Macht, sich mit großer Gewalt vorwärts zu werfen. Ratsam ist es nicht, ihnen im Wege zu stehen, wenn sie gereizt sind.

Bei dieser Gelegenheit will ich von einer Jagd auf Seeelefanten, die ich am 15. Mai durchmachte, erzählen. Ich hatte an diesem Tage meine kartographischen Arbeiten auf der Ostseite des Moränbusens vorzunehmen, doch hinderte mich ein ganz dichter Nebel daran, am Morgen etwas zu tun, weshalb ich mir Anderssons Doppelbüchse nebst 10 Kugel- und 6 Hagelpatronen auslieh, um in der Zeit etwas Wildpret aufzusuchen. Wie ich so umherstreifte zwischen den Tussokhügeln, wo die tiefen schlüpfrigen Gänge inmitten der hohen, buschartigen Graswälle deutliche Spuren von darüber hingeschleiften Seeelefanten vorwiesen, stieß ich im Nebel auf ein großes Elefantenmännchen, das plötzlich seinen Kopf aus einem Seitengange heraussteckte. Ein Schuß aus dem Kugelrohr machte seinem Brüllen ein Ende.

Nun schien sich in dem Tussokgebiet geschwind alles zu beleben. Der Schuß mußte mehrere schlummernde Familien derselben Sippe geweckt haben, und wohin ich mich auch wandte, vernahm ich das charakteristische gurgelnde Brummen von Seeelefanten. Sie kamen heran, sich langsam über den Boden schleppend, sichtlich um sich über die Ursache des Schalles zu vergewissern. Als sie meine unbedeutende Person gewahrten, blähten sie den Rüssel auf und öffneten den stinkenden Schlund auf recht bedrohliche Weise. Ohne zu zögern, schoß ich abwechselnd mit Kugel- und Hagelpatronen. Meist hatte ich nicht einmal Zeit, die Büchse ans Kinn zu reißen, sie waren so nahe, daß ich die Büchsenmündung in ihren Schlund hätte stecken können.

Nachdem ich die nächstbefindlichen Tiere erlegt hatte, eilte ich die sich schlängelnd hinziehenden Gänge entlang, um von dieser unbehaglichen Nachbarschaft freizukommen. Der Jagdeifer hatte mich indessen ergriffen. Bis dahin war es mir geglückt, jeden einzelnen mit nur einem Schuß zu töten, und diejenigen, auf die ich nun stieß, erlegte ich in gleicher Weise.

Schließlich, als ich nur noch eine Kugel- und zwei Hagelpatronen übrig hatte, begegneten mir unvermutet zwei Männchen, die von verschiedenen Seiten auf mich zukamen. Das eine, welches den Vorderteil aufrichtete, um sich über mich zu werfen, erhielt eine Kugel durch den Hals, und hiernach fand ich mit knapper Not Zeit, die Büchsenmündung in den geöffneten Schlund des anderen Elefanten zu stecken und den Hagelschuß abzufeuern. Natürlich wurde ich mit Blut überflutet, als der Koloß mit seinem Kopf vor meinen Füßen tot niedersank.

Inzwischen kam der andere auf mich zu. Jetzt hatte ich nur noch eine Hagelpatrone übrig. Es glückte mir, diese umzuladen und ihm den letzten Schuß mit dem ganzen Hagelschwarm in den Schlund zu geben.

Die vorherigen Hagelschüsse, selbst die in näherer Entfernung abgegebenen, hatten eine vollständig explosive Wirkung gehabt und waren augenblicklich tötend gewesen. Dieser dagegen hatte einen anderen Effekt. Ohne das Tier zu töten, lähmte er das Bewegungsvermögen desselben, und da lag denn das gewaltige Ungetüm wie leblos anzusehen, doch mit seinen großen, klugen Augen den Bewegungen der in der Luft kreisenden Raubvögel folgend, während die Blutmassen aus dem Schlunde hervorquollen. Wenn ich mich bewegte, richtete er seine Blicke auf mich mit einem — wie es mir in der Erregung des Augenblickes schien — vorwurfsvollen Ausdruck.

Ich hielt es nicht aus, den Todeskampf des Tieres mitanzusehen, und ging meines Weges. Als ich nach einer Weile mit einer weiteren Patrone, die Andersson in seiner Tasche zurückbehalten hatte, zurückkehrte, war der Seeelefant schon tot.

Die meisten der erlegten Tiere — im Ganzen fünfzehn Stück — waren prächtige Männchen von 5—6 m Länge. Sie wurden jedoch nicht, wie ich erwartet hatte, zu zoologischen Zwecken verwendet, sondern dienten nur zur Vermehrung des Speck- und Hautvorrates an Bord.

Dies war das erste und letzte Mal, daß ich auf Seeelefanten jagte, und die Jagd hat mir keine angenehme Erinnerung hinterlassen. Diese stattlichen Tiere, die außer auf Süd Georgien nur noch auf den Kerguelen und einigen anderen subantarktischen Inseln zu finden sind, gehören einer Gattung aus der Vorzeit an und sind sicherlich nun, das Eingreifen der Menschen vorausgesetzt, im Aussterben begriffen. In wievielen Hunderten sie für unsere Fangjagd ihr Leben lassen mußten, weiß ich nicht, doch hatten wir während der Süd Georgienfahrt mehr Speck, als des Antarctics hierzu berechneten Schiffstanke aufnehmen konnten.

Doch ich will den Begebenheiten nicht vorauseilen. Wir setzten unsere Exkursionen von der Maibucht aus fort. Anfänglich waren mir die Bergbesteigungen äußerst beschwerlich vorgekommen; die Abhänge waren schroff aufsteigend und mit recht scharfen Steinen überstreut, und wenn man einen Klippenvorsprung erklettern wollte, mußte man sich vorsehen, daß nicht gerade die Teile, die zur Stütze oder Fußfeste dienen sollten, lose waren. Gegen Ende unseres Aufenthaltes bewegte ich mich jedoch ganz unbehindert in den Bergen.

Die Kartenaufzeichnungen wurden hauptsächlich photogrammetrisch ausgeführt. Als Basismessungsinstrument verwendete ich einen Telemeter Unges, der mir durch Vermittlung des Prof. Baron (Freiherrn) de Geer von der Gradmessungskommission leihweise überlassen wurde. Ein von der Expedition mitgenommenes kleines Reisetheodolit verwendete ich außer zu astronomischen Bestimmungen eines Punktes in diesem Gebiet auch dazu, nebst

Larsen phot.

Eisberge.

Larsen phot.

der photogrammetrischen Kartierung teils mit Depressionswinkeln einige Partien abzumessen und teils einige Höhenziffern festzulegen. Mit Abstandnahme der Höhenmessung unterstützte mich bereitwilligst Andersson, der während seiner Wanderungen ständig die Barometerbestimmungen wichtiger Punkte erledigte.

All mein Kartenmaterial von Süd Georgien und auch die photogrammetrischen Platten gingen jedoch zu Grunde, als der Antarctic sank. Ich hatte sie zur weiteren Ausarbeitung an Bord gelassen, und sie fanden sich beim Schiffbruch in der Eile in meiner Kabine nicht wieder. Meine privaten photographischen Platten — etwa 600 Stück — gingen hierbei ebenfalls verloren.

Während unserer Streifzüge in diesem Gebiete machten wir auch interessante Entdeckungen wissenschaftlicher Art. Unter Anderem fanden wir, daß hier Menschen unter anderen und sicherlich schlimmeren Verhältnissen als wir gelebt hatten. In einer kleinen Grotte in der Bergwand dicht neben unserem Lagerplatz entdeckten wir Reste einer alten Feuerstätte, einige verrostete Blechtöpfe und verschiedene Knochen, alles vermutlich Hinterlassenschaften von Schiffbrüchigen. Weiter hinein im südlichen Arm des Meerbusens zeigten sich noch deutlichere Spuren von Menschen, Spuren, die uns ahnen ließen, daß sich hier sicher die letzte Szene in mehr als einer von den vielen Tragödien, in denen die Arbeiter des Meeres untergehen, abgespielt hatte.

In einem kleinen idealen Hafen, in dem später der Antarctic vor Anker ging, lag ein sehr großes Centerbordsboot, das moosüberwachsen und teilweise zerfallen, an Land gezogen und mitten auf einem Plateau standen einige Grabzeichen aus Holz, einfache, halb verfaulte Kreuze mit nahezu verwitterten Inschriften. Möglicherweise lagen hier einige von den Schiffbrüchigen, von denen die Hinterlassenschaften in der Grotte oder das Centerbordsboot herrührten, möglicherweise hatten sie auch ihr Leben draußen auf dem Meere beschlossen und waren hier gebettet worden, um, anstatt den Leichenplünderern des Meeres zum Futter zu dienen, im Schoß der Erde auszuruhen.

Am Uferrande in der Nähe des alten Bootes lagen einige zerbrochene Eisengrapen, und eine Ziegelerhöhung daneben deutete auf die Möglichkeit, daß hier vormals eine Art Trankocherei bestanden hatte. Die Bucht wurde nach den Grapen die „Grapenbucht" (Grytviken) genannt.

Bald konnten wir in der Gegend, in der wir bis dahin geweilt hatten, keine Arbeit mehr finden. Die Kartenaufnahmen waren beendigt und auch die Naturforscher bedurften eines neuen Wirkungsfeldes. Wir beschlossen daher, uns weiter nach dem westlichen Arm des Meerbusens zu begeben. Das Zelt ließen wir zurück und nahmen nur das Notwendigste in dem Boote mit.

Am 11. Mai morgens begaben wir uns auf den Weg und kamen nach einer anstrengenden Rudertour bei Gegenwind nachmittags zu einer Talsenkung, wo wir in einer kleinen Bucht an Land stiegen. Das Boot wurde heraufgezogen und wir richteten uns häuslich ein.

Hier sahen wir einige Pinguinen — unsere nächste Mahlzeit — ganz ruhig und munter gackernd umherwandeln, ohne eine Ahnung davon zu haben, welches Geschick ihrer harrte. Und das künftige Feuermaterial lag am Strande und schaute unserem Treiben mit nichts weniger als freundlichen Blicken zu. Wir versicherten uns indessen beider Parteien. Den Pinguinen drehten wir nach kurzer Hetzjagd die Hälse um und den Seeleoparden erlegten wir mit einem Schuß in den Kopf.

Als wir in der Abenddämmerung gerade beim Verzehren der Pinguinensuppe waren, sahen wir ganz unerwartet den Antarctic in den Meerbusen hereinkommen und mit seinem gewohnten schneckenhaften Gang dem Jasonhafen zusteuern. Von dieser Seite her konnten wir also beruhigt sein. Um uns bemerkbar zu machen, richteten wir aus Speck und Tussokgras ein gewaltiges Signalfeuer her, das von dem Schiff wahrgenommen und mit einer Rakete, von der wir jedoch nichts sahen, beantwortet wurde. Für die Nacht ward unser Boot zur Schlafstelle für uns alle vier bestimmt, doch führten wir dieses Experiment nicht aus, denn ein unbequemeres Bett konnte man sich nicht denken.

Tags darauf wurden die Arbeiten an diesem Platze — die „Pinguinenbucht" benannt, — abgeschlossen, und mit dem Resultat zufrieden, aßen wir gegen Abend bei heftigem Schneesturm den gewohnten Pinguinenbraten. Danach lagerten wir uns um ein großes Feuer zwischen den Tussolbülten und verbrachten hier auch die Nacht mit einer Nachtwache, die das Feuer mit neuem Leopardenspeck zu unterhalten und auch ein Auge auf das Boot zu richten hatte. Unser Familienbett a. D. war nämlich, trotzdem es vorsorglich befestigt gewesen war, von einer Sturmböe weiter aufs Land hinauf geworfen worden. Wenn wir in demselben gelegen, hätten wir sicher eine wenig behagliche Landpartie zu machen gehabt.

Wenn man hier dicht am warmen Herde im Schutze der hohen Bülten und deren üppigen, palmenähnlichen Kronen zu Häupten saß, konnte man es kaum begreifen, daß man sich in einem schnee- und eisbedeckten Lande befand.

Durch die gewaltigen Sturmböen, die pfeifend über unsere Köpfe hinweg sausten und zeitweise jeden anderen Laut erstickten, hindurch vernahm man das regelmäßige scharfe Geschäume der Brandungen. Nach und nach verminderte sich Leben und Bewegung um uns. Die Raubvögel hatten ihre Festmahlzeit bei und mit dem erschossenen Leoparden beendigt. Einige waren so aufgedunsen und gesättigt, daß sie nicht mehr fortzufliegen vermochten und in der Nähe des Feuers eingeschlafen waren. Die Pinguinen waren in ihre Schlupfwinkel gekrochen und nur einige Vorposten von ihnen beobachteten unser Feuer mit argwöhnischen Blicken. Die Nacht war trotz der Kälte und des heftigen Sturmes die beste, die wir während unseres Aufenthaltes auf der Insel hatten.

Gegen Morgen wurde es bedeutend ruhiger und zeitig brachen wir wieder auf. Nachdem das Boot, das bei der Katastrophe am Abend vorher etwas ramponiert worden, provisorisch ausgebessert, ruderten wir unseres Weges. Die Fahrt ging nun nach den innersten Partien des Meerbusens, wo ich an dem großen Bodengletscher einige kartographische Komplettierungsarbeiten vorzunehmen hatte.

Gegen Mittag war ich fertig und wir verließen jetzt den Platz mit dem Ziel Antarctic.

Diese Rudertour werde ich schwerlich vergessen. Als wir abfuhren, war es ziemlich windstill. Weit waren wir aber nicht gekommen, als ein Sturm mit solcher Gewalt losbrach, daß wir mit genauer Not das Leben retteten. Eine Sturmbö fegte immer wilder als die andere den Meerbusen entlang, und mit rasender Schnelligkeit flogen wir über ein Fahrwasser dahin, das, wie wir wußten, voller Klippen, obgleich wir bei dieser hohen See mit genauer Not die Brandungen entdecken konnten. Jeden Augenblick war das Boot nahe daran, von Wasser überfüllt zu werden, doch durch rastloses Schöpfen hielten wir es flott.

Mit Aufbietung unserer letzten Kräfte glückte es uns, in die kleine Bucht zu gelangen, in der der Antarctic lag. Es war nahe daran, daß der Sturm uns vorbeigerissen und uns ins offene Meer getrieben hätte, — ohne daß gewiß einer auf dem Schiff etwas davon gemerkt hätte.

Wir wurden von der Besatzung mit lauten Hurrarufen empfangen und von Larsen mit der Frage, ob wir wahnsinnig geworden seien. Der Sturm war so heftig, daß der Antarctic nicht in den Meerbusen hinauskonnte, und hatte deshalb erklärlicherweise keiner erwartet, uns an diesem Tage zu sehen zu bekommen.

Es war angenehm, wieder an Bord der alten Schute gekommen zu sein und seine Kabine in Besitz nehmen zu können. Der Antarctic hatte ebenfalls gegen Schwierigkeiten anzukämpfen gehabt, war fast ständigem Unwetter ausgesetzt und einmal nahe daran gewesen, zu stranden. Grönlandwale hatte man nicht zu sehen bekommen, und wenn selbst sich solcher gezeigt hätte, hätte das schlechte Wetter wohl kaum einen Fangversuch zugelassen.

Am Tage nach unserer Ankunft zog der Antarctic nach der Grapenbucht um, nachdem wir Zelt und Gerätschaft von der Maibucht abgeholt hatten. Hier verweilte das Schiff die ganze Zeit unseres ferneren Aufenthaltes auf der Insel hindurch bis zum 14. Juni und machte nur einige wenige Touren zu Sondierungs- und Scharrzwecken durch den Meerbusen.

Dozent J. G. Anderſſon.

Von diesem neuen Ausgangspunkt wurden nun die Arbeiten von Allen mit Eifer fortgesetzt, und trotz der ungünstigen Jahreszeit und der in der letzten Zeit fast ständigen rasenden Schneestürme konnten doch alle Untersuchungen auf eine zufriedenstellende Weise abgeschlossen werden.

Als die Expedition am 15. Juni Süd Georgien verließ, waren selbst die niedrigsten Partien der Insel von einer ganz dicken Schneeschicht, aus der man hier und da einige Tussokhalme aufsteigen sah, bedeckt.

Mit einem gewissen Bedauern sahen wir die Konturen der bergigen Insel nach und nach am Horizont verschwinden. Das freie, abhärtende und wechselreiche Leben, das wir zwischen und auf seinen Gletschern, Felsen und Klippen geführt hatten, wird stets eine der angenehmsten Erinnerungen an diese Expedition sein.

Die Rückreise zu den Falklandinseln ging ohne Mißhelligkeiten von statten, wiewohl sie zufolge nahezu ständigen Gegenwindes recht langwierig war. Die Meeresuntersuchungen wurden auch während dieser Fahrt mit gutem Erfolg betrieben, und zu den hydrographischen Resultaten konnten Senkrechtmessungen angezeichnet werden, die bedeutende Tiefezahlen boten, von denen eine die bis dahin bedeutendste aufgemessene Tiefe — 5997 m — südlich vom 40° S. Latitudo angab.

Am 4. Juli dampften wir, nachdem wir während des letzten Teiles der Fahrt mit einigen äußerst heftigen Weststürmen zu kämpfen gehabt, in den stanleyer Hafen hinein.

Die guten Stanleyer, die unsere Mitte Winter erfolgte Abreise nach dem übereisten Süd Georgien als ein ziemlich wahnsinniges Unternehmen betrachteten, hatten mit Unruhe unsere Rückkehr erwartet. Da die Zeit hinging und wir nichts von uns hören ließen, hatte die zuständige Konsulatsverwaltung bereits daran gedacht, gemäß Übereinkunft eine Entsatzungsexpedition auszurüsten.

Nun waren wir indessen wohlbehalten wieder hier, hungrig nach Neuigkeiten aus der Heimat und mit Freude die ziemlich magere Post, die für unsere Rechnung hier lagerte, durchlesend.

Alle jedoch waren nicht bei gleicher Gesundheit wie beim Beginn unserer Süd Georgien-Fahrt. Ohlin hatte sich wahrscheinlich bei seinen Schlammuntersuchungen in dem kalten Meereswasser eine schwere Erkältung zugezogen, wodurch ein altes Brustleiden, — Lungenschwindsucht, — das er unbewußt schon lange mit sich herumgetragen hatte, zum Ausbruch kam. Nachdem der zuständige Arzt in Stanley erklärte, daß es für Ohlin sicheren Tod bedeutete, wenn er uns wieder zu den Eisregionen begleiten würde, blieb für ihn nur übrig, die Heimreise anzutreten.

Bei unserer schließlichen Dezember 1903 erfolgten Ankunft in Buenos Aires traf uns die betrübende Nachricht von dem Tode Ohlins. Er hatte seine Tage in der Überzeugung beschlossen, daß wir alle zusammen untergegangen seien, und eine seiner letzten Äußerungen soll gewesen sein: „Ich bin sicher der einzige Überlebende der Kameraden auf dem Antarctic."

Von der großen Lücke, die er unter uns zurückließ, habe ich schon gesprochen, und die lichte Erinnerung an den gutherzigen und freundereichen Mann wird stetig fortbestehen. Er war der Einzige, der in dieser Weise die Kameradenkette brach, die in und mit unserer Expedition festgefügt worden.

Die Expedition blieb in Port Stanley bis zum 6. September. Die ganze Zeit über lag der Antarctic verankert im Hafen, während die Naturforscher auf gewissen Plätzen Ost Falklands verschiedene wissenschaftliche Untersuchungen vornahmen. Mir gingen während unseres hiesigen Aufenthaltes die Tage zum größeren Teil ziemlich einförmig dahin. Die täglich zu bestimmten Zeitpunkten wiederkehrenden meteorologischen Observationen sind nicht gerade geeignet, einen aufzumuntern, und kommt noch dazu, daß man in einer widrigen Atmosphäre von Trandämpfen leben mußte, — der Robbenspeck wurde nämlich zu Öl verwandelt, — kann man verstehen, daß der Aufenthalt angenehmer hätte sein können.

Oft betrat ich auch garnicht den Landboden; denn wie alle grundigen Baien wurde auch dieser Hafen leicht von Stürmen aufgerührt, und an manchem Tage brach der schwere Seegang alle Verbindungen mit dem Lande ab, besonders dann, wenn wir, um den ekelhaften Geruch nicht über die Stadt zu verbreiten, bei der Ölkocherei weit weg in der Bucht lagen.

Nach einem kurzen Besuch Port Albermals auf West Falkland verließen wir schließlich diese Inselgruppe, um in Ushuaia unseren Kohlenvorrat zu erneuern und uns außerdem zur Sommer-Eisfahrt vorzubereiten.

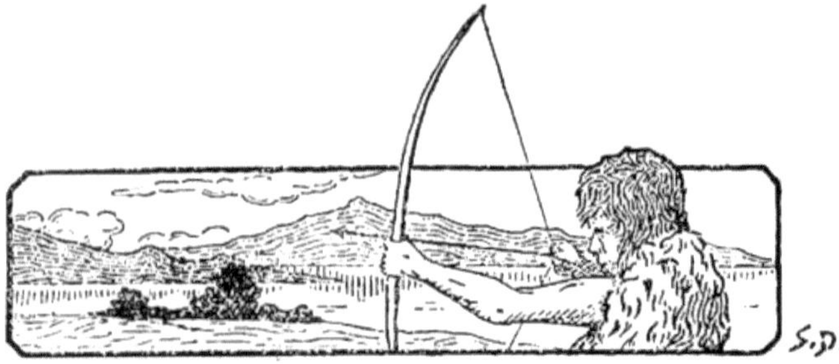

5. Unter den Indianern des Feuerlandes.

Der Beaglekanal. — Ushuaia. — Die Yaghanindianer. — Festlichkeiten. — Winterszelt. — Guanacojagd. — Larsen als Zahnarzt. — Harberton Harbour. — Die Onaindianer. — Die Missionsstation in Tekenika.

Es war eine recht lange Zeit, die wir im Feuerlande zubrachten, und es war, wie ich schon erwähnte, interessant und ergötzlich, diesen entlegenen Ort der Welt zu betreten. Es ist ein Komplex von hohen klippigen Inseln, die an der Südspitze des amerikanischen Kontinents den südlichen Außenposten der bevölkerten Welt ausmachen. Vom Festlande durch den Magellanssund (Magelhaes-Straße) abgeschnitten, löst sich das Feuerland in diesem Archipel auf, der, erfüllt von den südlichsten Verzweigungen der Kordilleren, von einer großartig wilden Gebirgsnatur ist.

Unter den sich lang hinziehenden Meerengen, die diese Inseln von einander trennen, nimmt der Beaglekanal unzweifelhaft den obersten Platz ein, und hier eröffnet sich dem Fremdling eine der großartigsten Szenerien der Erde. Der Beaglekanal nimmt selten

Dozent Ohlin. Duse phot.

Bergpartie von Süd-Georgien. Duse phot.

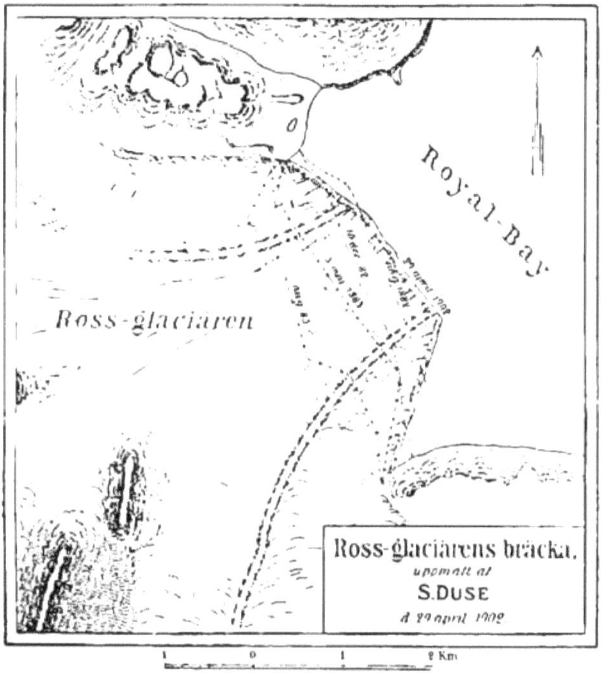

Der Roßgletscherbruch.
Aufgemessen von S. Duse am 29. April 1902.

Gereizter Seeelefant. Skizze vom Verf.

eine Breite von 5 km an, erstreckt sich aber dafür in einer Länge von über 20 Meilen zwischen der Hauptinsel des Feuerlandes und den beiden Inseln Navarin und Hoste. Zu beiden Seiten erheben sich die eisbedeckten Alpen, von welchen große Gletscher ausgehen, die oft prächtiger als die schönsten in Norwegen oder in der Schweiz zu sehenden sind. Die unübersehbaren düsteren Urwälder erstrecken sich längs des Kanales in einem breiten Gürtel von der Schneegrenze nieder bis zu den Meerbusen und -engen, wo das lachende Strandgrün stellenweise ganz unerwartet von einem Gletscher, der sich schlängelnd durch den Wald vorwärts bis zum Meere drängt, unterbrochen wird. Und hier kann man dicht neben dem üppigen Grün des Strandes bläuliche Eisstücke umherschwimmen sehen.

Als wir erstmals den Beaglekanal sahen, trug noch Alles des Sommers Gepräge an sich und der Winter hatte noch nicht seine Eisfesseln über Wälder und Felder gelegt. Damals kamen wir dorthin, nachdem wir mit genauer Not einem Schiffbruch entgangen waren. Nach einem kurzen Besuch auf chilenischem Boden dampften wir weiter bis zur Ushuaiabucht und legten außerhalb der feuerländischen Residenzstadt vor Anker.

Über die ganze Natur liegt hier die Freiheit und Ungebundenheit einer Wildnis gebreitet, die nicht von den wenigen Ranchos, die dicht am Strande errichtet sind, gestört wird. Ushuaia selbst sogar hat dieses Gepräge der Wildnis.

Die kleine Ortschaft, die sich längs des nördlichen Ufers der einsamen Bucht ausbreitet, erinnert zunächst an ein mittelgroßes Kirchdorf Schwedens. Ausgestreut wie aufs Geratewohl liegen hier und da die kleinen von dünnen Brettern oder korrugierter Platte zusammengefügten hüttenartigen Häuschen dicht am Rande des Urwaldes. Eine Kirche gibt es auch, doch nur zum Schmuck; denn seit vor einigen Jahren die praktische Natur des Missionars ihr Recht forderte und er das undankbare Verkünden des „Wortes“ unter den Heiden aufgab, um sich dafür der mehr lohnenden, wenn auch weniger interessanten Schafzucht zu widmen, steht der Tempel leer.

Die Einwohner, die sich auf einige Hundert belaufen, machen die meistkosmopolitische Sammlung aus, die man sich denken kann. Man könnte sie einteilen in ehrliche Kerle und Bösewichte. Zu den ehrlichen Kerlen rechne ich da die, welche frei einhergehen, d. h. nicht zu den verwahrlosten Einwohnern des Gefängnisses gehören. Unter den freien Männern findet man hier, die Argentinier selbst, die die Regierung des Territoriums bilden, ausgenommen, Ausländer von jeder Sorte: einen englischen Ingenieur, einen ehemaligen deutschen Offizier, einen belgischen Baron, einen Neger, verschiedene Spanier und Italiener etc. Sogar Skandinavier vermißt man hier nicht. Durch welche mystischen Schicksale die Leute hier unten gelandet sind, ist unmöglich zu wissen, doch sicherlich geschah dies nicht unter allzu freundlichen Verhältnissen.

Das Gefängnis ist ein Deportationsplatz für gewisse männliche Verbrecher, die bereits in Buenos Aires bestraft worden waren. Sie leben hier in sehr großer Freiheit, arbeiten für Rechnung der Regierung auf einer Dampfsäge in der Nähe, sowie am Umbau des eigenen Gefängnisses, und obgleich dieses Tag und Nacht offen steht, denkt keiner daran, auszureißen. Ein Fluchtversuch würde auch nicht besonders verlohnen. Ushuaia liegt ja auf einer Insel und in den Urwäldern sind noch die Indianer die Herren.

Die wenigen Indianer, die in Ushuaia selbst zu finden sind, gehören alle dem Yaghanstamm an, der dank der Missionstätigkeit und der in anderen Formen ausgeübten Einwirkung der Zivilisation in schnellem Aussterben begriffen ist. Von dem ganzen großen Stamm von über 3000 Individuen existieren wohl im ganzen Feuerlande nicht mehr als 150. Sie gehören den sogenannten Kanalindianern an, sind klein und häßlich, krummbeinige und zusammengeschrumpfte Gestalten, in denen Darwin einmal fast das fehlende Glied zu finden vermeint hatte. Sie sind jetzt alle mehr oder weniger zivilisiert, das will bedeuten: gehen annähernd so gekleidet und betätigen sich an einem Teil der Arbeiten, und die, welche bei der weiter südwärts belegenen Missionsstation in

Seeelefanten in der Royal-Bay. Duse phot.

Das alte deutsche Stationshaus in der Royal-Bay. Larsen phot.

Tekenika wohnen, führen ein aufreibendes Dasein, ohne eigentlich etwas anderes zu tun, als dem Vortrage des Missionars zu lauschen und einen in ihre Sprache übersetzten Katechismus zu studieren.

Früher, als sie noch in wildem Zustande lebten, verbrachten diese Indianer die meiste Zeit in ihren kleinen plumpen Kanoes, in welchen man sie übrigens noch manchmal gelegentlich mit ihren kurzen, breiten Rudern umherrudern sehen kann. Hier schliefen und verzehrten sie ihre dürftige Mahlzeit, die aus Muscheln und anderen Schaltieren, die das Meer schenkte, bestand. Häufig wurden diese Speisen auf einer Feuerstätte mitten im Boote, in dem man ständig ein Feuer unterhielt, angerichtet. Man konnte die sonst dem Aussehen nach unbewohnten Ufer in ganz geheimnisvoller Weise hier und da von diesen Feuer erleuchtet sehen, und dies war es, was Magellan Veranlassung gab, dem neuentdeckten Lande diesen eigentümlichen Namen zu geben.

Unser erster Empfang in Ushuaia übertraf alle unsere Erwartungen. Man hatte geglaubt, in diesem abgelegenen Winkel wenig an Luxus und Überfluß vorzufinden, wurde anstatt dessen aber überrascht von Festlichkeiten mit goldbedruckten Menüs, ausgesuchtesten Gerichten und importierten Weinen der feinsten Marken.

Es war einigermaßen ungewohnt, nach einer so langen Zeit der Freiheit wieder auf einem eleganten Diner zu erscheinen. Ich fühlte mich in dem hohen beschwerlichen Kragen nicht heimisch, und mit der allzu vielsprachlichen Konversation ging es recht mühselig. Einmal vergnügte ich mich damit, die Anzahl der an demselben Tische sitzenden verschiedenen Nationalitäten zu berechnen und ich erlangte die bedeutende Ziffer von 10 Stück. Von Europa waren bei dieser Gelegenheit vertreten: Repräsentanten Schwedens, Norwegens, Englands, Deutschlands, Frankreichs und Spaniens und von Amerika Argentinier und Chilenen, ein Yankee sowie ein Mitbürger von Uruguay.

In Ushuaia war es in letzter Zeit nicht recht ruhig gewesen. Ein Schisma war aus irgend einem Umstande zwischen dem Gouverneur und einigen anderen Argentiniern zustande gekommen und die ganze Ortschaft hatte sich in zwei Parteien geteilt, von denen die des rechtmäßigen Oberhauptes die wenigsten Anhänger zählte. Die Opposition war besonders energisch gewesen, und als danach der Gouverneur ganz eilig nach Buenos Aires berufen worden, was kurz vor unserer Ankunft geschah, war nun die Freude noch auf dem Höhepunkt.

Sie blieb jedoch nicht lange andauernd. Das letzte Fest, das ungestört vor sich ging, war ebenso originell wie pomphaft. Es galt der Einweihung einer neuangelegten Schießbahn innerhalb des Gefängnisses. Die patriotischen Gefühle der Einwohner hatten sich nämlich in der Bildung einer freiwilligen Verteidigung, einer „Guarda Nacional" Luft gemacht, und die Schießgelegenheiten sollten nun aufgetrieben werden.

Zuerst wurde in einer großen Halle des Gefängnisses ein Lunch mit Überfluß an Speise und Trank serviert. Ein Gefangenwärter fungierte als Hofmeister und die Bedienung wurde von weniger gefährlichen Gefangenen — wahrscheinlich Gentlemen a. D. — bewerkstelligt, die uns mit der leidigen Haltung von Berufskellnern die ausgesuchten Gerichte servierten. Nach dieser gründlichen Mahlzeit war man natürlich nicht weiter besonders zu einem Precisionsschießen aufgelegt, wenigstens ich hätte es vorgezogen, in aller Gemütsruhe meine Havanna aufzurauchen. Die Argentinier aber waren höflich genug, uns das „Feuer eröffnen" zu lassen, und mußte man schon deshalb die bestimmten fünf Schüsse abdrücken.

Die Schützen machten eine bunte Reihe aus und die Waffen waren ihrer würdig. Hier wurde mit den ältesten Kugelgewehren, alten Winchesterkarabinern, neuen Repetierwaffen und sogar mit modernen Automatpistolen geschossen. Ob es auf den reichlichen Lunch beruhte, weiß ich nicht, doch im Allgemeinen schien große Abgeneigtheit im Treffen der Scheibe zu herrschen, und das schwedische Mausergewehr feierte einen unbestrittenen Sieg.

In der Nacht darauf langte ganz unvermutet der Gouverneur an, und am Morgen lag sein Dampfer dreuend im Hafen. Im Laufe des Tages setzte er ohne große Zermonie sämtliche Beamte, die sich aufsässig bezeigt hatten, ab und andere an deren Stelle ein. Einige wurden auch arretiert, die meisten aber nahmen ihre Zuflucht zu einem chilenischen Kanonenboot, unter dessen Schutz sie alsdann glücklich nach Punta Arenas kamen. Das Bezeichnenste dieser in südamerikanischem Stile ausgeführten Revolution im Kleinen ist, daß der Gouverneur, ehe er seinen Coup ausführte, selbst von der Regierung in Buenos Aires abgesetzt worden und nur nach Ushuaia gekommen war, seine Familie abzuholen.

Das chilenische Kanonenboot „Huemul" war ein alter Bekannter Ohlins von dessen erstem Besuch des Feuerlandes 1895 her. Einige Tage vor den erzählten Begebenheiten machten wir auf ihm eine kleine Partie durch die Meerenge. Hierbei war ich Zeuge eines etwas unmotivierten Scharfschießens, indem ein von Santiago mitfahrender Zahnarzt, der sonst übrigens an Bord keine Art von Amt bekleidete, um auf diese exotische Weise die Gäste zu unterhalten, über die Ufer Granaten hageln ließ. Ich dachte da an die — mindest gesagt — geordneten Verhältnisse in unserem Heimatlande, wo jeder scharfgeschossene Kanonenschuß genau gebucht und begründet werden muß.

Schließlich hatte der Antarctic seine Kohlenladung eingenommen und wir wollten uns auf den Weg machen. Doch noch hatten wir nicht viele Kilometer hinter uns, als der Maschinist auf Deck gerast kam und sich in ziemlich unzarten Ausdrücken über die argentinischen Kohlen erging. Sie wollten einfach nicht brennen, und war es unmöglich, den Dampfer mit ihnen ordentlich weiter zu bringen. Wir wandten um und mußten ein paar weitere Tage opfern, um neue Kohlen einzunehmen.

Während der Kohlenladung erhielt der Antarctic eine reichliche Anzahl ungebetener Gäste in Gestalt von Ratten, die in Hunderten mit dem Kohlenprahm anlangten. Um diesen naseweisen Eindringlingen Einhalt gebieten zu können, erstand Larsen von einem Krämer in Ushuaia eine große Katze, die dann so lange an Bord blieb, wie das Schiff auf dem Wasser segelte. Sie wurde „Ushuaia" getauft und trat stets mit einer gewissen Würde auf, schien sich jedoch in der neuen Umgebung nicht recht wohl zu fühlen, bis einige wohlwollende Matrosen, die einsahen, „daß es nicht gut für ein Weib, allein zu sein", ihr pfiffig einen Kavalier besorgten. Dieser Kater erhielt den weniger wohlklingenden Namen „Karl Olsson". Er zeigte jedoch später — wahrscheinlich in der Freude darüber, Vater zu werden, — untrügliche Zeichen zum Wahnsinn, weshalb wir uns bei unserm letzten Besuch in Ushuaia wieder von ihm trennen mußten.

Als wir nunmehr — es war im September — das Feuerland wiedersahen, war nur noch wenig übrig geblieben von dem Sommergrün, das wir letzthin gesehen. Alles war verändert, mehr düster und einsamer, aber doch nicht weniger schön. Gegen den bleifarbenen Himmel hoben sich scharf die eisbedeckten Gebirgsgipfel ab, der Schnee lag über Hügel und Täler und die hinter dichtem Nebel befindliche Sonne war nur mächtig gewesen, einen schmalen Streifen längs des Uferrandes wegzuschmelzen.

Die großen Buchenwälder fanden wir vorigesmal voller Vogelsang und Leben, voller murmelnder Bäche, glitzernd in dem dunkelgrünen Zwielicht der wenigen Sonnenstrahlen, die sich durch das dichte Laubwerk durchgefunden hatten. Jetzt war der Wald still und einsam, ohne andere Lebenbezeigung als hier und da in der Nähe von Ushuaia das Vorhandensein eines Holzhauers und weiter hinauf gegen die Höhen das eines gelblich braunen Guanacos, der, scheu und ängstlich, sobald sich ein Mensch blicken läßt, verschwindet. Die antarktischen Buchen standen nun kahl mit entblätterten Zweigen und mit von den verheerenden Kap-Hornstürmen des letzten Herbstes zersplitterten Stämmen da, doch nicht weniger majestätisch, als da sie mit ihren prangenden grünen Kronen schreienden Papageien Schutz boten. Auf der südlichen Seite des Beaglekanals aber prunkten mitten in diesem Winter die ewiggrünen Buchenwälder wie im Lenz.

Die Yaghanindianer waren aus Ushuaia verschwunden. Sie hatten ihre Zuflucht zur obenerwähnten Missionsstation, wo sie ohne allzu große Beschwerlichkeiten Nahrung erhielten, genommen. Teilweise sahen wir dieselben Menschen wieder, die sich bei unserem ersten Besuche in der Stadt befanden, doch die Regierung des Territoriums bestand nun aus ganz anderem Personal. Ruhigere und geordnetere Verhältnisse waren eingetreten. Man verstand jedoch auch ferner ebenso gut zu leben, und die Festlichkeiten lösten einander ab.

Wir waren dieser Festlichkeiten indessen bald müde, und außerdem gab es für verschiedene von uns hier die Möglichkeit zu wissenschaftlichen Arbeiten. So war Andersson bereits vor unserer Ankunft in Ushuaia im Harberton Harbour an Land gegangen, um von dort aus eine Wanderung nach dem Lago Faguano zu unternehmen, einem See, den Nordenskjöld während seiner Feuerlandexpedition vergeblich zu erreichen trachtete und dessen Erforschung von besonders großem Interesse angesehen wurde. Andersson glückte es dank der tatkräftigen Beihilfe der Waldindianer, seine Aufgabe zu lösen.

K. A. Andersson und Skottsberg unternahmen eine längere Partie zu einem anderen See, Lago Roca, woher sie reiche Sammlungen heimbrachten. Ich meinerseits war durch die meteorologischen Observationen an Bord gebunden und mußte mit einigen Jagdausflügen in die Umgegend Ushuaias vorlieb nehmen.

Die Jagd galt dem leichtfüßigen Guanaco. Dieses größte Landtier des südlichsten Amerika, das gestaltlich sehr an das Lama erinnert, ist in diesen Wäldern sehr reichlich vertreten. Der Guanaco wird hier unten meist von den Waldindianern gejagt, deren wichtigste Nahrung er ausmacht und zu deren Mänteln er sein buschiges Fell hergeben muß. Das Fell der alten Tiere trägt ganz grobe Wolle und ist deshalb für die Menschen von geringerem Wert, aber die jungen, besonders die neugeborenen, werden eifrigst gejagt wegen ihrer weichen Felle, aus denen man größere Teppiche, die einen sehr begehrten Handelsartikel ausmachen, verfertigt.

Der Guanaco ist vermutlich eines der schnellsten Tiere, die es gibt. Wenigstens erschien es uns so. Obgleich wir wußten, daß sich in den Wäldern um Ushuaia verschiedene Herden aufhielten, und wiewohl wir sie wiederholt auf unseren Streifzügen sahen, kamen wir ihnen doch selten auf Schußlinie nahe. Ein einziger unvorsichtiger Schritt im Walde, ein schwaches Räuspern oder das Geräusch eines abgebrochenen Zweiges genügte, um sie hinauf zu den Höhen wie Raketen verschwinden zu lassen.

Niemals beteiligte ich mich je an einer so mißglückten Jagd, als da Larsen, der erste Maschinist, der Bootsmann und ich einmal zum Walde zogen. Der Jagdeifer war groß, angespornt durch vorherige wenig erfolgreiche Versuche. Nach einer recht langen Ruderfahrt quälten wir uns mit unserem Zubehör: div. Eßwaren, Erfrischungen etc. etc. von ungefähr gleicher Art und Form wie bei unseren schwedischen Jagden, hinauf zum Walde, wo sich die Tiere aufhalten sollten. Der Schnee lag hoch, und es war keine leichte Sache, über die umgefallenen Baumstämme und durch das dichte Dickicht dahin zu wandern. Bald kamen wir an eine alte zerfallene Holzhütte, von der aus wir nach Einteilung des Waldes in verschiedene Bezirke unsere Operationen unternahmen.

Es galt, sich bis zu einer ziemlich schneefreien Grasfläche oder einem kleinen Fluß, der durch den Wald rann, vorzuschleichen. Hierher kamen mitunter die Tiere zur Weide und Tränke. Ich war glücklicherweise zu einer feinen Position gekommen und hatte einen Baum erklettert, von dem herab ich auf das geringste Geräusch lauschte, als ich ganz plötzlich in einigen hundert Metern Entfernung das Knacken von Zweigen vernahm. Das mußte ein Guanaco sein, der sich meinem Platze zu näherte! Das Gewehr anschlagbereit haltend, sah ich etwas durch die Büsche schimmern, — eine Sekunde noch — und der Maschinist hätte eine Dum-dumkugel im Körper gehabt!

Wütend sprang ich herunter, warf die Büchse über die Schulter und patschte meines Weges.

An diesem Tage bekamen wir nichts. Gewiß hatte ich das Vergnügen, eine Guanacofamilie idyllisch auf einer ungefähr 700 m entfernten Ebene grasen zu sehen, sobald ich aber versuchte, mich etwas näher heran zu praktisieren, waren sie wie weggeweht. Larsen war zwar einmal zum Schusse gekommen, aber da das Korn irgend einer mystischen Ursache zufolge ein

Larsen phot.

Eine gestörte Siesta. Larsen phot.

paar Millimeter seitwärts vorbeifuhr, blieb natürlich nur ein Loch in der Luft.

Als wir am Abend in der Holzhütte ein Feuer herrichten wollten, stellte es sich heraus, daß das Beil vergessen worden. So blieb uns denn nichts anderes übrig, als mit einem Teil der morschen Holzwände des alten Hüttchens zu feuern. Über Nacht fiel viel Schnee, und am Tage danach war der Wald nahezu unwegsam. Das Jagdglück war auch an diesem Tage nicht gerade glänzend, und mein einziges Wildpret von dieser ganzen Jagd war ein großer Habicht. Danach ging ich nicht mehr weiter auf die Guanacojagd.

Larsen verweilte die meiste Zeit über in Ushuaia, wo er viel wegen der Kohleneinnahme und Ausrüstung zu erledigen hatte. Er erhielt auch andere unerwartete Beschäftigung, indem nämlich die Bevölkerung Nutzen aus seiner Vielseitigkeit zog und mitunter zahnärztliche Hilfe bei ihm suchte. Seine Spezialität war das Zahnausziehen, doch wandte er sich auch anderen Branchen zu und versuchte sich sogar als Wehmutter. Einmal ging es jedoch auch zu, daß seine Hilfe mehr wohlgemeint als effektiv war.

Ich erinnere mich da besonders einer Zahnausziehung, bei der ich nicht gern das Opfer hätte sein mögen. Ein junger Engländer, dessen Gesicht durch eine Unebenheit in seinen Kauwerkzeugen auf der einen Seite ein allzu wohlhabendes Aussehen erhalten hatte, wandte sich in seiner Not an Larsen, um von der Quelle des Übels befreit zu werden. Der Schiffer empfing ihn ganz mit dem Ernst und der Ruhe eines Zahnarztes, platzierte ihn auf einen Stuhl, stellte eine schnelle Diagnose und griff die Sache an. Kräfte pflegten ihm nie zu fehlen, und vorher hatte ich ihn mit Leichtigkeit und Eleganz die größten Zähne herausholen gesehen. Gott weiß, wie dieses Engländers Kiefer konstruiert gewesen, denn hier glückte die Operation nicht.

Die Zange wurde um den kranken Zahn gespannt und Larsen zog mit einer Gewalt, die zur Folge hatte, daß der ganze Patient mit einem schwachen Stöhnen nachfolgte. Eine gewisse Verwunderung war in den wohlwollenden Zügen des Schiffers zu lesen. Mit konzentrierter Energie zog er aufs Neue mit einer Kraft, die Berge hätte versetzen können. Der Zahn zersplitterte in Atome, während der Delinquent mit Zeichen von Geistesverwirrung, die an „Karl Olsson“ erinnerte, einen indianischen Kriegstanz im Gun-room auszuführen begann. Larsen beruhigte ihn allmählich, gab ihm Kokaïn und ließ ihn gehen. Der Mann kam nie wieder.

Unter all den langwierigen Reparaturen und Vorbereitungen zur letzten Eisfahrt hatten wir eine bedeutende Verzögerung erlitten. Die Ölkocherei in Stanley hatte längere als berechnete Zeit in Anspruch genommen und auch in Ushuaia ging alles langsamer, als man gedacht hatte. Eigentlich war es unsere Absicht gewesen, schon in der ersten Hälfte des Oktobers Süd-Amerika zu verlassen. Oktober ging inzwischen hin, und erst anfangs November konnten wir an den Aufbruch denken.

Der alte Antarctic war auf einfachste Weise gekielholt und angestrichen worden. Eine gründliche Reinigung des Inneren wäre gewiß wohltuend gewesen, denn die Reste des Robbenfanges — faules Öl ꝛc. ꝛc. — verbreiteten über die ganze Schute den widrigsten Gestank. Dazu fehlte es jedoch an Zeit. Die notwendigsten Reparaturen von Segeln, Takelage und hundert anderen Dingen waren hinreichend zeitraubend.

Mit unerwarteter Freigebigkeit hatte die argentinische Regierung der Expedition eine weitere Kohlenladung von ca. 200 Tonnen sowie außerdem einen ganzen Teil Ausrüstungs- und Proviantartikel, deren wir bedürftig waren, geschenkt.

Am 30. Oktober lichteten wir die Anker, um in Harberton einen Begleiter Dr. Anderssons abzuholen, und hier verweilten wir bis zum 4. November. In Harberton leben auf einem Settlement drei Brüder Bridges, Söhne eines verstorbenen Missionärs, jeweilig Besitzer großer Ländereien, die sich bis hinauf an die patagonische Küste erstrecken. Sie leben auf besonders gutem Fuße mit den Waldindianern, von denen verschiedene mehr zivilisierte ständig auf ihren Besitztümern arbeiten. Für diese

Arbeit erhalten die Indianer einen unbedeutenden Tagelohn in Form von Nahrungsmitteln und dergleichen. In den nächst dem Settlement belegenen Wäldern leben auch verschiedene Indianerfamilien in vollkommen wildem Zustand, obgleich häufig die Männer, rock- und hosenbekleidet, mit ihren mehr festsessigen Kameraden auf dem Eigentum zusammenarbeiten.

Alle diese Indianer gehören dem Onastamm an, der in vielen Hinsichten das direkte Gegenteil des Yaghanstammes ist. Sie lieben der Waldleute frisches, ungebundenes Leben und kommen selten zu den Ufern herunter, während die Yaghanindianer, wie gesagt, sich meist auf dem Wasser aufhalten und sich nie in die Wälder, vor deren riesige Einwohner sie großen Respekt haben, wagen. Die Onas sind gewiß keine Riesen wie die Patagonier, machen aber doch einen hochgewachsenen, recht stattlichen Menschenstamm aus, bei dem besonders der Männer breitschultrige und volle, wohl proportionierte Gestalten in die Augen fallen. Selten erblickt man unter ihnen ein weniger entwickeltes Individuum, und sie sind so hochgewachsen, daß die Mittelgröße unter den Männern auf 175 cm. zu berechnen ist.

Sie halten sich in den großen Wäldern nördlich vom Beaglekanal auf, wo sie ihr umherstreifendes Leben führen, sich mit Jagd beschäftigend. Ihre Waffen sind der traditionelle Bogen mit den langen schmalen Pfeilen, deren Spitzen ehemals aus Stein gemacht wurden, jetzt aber, seitdem die Indianer mit den Weißen in Berührung gekommen sind, meist aus Glas hergestellt werden. Sie besitzen eine phänomenale Geschicktheit im Hantieren mit dieser Waffe, und wiederholt vergnügten sie sich damit, uns Proben hiervon zu zeigen.

In wildem Zustand verschmähen sie alle Kleider, und die, welche während der Arbeit in Harberton bekleidet sind, kehren, wenn sie sich am Abend unter den ihren bewegen, zur bequemeren paradiesischen Tracht zurück. Das einzige, womit sie sich bekleiden, ist ein größeres oder kleineres Guanacofell, das mit der Haarseite nach außen lose um die Schultern hängt, und welches sie, wenn die Kälte streng ist, so gut wie möglich um den Oberkörper wickeln. Um die Beine sind sie stets nackt, und nur die Füße werden im Winter mit einer Art niedriger Mokassins aus Guanacofell mit den Haaren nach innen bekleidet. Diese Schuhe sind die einzigen zusammengenähten Bekleidungsstücke, die sie verwenden.

Es ist schwer, sich einen Menschenstamm abgehärteter als diese Indianer zu denken. Da sie sich in ständiger Bewegung befinden, nomadenartig von der einen Gegend zur anderen ziehen, haben sie keine ordentliche Wohnstätte. Einige wenige dünne Stöcke von ein paar Meter Länge in den Boden gesteckt, so daß sie gegen einander neigen und wenn möglich in Leeseite eines Busches aufgestellt, über diese etwas Reisig und Zweige nebst einige haarlose, rotgefärbte Fellfetzen auf der Windseite, — das ist alles. Innerhalb errichten sie ein Feuer, an dem sie ihre einfache Speise rösten, und hier liegen sie nachts ohne anderen Schutz als die losen Guanacomäntel, die oft nicht hinreichen, den nackten Körper zu umhüllen.

Man muß hierbei bedenken, daß das Klima im Feuerlande keineswegs das des nördlicheren Argentiniens ist. Die glühende Sonne, die im Norden Rosen und Lilien bei ständigem Leben erhält, verwandelt sich im Feuerlande zu einer schwach wärmenden Sonne, die es nicht zu verhindern vermag, daß es bisweilen mitten im Sommer friert, und die dem Winter ein völlig nordisches Gepräge gibt. Daß die Wintertemperatur hier — 14 bis 16° C. erreicht, ist nichts Ungewöhnliches, und während dieses letzten Winters soll die Kälte in Ushuaia bis zu — 20° C. gesteigert gewesen sein. Und auch mitten in solchem Winter gehen diese Indianer ebenso wenig beschützt, ja, die Kinder, wenigstens die Jungen, sind meist ganz und gar nackt, wenn der Schnee auch noch so hoch liegt.

Gewißlich gibt es auf der ganzen Erde, mit Ausnahme von Eskimos vielleicht und naheverwandten Stämmen, kein Volk, das ein so einfaches und genußfreies, so hartes und ohne jede Art von Bequemlichkeit abgemildertes Dasein führt. Sie kennen in ihrem freien Zustand weder narkotische noch alkoholhaltige Stoffe

Partie von der Cumberland-Bay. Duse phot.

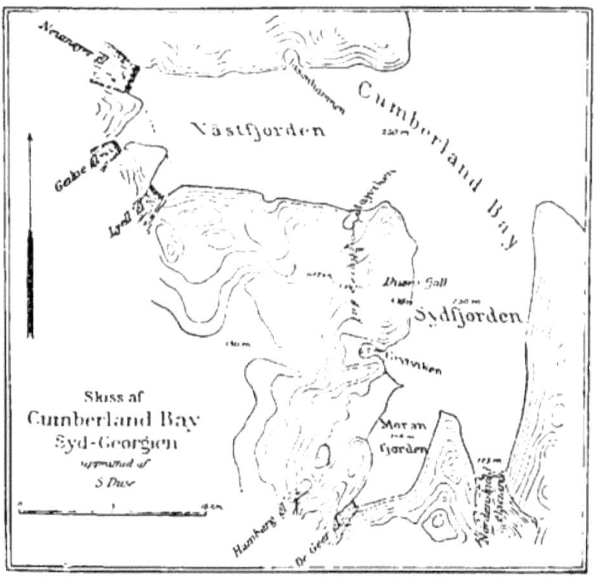

Skizze von der Cumberland-Bay, Süd-Georgien.
Aufgemessen von S. Duse.

und haben auch nichts anderes als Ersatz für Tabak oder Alkohol, keine Dekokte oder Pflanzenextrakte. Als die Zivilisation sich aufdrängte und ihre unumgänglichen Begleitschaften mit sich führte, zeigte es sich, daß diese Söhne der Wildnis keinen Wert auf und in diese setzten. Die Yaghans dagegen fielen den neuen Genußmitteln schnell zum Opfer und waren imstande, ihr letztes Fell für ein Stück Tabak oder einen Schnaps wegzugeben.

Die Onaindianer haben auch ihre mörderischen Kämpfe mit den Weißen gehabt, worüber in unzähligen Geschichten erzählt wird. Trotz ihrer Todesverachtung und ihres ans Sagenhafte grenzenden Mutes sind sie doch von der Übermacht unterjocht worden. Der Ausrottungskrieg war gegen sie mit einer Grausamkeit geführt, die ans Unglaubliche grenzt. Die hinterlistigsten Überfälle wurden nicht verschmäht. So z. B. wird erzählt, daß, als eine Streifkolonne von Eindringlingen einmal ein unlängs verlassenes Indianerlager vorfand, wo über dem rauchenden Feuer noch der Guanacospeck hing und alles darauf hindeutete, daß die Indianer nach dem Weggang der Weißen zurückkehren würden, diese zivilisierten Menschen solche Scheusale gewesen seien, daß sie das Fleisch, ehe sie den Platz verließen, vergifteten. Am Tage darauf fand man von der hierher gehörigen Indianerfamilie nur noch Leichen vor. Viele derartige widerwärtige Geschichten werden erzählt und es heißt sogar, daß noch vor nicht zu vielen Jahren Kopfgeld für die Erlegung von Wilden bezahlt wurde.

Auch unter sich haben sie blutige Befehdungen gehabt, und daß auch dieser Indianerstamm zum Aussterben verdammt ist, ist unzweifelhaft feststehend. Wie ich hörte, existieren wahrscheinlich nur noch etwa 400 von dem einst so zahlreichen Stamme.

Nordenskjöld hat in seinem Buche „Vom Feuerlande“ in sehr treffender und interessanter Weise diese Wilden, ihre Geschichte, Sitten und Gebräuche beschrieben, weshalb ich hier in meiner Schilderung nicht zu weit gehen will. Ich hatte jedoch einmal Gelegenheit, mit Skottsberg und einem der Brüder Bridges als Cicerone ihr Lager im Walde aufzusuchen und dabei in der Nähe dieses steinalte Volk in seinem Naturzustande zu sehen. Ich lernte da einige weitere von ihren Eigenschaften kennen, von denen ich hier erzählen will.

Bei unserer Ankunft zeigten sich alle aufgeräumt und freundlich und ließen sich willig photographieren. Die Photographieen, glauben sie, machen den Geist des Photographierten aus, und sie fragten Bridges, ob wir gekommen seien, „ihre Geister zu fangen“. Es war ein sehr kalter und windiger Tag und noch lagerte viel Schnee in den Wäldern. Bridges diente als Dolmetscher, (die Indianer redeten nur in ihrer eigenen Sprache), und auf sein Ersuchen traten die Männer beim Photographieren in voller Kriegsausrüstung auf. Die Frauen rieben sie dabei am ganzen Körper mit einem roten Humus ein und im Gesicht wurden sie mit verschieden gefärbten anderen Erdsorten bemalt. Dieser Prozeß erweckte eine sichtliche Heiterkeit, besonders bei den jungen Mädchen, die in ihrer eigenartigen gutturalen Sprache halblaut mit einander redeten und unaufhörlich kicherten. Ein dreieckiger Fellzipfel, der um die Stirn befestigt wurde und sich von vorn wie eine zugespitzte Mütze ausnahm, gehörte zur Ausrüstung. Federschmuck verwendeten sie nicht.

Vor der Kamera nahmen sie alsdann verschiedene Stellungen an, so als ob sie zur Jagd gingen, wobei sie den Fellmantel niederfallen lassen, oder zum Kampfe, wobei sie den Köcher im Munde halten. Prächtigere und stattlichere Gestalten soll man noch suchen[1]). Mit einem gewissen Stolz zeigten sie uns Narben von Wunden, die sie in ihren letzten gegenseitigen Befehdungen davongetragen. Sie zielen gewöhnlich auf des anderen Bauch, und ein alter wettergehärteter Indianer machte uns mit Zeichen verständlich, daß er einen Pfeil quer durch diesen Körperteil erhalten habe. Bridges erzählte uns hierzu, daß der Mann eines Tages auf dem Gute erschien, um Hilfe zu erhalten, nachdem er sich mit der aus dem Rücken heraussteckenden Pfeilspitze mehrere Meilen durch den Wald geschleppt hatte. Sie sind Schmerzen

---

[1]) Leider sind mit dem Untergang des Antarctic alle diese Photographien verloren gegangen.

gegenüber äußerst unempfindlich und betrachten es als sehr schimpflich, zu klagen oder zu jammern.

Auch diese Naturkinder haben ihre Schönheitsbegriffe, und um in dieser Hinsicht die Forderungen der Konvenienz zu erfüllen, setzen sie sich Marterungen aus, die selbst das kokettste Geschöpf in einer modernen Gesellschaftsverbindung sicher abschrecken würde. Die Männer betrachten nämlich mit Ausnahme des Haupthaares jeden Haarschmuck am Körper als entstellend. Schnurr- und Backenbärte dürfen nicht wachsen; sogar die Augenbrauen werden entfernt. In Unkenntnis mit den Vorteilen des Rasierens wenden sie bei diesem negativen Prozeß eine ganz eigenartige Methode an, indem sie die Haare mit kalter Asche einreiben, um sie besser fassen zu können, und danach reißen sie kaltblütig Haar um Haar heraus.

Besondere Reinlichkeit zeichnet sie dagegen nicht aus. Den einfachen Gebrauch von Waschwasser kennen sie nicht. Ihre Art, die Haut zu reinigen, ist meines Erachtens nach weit zusagender als die der Eskimos. Sie wärmen ein Stück Guanacoleber bis das Blut gerinnt, kneten es dann mit Speichelzusatz, bis das Ganze ein weicher Teig wird, mit dem sie sich den Körper und auch das Gesicht einreiben. Diesen Auftrag lassen sie dann hart werden, und wenn er abfällt oder abbröckelt, betrachten sie sich als gereinigt. Zu diesem „Putzmittel" wird auch an Stelle der Leber der harzartige Saft eines Baumes verwendet.

Charakteristisch für diese Wilden ist auch das absolute Fehlen des Begriffes von einem höheren Wesen. Bei ihnen findet sich ebenso wenig ein Gottbegriff wie ein Gedanke an ein mögliches Fortleben nach dem Tode vor.

Jedoch haben sie Rechtsbegriffe. Im Allgemeinen herrscht Ordnung und Friede unter ihnen und nur dann, wenn es die Vergeltung eines erlittenen Unrechtes gilt, kann die blutige Vendetta den Untergang ganzer Familien bewirken. Die in Harberton lebenden Indianer sehen ein, daß ihnen Strafe gebührt, wenn sie ein Unrecht begangen, gestohlen oder dergleichen getan haben. Die Brüder Bridges, die durchaus keine Missionstätigkeit unter den Wilden entfalten, übten selbst unter ihnen Gerechtigkeit aus. In der Ecke eines Magazines hielten sie Wandketten und Fesseln, in die sie auf verschiedene Zeitdauer die Missetäter legten, die während der Strafzeit eine Hungerkur bei Wasser und täglich zwei Zwiebäcken durchmachen mußten.

Andersson war während seiner Exkursionen hier sehr lange mit den Onaindianern zusammen und lernte sie gründlich kennen. Er rühmt sie als intelligente, rege und gelehrige, sowie äußerst arbeitssame und zuverlässige Menschen.

Nachdem wir in Harberton unseren Proviantvorrat mit einem Teil frisch geschlachteter Schafe vermehrt hatten, wandten wir uns wieder nach Ushuaia, wo wir in der Dämmerung des 4. Novembers anlangten. Der Vereinigungstag wurde dort durch einen donnernden Salut mit den Walkanonen des Antarctic und durch Ausbringen eines Hochs auf das Wohlergehen der vereinigten Reiche gefeiert.

Während unseres langen Aufenthaltes in Ushuaia waren uns Briefe und Zeitungen nur in geringer Anzahl ausgehändigt worden. Die Postbeförderung hier unten ist weit entfernt von dem, was man erstklassig nennt. Die Post geht über Punta Arenas, wo die Briefschaften oft lange Zeit liegen bleiben. Lange hatten wir nun vergeblich auf eine letzte Post und auch auf das Eintreffen anderer für die Sommerarbeiten wichtiger Dinge gewartet. Das Dampfschiff blieb indessen fortdauernd aus irgendeiner Veranlassung aus und wir mußten daher, ohne die ersehnten Briefe aus der Heimat erhalten zu haben, die bevölkerte Welt verlassen.

Derjenige, der empfängliche Sinne für die Herrlichkeiten der Natur hat und eine Zeit hindurch das, was die prächtige Fjordlandschaft des Feuerlandes bietet, genießen durfte, wird mit Bedauern diese Gegenden verlassen. Bereits war ein schwacher Hauch des Frühlings über die Ufer des Beaglekanals gestrichen, hatte Eis und Schnee zu schmelzen versucht, und schon begannen die Wälder und Ebenen sich in ein lichtes Grün zu kleiden, da der Antarctic am 5. November die Anker lichtete. Am Tage

Duse phot.

Seeelefanten. Duse phot.

Alte Männchen mit aufgeblasener Nase (Rüssel).

der Abreise war prachtvolles Wetter, ruhig und klar im Sunde, wo sich unter den laubbekleideten hochliegenden Bergflächen bis hernieder zum Strande das grüne Gras hinzog. In dem Gewässer spiegelten sich die schneeigen Alpengipfel wieder, die in feinem, klarem Rot gegen den duftigen, lichten Hintergrund erglänzten.

Bei der Missionsstation in Tekenika hielten wir uns geologischer Untersuchungen halber einen Tag auf und hierbei erhielt ich, der ich mich auch der antropologischen Arbeiten angenommen hatte, Gelegenheit, einen Teil einfacherer Messungen an den Yaghanindianern vorzunehmen. Diese machten ungefähr einige Siebzig von allen Altersstufen aus. Wie alt sie waren, wußte jedoch keiner von ihnen. Fragte man einen Greis, ob er 10 Jahre alt, antwortete er wie auch ein Junge, der befragt wurde, ob er 60 Jahre alt sei, mit ja. Sie waren, wie ich schon in anderem Zusammenhange erwähnte, ziemlich zivilisiert, trugen europäische Kleider und einige von ihnen sprachen leidlich englisch.

Der Missionär teilte ihnen mit, daß unser Schiff nach dem Süden ginge, wo es kälter sei und mehr Schnee gäbe. Sie schienen sich indessen nicht weiter über die Bedeutung der Polarforschung zu bekümmern oder sie zu würdigen, ebensowenig wie sie es begreifen konnten, daß es wo anders kälter als hier sein sollte.

Der Platz der Missionsstation selbst war ausgesucht häßlich, was auf einen Fehlgeschmack des früheren Missionäres beruhte. Dieser kam nämlich von den Falklandinseln, und ungewohnt, Wald zu sehen, mochte er keine Bäume in der Nähe der Gebäude dulden, weshalb er diese seine Schützlinge von den Indianer allesamt niederhauen ließ.

Der jeweilige Missionär war ein kleiner, geschäftiger und wohlwollender Mann, der hier mit Kindern und Blumen lebte. Er war sichtlich voller Begeisterung für seinen Beruf und glaubte, daß er eine segensreiche Wirksamkeit unter dem kleinen Überbleibsel von Wilden ausübte.

Auf meine Frage, wie lange er auf diesem Verbannungsort zu bleiben gedächte, antwortete er mit Begeisterung: „Ich hoffe, mein ganzes Leben hindurch!“

6. Im Kampf mit dem Eise.

Der Arbeitsplan. — Vom Eise gefangen. — Eisnavigation. — Süd Shetland. — Die Chronometerausrüstung. — Die Kartenaufnahme. — Auf Raubzügen unter den Pinguinen. — Vorbereitungen zum Zusammentreffen. — Der Antarcticsund gesperrt. — Eis, wohin man sich wendet. — Die Schlittenexpedition beschlossen. — Weihnachten.

Von Tekenika setzten wir am 7. November die Fahrt fort gen Süden durch die westlich von der mit nackten, öden Abhängen versehenen Hermiteinsel, auf der die ständigen Stürme keinen Baum gedeihen lassen, belegene Meerenge.

Wir sollten nun wieder einen Gang mit dem unruhigsten Fahrgewässer der Erde wagen, und in einem echten Kap Horn-Wetter kamen wir hinaus in den Stillen Ozean. Der Sturm pfiff durch das Takelwerk und ein rauher und kalter Schneenebel breitete sich nach und nach über das Meer aus. Wir passierten die zerstückelten Konturen des falschen Kap Horn, die aus dem Nebel trotzig und umzogen von Sturmwolken drenend hervorschimmerten. Immer mehr entfernten wir uns von den befahrenen Verkehrswegen; kein Fahrzeug ließ sich mehr sehen, und bald hatten wir die bevölkerte Welt und den anbrechenden Sommer hinter uns gelassen.

Bild vom Beaglekanal.

Ushuaia (Uschuwia). Larsen phot.

Dieser unser erster Sturm auf der Fahrt ließ uns begreifen, welche unbehagliche Veränderung das Innere der alten Schute erlitten hatte. Während des Seeganges kam das sogenannte Schlagwasser auf dem Schiffsboden in Bewegung und durchmischt von den verschiedensten Dingen, worunter verfaulter Robbenspeck und ebenso schlecht riechendes Öl den vornehmsten Platz einnahmen, verbreitete es über das ganze Fahrzeug den widrigsten Gestank, den man sich denken kann. Außerdem hatten sich die Ratten nun bis zu den unmöglichsten Stellen auszubreiten angefangen. Zwischen der Schiffswand und der Bretterbekleidung der Kajüten, zwischen dem Kabinendach und Deck, überall hatten wir die kleinen liebwerten Tierchen, die neben dem zu unserem Ergötzen veranstalteten infernalischen Gelärm auch in ihrer Manier sehr kräftig zur Parfümierung jedes Winkels des alten Antarctic beitrugen. Hatte man vorher keine Veranlagung zur Seekrankheit, konnte man mitten unter diesen peinigenden Ausdünstungen gewissen Empfindungen sicher nicht entgehen.

Glücklicherweise war es mit dem widrigen Robbenfang nun zu Ende. Alle waren desselben überdrüssig, sogar die Matrosen. Andersson, der außer in seiner Eigenschaft als Leiter auch als Vertreter des Schiffsreeders fungierte, beschloß nach Übereinkunft mit uns, daß kein Fang gemacht werden sollte, bis Nordenskjöld wieder an Bord gekommen und die Leitung selbst übernommen habe. Die Besatzung sollte als Ersatz für den hierdurch verlorenen Gewinnanteil eine gewisse Summe pro Mann erhalten. Mit diesem Arrangement waren wir alle recht zufrieden, denn abgesehen davon, daß wir dadurch von der Unannehmlichkeit des Fangjagens befreit wurden, konnten wir uns nun auch ungestörter den wissenschaftlichen Arbeiten widmen.

Das Programm für den Sommer enthielt zunächst einige Landungen an den Süd Shetlandinseln zur Ausführung von naturhistorischen Forschungen. Danach sollte die Kartenaufnahme von im vorigen Sommer neuentdeckten Küsten folgen und damit die jeweilig ungelöste Frage über das Verhältnis des Orléanskanals zum Gerlachesund aufgeklärt werden. Nachdem diese

Arbeiten und die damit zusammenhängenden Untersuchungen abgeschlossen, sollte die Fahrt hinunter zur Winterstation am Snow Hill gerichtet werden, wo wir vor Weihnachten anzulangen gedachten.

Diese unsere letzte Fahrt zum Polarmeer traten wir in der gewissen Hoffnung an, nach dem Aufenthalt von nur einigen Monaten in und auf dem Eise den Steven wieder dem Norden und der Heimat zuwenden zu können. Nicht im Entferntesten ahnten wir damals, wie lange es dauern sollte, ehe wir wieder einen grünen Strand zu sehen und das milde Fächeln von Sommerwinden zu verspüren vermochten.

Wir hatten vermeint, daß unsere vorige Sommerfahrt zufolge ungünstiger Eisverhältnisse wenig erfolgreich gewesen. Wie würde es mit dieser werden? Äußerst wenige Anhaltspunkte hatten wir, in diesem Falle die Aussichten zu berechnen. Nach dem ungewöhnlich strengen Winter sowohl im Feuerlande als auf den Falklandinseln zu urteilen, waren diese nicht besonders große. Wie ich schon gesagt habe, war am ersten Orte die Temperatur bis zu 20° C. gesunken, und auf Falkland war der Winter kälter als seit Menschengedenken gewesen. Diese abnorme Winterkälte beruhte wahrscheinlich darauf, daß sich größere Eismassen als gewöhnlich im Norden angehäuft hatten, und in solchem Fall würde es sicher nicht ohne Schwierigkeiten abgehen, wenn wir einen hohen südlichen Breitegrad erreicht hatten.

Fröhlich und voller Hoffnung setzten wir dennoch die Fahrt fort. Bestand eine Möglichkeit, durch die Eismassen vorwärts zu drängen, würde es der alte Antarctic sicher tun, und einen geschickteren und erfahreneren Mann, ihn zu navigieren, als Larsen konnte man nicht erhalten, das wußten alle von uns.

Bereits am 9. November morgens bekamen wir den ersten Eisberg in Sicht und am Abend desselben Tages konnten vom Großtop aus mehr als 50 Eisfelsen gesichtet werden. Schon in dieser Nacht stießen wir zur allgemeinen Bestürzung ungefähr 59° 30′ S. und 66° W. auf das erste Treibeis und in der Nacht vom 11. zum 12 November hatten wir ungefähr 61° S. vor uns eine Packeiskante, die soweit, wie das Auge reichte, zusammenhielt. Dieses Eis war sichtlich teilweise mehr als ein Jahr alt, zerbrochen, mitunter aufeinandergeschraubt, und die größeren Schollen stellenweise durch dünneres Baieis verbunden.

Dies sah wahrhaftig recht wenig versprechend aus. Auf einem so nördlich belegenen Breitegrad hatte, soviel ich weiß, keiner unserer Vorgänger Eis angetroffen. Vorwärts mußten wir jedoch, und es gab keinen anderen Ausweg, als da einzudringen, wo das Eis am schwächsten schien.

Wie es den Polarforschern früherer Zeiten möglich gewesen, ohne Hilfe des Dampfes sich durch das Packeis vorwärts zu arbeiten, ist mir ein Rätsel, das nur damit erklärt werden kann, daß das Eis, welches sie passierten und in ihren Erzählungen Packeis bezeichnen, was wir Treibeis nennen und noch dazu ein ganz schwaches solches gewesen. Denn mit einem Segelschiff gewöhnliches Packeis zu forcieren, ist eine reine Unmöglichkeit.

Unser Programm schloß gewiß keineswegs den Versuch, einen Rekord im Vordringen zum Pol zu schlagen, in sich, doch jede naturhistorische Arbeit, jede Untersuchung des Meeres steigt bedeutend im Werte, je weiter südwärts sie gemacht wird, und darum hatten wir gehofft, in diesem Sommer einen hohen südlichen Breitegrad zu erreichen.

Nun schloß uns jedoch schon dieser Eisgürtel von unserem ersten Arbeitsfeld, den Süd Shetlandinseln, ab. Zehn Tage und Nächte brachten wir in diesem Eise zu, einen Tag still liegend, am anderen uns ein Stückchen vorwärts arbeitend, wenn das Eis etwas nachließ.

Diese endlose weißgraue Eisdecke bot, wohin man sich wandte, einen trostlosen Anblick. Ausgangs des Gesichtskreises schien diese Eismatte stellenweise ganz glatt und ohne Unebenheiten zwischen den hohen Eisfelsen, die sich blendend weiß gegen eine dunkle und düstere Staudwolke erhoben. Etwas näher, wo man die ungleichen Teile des Eises unterscheiden konnte, lagen die massiven platten oder eigentümlich zerstückelten Eisblöcke teils umhergestreut, teils aufgehäuft, phantastische Schatten über den ebenen Schnee werfend. Das Ganze schien eine öde Eisoberfläche zu sein, auf der nicht ein Lebewesen aufgespürt werden könnte.

Aber dieses fließende Eisland, so eintönig es auch auf dem ersten Blick erscheint, zeigt doch stets etwas neues. Bei Tagesanbruch mit blaugrünen, kalten Tagesfarben beginnend, in helle, brandgelbe übergehend, bis Alles sich rötet in der aufgehenden Sonne, die plötzlich unser Auge mit Reflexen gegen den glitzernden Schnee blendet. Das ist ein Reichtum an Farben! belebend und warm an sonnigen Tagen, wenn unter schimmerndem Weiß alle die wunderbaren Farbennuancen des schneefreien Eises hervortreten, — düster und ungemütlich, wenn die Sonne hinter einem wolkenverhüllten grauen Himmel verschwunden, der das Ganze verdüstert und Alles erkältet und schwarzgrüne Schatten über stahlgraues Eis wirft. Und bei Sonnenuntergang kann man unter lichtem Gewölk blauvioletter Farben den gelbrot flammenden Horizont von nur einigen blutbesprengten Wolkenzipfeln unterbrochen sehen.

Am 17. November abends begann ein gewaltiger Schneesturm, der vier Tage andauerte. An Bord nahmen wir die Sache ruhig; denn im Packeise konnten wir still liegen, selbst wenn ein rasender Schneesturm hereinbrechen mochte. Nur eine schwache Dünung wurde durch das ruhige Heben und Senken der Eisschollen verspürt. Doch in einer größeren offenen Stelle ging die See hoch. Der Antarctic wurde an einer großen aufgeschraubten Scholle mit um den heraussteckenden Eisblock befestigten Trossen verteit. Gegen Mittag des 18. wurde die Spannung so groß, daß der hintere Eisblock zersplitterte und wir hiernach frei zwischen dem sich lichtenden Eise umhertrieben.

Ein solcher Sturm setzt die ganze Eismasse in Bewegung, manchmal mit einer Schnelligkeit von mehreren Knoten, und man sieht da Eisfelsen wie Eisbrecher durch die weiße Decke schneiden. Am 21. waren wir nahe daran, mit einem solchen Eisfelsen, der plötzlich aus dem Nebel hervorstieg, zu kollidieren. Gegen Abend ließ der Sturm nach, und schon am Tage darauf waren wir aus dem Eise heraus.

Die vergangenen Tage waren mühevolle und ermüdende und auch nicht ohne Gefahr gewesen. Schwereres Eis hatten wir bisher mit der alten Schute nicht verdrängt, die hierbei wirklich einmal zeigen konnte, was sie aushielt. Beim ersten Anrammen des Eises, wobei sich das von der vorigen Sommerfahrt her wohlbekannte Gekrache und Getöse wieder hören ließ, sprangen wir sofort auf Deck, um dem eigentümlichen Schauspiele zuzusehen.

Vom Deck herab sieht man hier und da eine unbedeutende klare Stelle und die Eisschollen scheinen ganz dicht zusammengeballt zu sein. Von einer hohen Warte in der Aussichtstonne aber sieht Larsen Öffnungen und Spalten, bemerkt er, wo das Eis am dünnsten und schwächsten und wo eine Möglichkeit besteht, weiter zu kommen.

Eine kleinere Scholle, die den Weg versperrt, wird mit dem Steven weggestoßen. Dahinter liegen zwei große an einander gepreßte Schraubschollen. Wir müssen hindurch. Es gilt, eine zur Seite zu puffen. Mit voller Kraft saust der Antarctic dagegen; der Stoß trifft sie in schrägem Winkel. Das ganze Fahrzeug erbebt, doch die vielmal größere Eisscholle rückt kaum merklich an. Wir deinsen und schießen aufs Neue heran. Ein weiterer, gleich kräftiger Stoß auf die rechte Stelle hat mehr Effekt, und so wiederholt sich das Manöver einigemale, dreht sich die gewaltige Eisscholle langsam herum und öffnet einen schmalen Weg.

Das Eis kratzt gegen die Schiffswand, während wir durch eine sich eng hinschlängelnde Rinne vorwärts fahren. Zuweilen gibt es für den Achter keinen Spielraum; mitunter keilt sich die Schute im Eise fest und bleibt unbeweglich sitzen. Dann werden alle Mann an Deck kommandiert. Sie versammeln sich an einem Reling, um auf ein Zeichen des Schiffsführers quer über Deck hin und zurück zu springen, bis der Antarctic in ein schwaches Schaukeln gerät, das hinreicht, ihn loszubekommen.

Während der Eisnavigation sind gewöhnlich zwei Mann am Steuerruder und neben ihnen stehen mehrere, die mit ihren langen

Staken so gut es geht bemüht sind, den Propeller vor dem Eise zu schützen. Der Propeller ist nahezu ständig bedroht. Bald ist es eine große Eisscholle, die eben erst mit Mühe weggestoßen worden, und nun mit einem anderen Teile langsam dem Achter zuschwenkt; bald drängt sich hinten ein Eisblock heran mit vorstehendem unter Wasser befindlichen Teil, der aussieht, als könnte er die ganze Schute in die Höhe heben; dann wieder preßt das Eis zu beiden Seiten, sodaß nicht einmal das Steuer herumgeworfen werden kann. Im rechten Augenblick muß die Maschine stoppen, soll nicht ein Propellerblatt abgeschlagen werden und wollen wir danach nicht blos auf die Segel angewiesen sein.

Das war Leben und Bewegung an Bord in diesen Tagen, da wir uns durch die Eismassen vorwärts kämpften, das war eine Spannung, das launenvolle Spiel des Eises mit dem kleinen Fahrzeug mitanzusehen, und dann ein gewisser Triumpf, als wir schließlich das offene Wasser erreichten.

Wir waren in die Nähe der Süd Shetlandinseln gekommen, und am 23. landeten wir zum erstenmal in diesem Sommer auf einer antarktischen Küste. Dies geschah auf einigen kleinen Felseneilanden nahe der Schneeinsel. Hier trafen wir unsere alten Bekannten, die Pinguinen ebenso lustig und zum Lachen reizend, ebenso hitzig und streitlustig wie früher wieder an.

Danach fuhren wir in den Bransfieldsund hinein, den wir zu unserer Überraschung fast eisfrei fanden. Wir steuerten nun nach der Deceptioninsel, einer versunkenen Vulkaninsel, deren Krater zum größten Teil unter der Meeresfläche ruht. Der zum Meere heraussteckende, fast ringförmige Bergkamm hat stellenweise noch eine schwache vulkanische Tätigkeit. Am Strande des Kratersees befinden sich warme Stellen mit einer Temperatur, die bei Fosters Besuch der Insel im Jahre 1728 +88° C. betrug. Wir wurden jedoch an der näheren Untersuchung dieses Verhältnisses gehindert, da der Eingang zur Kraterinsel von Eis versperrt und der Krater selbst mit noch ungebrochenem Eise belegt war.

Einige Landungen wurden jedoch auf der Südseite der Insel

Antarctic in der Ushuaiabucht. Larsen phot.

Waldbach in der Nähe Ushuaias. Larsen phot.

vorgenommen, und von hier aus konnten wir gen Süden ganz schwach die Umrisse des Ludwig Philipplandes wahrnehmen. Noch war es uns nicht geglückt, eine Spur von der auf der englischen Seekarte angemerkten „Middle Island“ zu entdecken. Wir wandten uns nun der Livingstoneinsel zu, fanden das Eis zwischen dieser und der Greenwichinsel noch liegen, und nach einer kurzen Landung auf der erstgenannten Insel ließen wir am 25. November die Süd Shetlandgruppe hinter uns, dem Punkte, wo die „Middle Island“ liegen sollte, zusteuernd. Wir erhielten nun Gelegenheit zu konstatieren, daß diese Insel gar nicht existierte, und maßen an ihrer Statt eine Tiefe von 1,440 m aus.

Unsere nächste Aufgabe war nun die Lösung des den Orléanskanal betr. Rätsels. Im Zusammenhang mit dem Bericht über die geographischen Resultate der Expedition werde ich näher auf diese Frage und ihre schließliche Erledigung eingehen und will hier nur einige Dinge berühren, die enger mit der Kartenaufnahme der neuentdeckten Küsten zusammenhängen.

In seinen uns gegebenen Hinweisungen für die wissenschaftlichen Arbeiten, die während der Zeit des Verweilens der Winterstation am Snow Hill vorgenommen werden sollten, sagt Nordenskjöld in Betreff der Kartographie: „Das Wichtigste ist, so viele als mögliche Punkte exakt (am liebsten astronomisch) festgelegt zu erhalten, daß die Aufnahme sich so weit wie möglich erstreckt, am besten in Verbindung mit wenigstens einigen Landungen, und daß alle sich bietenden Gelegenheiten benützt werden, Kap Seymour mit der Two Hummocksinsel mit der Astrolabeinsel als Stützpunkt zu konnektieren.“ Beim Ausdrücken der Zielwünsche hinsichtlich dieser Arbeiten, die also ausgeführt werden sollten, ehe wir seine Winterstation anliefen, hatte Nordenskjöld jedoch eine Sache übersehen, nämlich daß bei der Anlandsetzung der Winterabteilung auch die Chronometer des Fahrzeuges — ausschließlich eines — mitgenommen wurden.

Wie bekannt, ist die mindeste Anzahl Chronometer, die zu einer völlig sicheren Navigation erforderlich, drei. Wir arbeiteten unter für die Chronometer besonders ungünstigen Verhältnissen.

Bedeutende Temperaturwechslungen und die bei der Eisforcierung unvermeidlichen Stöße und Reibungen, denen diese empfindlichen Instrumente ausgesetzt, mußten unbedingt störend auf ihren Gang einwirken. Es ist deshalb unzweifelhaft, daß an Bord des Antarctic vier Chronometer hätten geführt werden müssen, sollten die gemachten Longitudinalbestimmungen einen Wert erhalten. Dies nicht blos zum kartographischen Zweck, sondern auch für die Meeresuntersuchungen, die eine ebenso exakte Platzangabe der verschiedenen Stationen erfordern.

In Port Stanley hatten wir bereits diesen Mangel und die Möglichkeit zu seiner Abhilfe erörtert. Larsen schrieb an das Generalkonsulat in Buenos Aires, durch dessen Bemühungen einige weitere brauchbare Chronometer zu erhalten, doch aus irgendeinem Grunde gelangte dieses Schreiben nie dahin, und als die Zeit unserer Abreise nach dem Feuerlande sich näherte und der Pacific-dampfer ankam, ohne die ersehnten Uhren mitzubringen, blieb uns nichts anderes übrig, als mit dem vorlieb zu nehmen, was Stanley bieten konnte.

Ich will über dieses verdrießliche Verhältnis nicht länger reden. Es genüge, daß es uns glückte, zwei Chronometer von sehr zweifelhaftem Wert auszuleihen, die während des letzten Jahres nicht im Gange gewesen und wahrscheinlich an einigen Schiffsbrüchen an der Küste Falklands teilgenommen hatten. Obgleich diese nur dem Namen nach als solche zu betrachten und füglicherweise auch nicht von besonders großem Nutzen waren, nahmen wir sie doch mit auf die Fahrt.

Während des danach folgenden Aufenthaltes in Ushuaia machte ich mit gewissen Zwischenpausen regelmäßige Longitudinalbestimmungen von einem schon vorher astronomisch festgelegten Punkt — „Punta Observatorio" — und konnte dadurch wenigstens bei Gelegenheit Stand und Gang der verschiedenen Chronometer exakt bestimmen. Durch einen unglücklichen Zufall ging jedoch später nach dem Scheitern des Antarctic mein Chronometerjournal verloren und damit auch die Möglichkeit, nachdem die Chronometer dem Antarctic in die Tiefe gefolgt waren, die in diesem Sommer ausgeführten Ortbestimmungen zu korrigieren.

Während der Kartierungsarbeiten verfügte ich nun übrigens über dieselben Instrumente, welche ich auf Süd Georgien angewendet, sowie über zwei Azimutkompasse, mit denen ich eine approximative Deviationsbestimmung vorgenommen hatte, ehe wir das Feuerland verließen. Ein neuer Satz photogrammetrischer Platten war auch von Buenos Aires her angeschafft worden.

Wie es uns glücken würde, die Aufgabe zu lösen, die uns nun vorschwebte, war schwer vorauszusehen. Ich für meinen Teil war darauf gefaßt, daß die Kartenaufnahme auf große und vielleicht unüberwindliche Schwierigkeiten in mehr als einer Hinsicht stoßen würde. Vor allen Dingen in Betreff der Eisverhältnisse, die, ohne allzu schwere sein zu brauchen, das Ganze unmöglich machen konnten. Die antarktischen Küsten in diesem Gebiet sind ja nur an ganz wenigen Stellen den Menschen zugängig, und die ganze im vorigen Sommer passierte Strecke entlang hatte ich keinen Platz entdeckt, der sich für das Ausmessen einer Basis eignete. Zwar bestand die Möglichkeit, wenigstens an einem Punkte, sich — wenn auch mit großer Mühe, — aufs Landeis selbst zu begeben, wo es Raum genug zu einer Basismessung von der hierzu erforderlichen Größe gab, doch dies würde Zeit wegnehmen, und ich konnte nicht damit rechnen, für die ganze Aufnahme über mehr als höchstens 14 Tage zu disponieren.

Um in dieser kurzen Zeit zu einem Resultat zu gelangen, hatte ich beschlossen, das Schiff selbst zum Aufgehen von Basislinien zu verwenden. Zwar ist ein Schiffslog nie ganz zuverlässig, und die beständigen Wasserströmungen tragen dazu bei, den Fehler zu vergrößern, die Methode war aber doch anwendbar und eine andere stand mir nicht zur Verfügung.

Am 26. November morgens landeten wir auf der Astrolabe-Insel. Es war ein schöner, sonniger Morgen, der Himmel teilweise von leichten Wolkenflöckchen, die sich in dem ruhigen Meere wiederspiegelten, überzogen, — ein Morgen, an dem sogar das hier unten sonst nur Kalte und Öde eine freundlichere Farbe erhält. Vom Grosstop herab war es eine entzückende Aussicht über das silberglänzende Meer. Der ganze breite Bransfieldsund schien eisfrei, und nur einige Eisnachen, auf denen Haufen von Pinguinen saßen, befanden sich in der Nähe und trieben ruhig vorwärts. Die kühn geschnittenen Felsenspitzen der Astrolabeinsel staken bräunlich und dunkel aus der blendendweißen Eishülle heraus, über die Abhänge scharfe Schatten werfend. Auf dieser Insel wurde an einem passenden Platz eine Signalstange errichtet mit einer schriftlichen Mitteilung, die, imfall man nach uns forschte, verraten sollte, daß bis jetzt alles glücklich abgelaufen.

Hier begann ich auch die Kartenaufnahme mit einer ersten Zielstation.

In der Nacht erhob sich ein heftiger Sturm, der uns jedoch nicht abhielt, bereits vor Tagesanbruch die Fahrt fortzusetzen. Es war ein echt antarktisches Wetter, ein solches, wie es von unseren Vorgängern so oft beschrieben worden. Von dem letzten sonnigen Sommertage fand sich keine Spur mehr vor. Alles war total verwandelt. Rauh und kalt hing schneedurchmischter Regennebel um uns. Das Meer war schwarzgrün, wo es nicht weiß vom Sturm, der in heftigen Böen sich stoßweise über uns warf, aufgepeitscht wurde. Im weiteren Verlauf des Tages ließ die Heftigkeit des Sturmes bedeutend nach.

Wir setzten unseren Weg fort. Nach und nach schimmert durch die Luftdicke ein nebliges, eisbedecktes Land näher, — das, welches wir suchen. Wolken umziehen die öden Felsen, die in fröstelndem Weiß dastehen, schwarz und grau aber da, wo sich die schroffen Abhänge, an denen kein Schnee festhaften kann, befinden. Hier haben wir es wieder, unser geheimnisvolles Land, ebenso bedrückend großartig, wie wir es letzthin gesehen, nur noch düsterer, umrahmt von dem grünlichen, weißschäumenden Meere und einer dunklen Wolkenwand. An Stellen kann man bereits durch den Nebel einen Eisgipfel sich über die Terrassen erheben sehen, das meiste aber ist von Wolken verhüllt.

Während der nächsten Zeit gingen unsere Arbeiten längs der Küste, die einschließlich nahbeiliegender Inseln erforscht wurden,

Landschaft vom Beaglekanal. Skizze vom Verf

Der innere Teil der Ushuaiabucht. Larsen phot.

vor sich. Hierdurch wurde schließlich das wirkliche Verhältnis zu dem oft umsprochenen Orléanskanal festgestellt. Das Ludwig Philippland wurde mit der Küste des von den Belgiern benannten Dancolandes zusammenhängend befunden, und das auf der Seekarte befindliche Trinityland löste sich in einigen Inseln auf, die kaum hinreichten, dem Wasser zwischen ihnen und dem Festlande den Namen einer Meerenge oder -straße zu geben. Sogestalt bildet d'Urvilles Orléanskanal den Eingang zu dem, oder wenn man so sagen will: fällt er zusammen mit dem von der belgischen Expedition entdeckten Gerlachesund. Irgend ein südlich gehender Kanal, wie ihn d'Urville sich vorgestellt, existiert füglicherweise nicht.

Gerade dieser von uns nun kartierte Teil der Küste ist, wie ich im 12. Kapitel zeigen werde, wahrscheinlich das von Palmer oder seinen Begleitern anfangs 1800 entdeckte Land und gebührt daher, seinen Namen zu tragen.

Am 5. Dezember waren die Arbeiten hier abgeschlossen und also in der relativ kurzen Zeit von zehnmal vierundzwanzig Stunden ausgeführt. Infolge der großen Distanzen konnte die photogrammetrische Methode nicht angewendet werden. Hierzu wäre ein Teleobjektiv notwendig gewesen. Dafür wendete ich eine Methode an, die in mancher Hinsicht die letzterwähnte ersetzen kann, wie sich zeigte. Von jedem Stationspunkt aus zeichnete ich in mein Skizzenbuch die im Gesichtskreise befindlichen Landstrecken, die in meiner Ziellinie lagen. Obwohl auf diesen Skizzen die relativen Abstände zwischen verschiedenen Partien und auch die Relation zwischen Höhe und Ausdehnung nur approximativ richtig wurden, konnte ich doch durch diese einfachen Zeichnungen die Vorteile der zeitersparenden photogrammetrischen Methode erreichen und die Feldarbeit hauptsächlich zum Angeben von Zielrosen einschränken. Ich nahm hierdurch auch ein ganz naturgetreues Bild von dem Aussehen der Küsten mit mir nach Hause, das völlig hinreichte, für die Konstruktion derselben mit Angabe von eisfreien Stellen, Talgletschern, Felseilanden usw. zu Grunde gelegt zu werden. Leider waren in diesen Tagen die inneren Partien des Landes meist in Nebel gehüllt oder von mehr oder minder dichten Stratuswolken verborgen gehalten und mußte ich mich daher darauf beschränken, einen ganz schmalen Streifen der Küste topographisch wiederzugeben.

Alles in Allem machte ich während dieser Arbeiten 19 Landungen an verschiedenen Stellen, und drei von diesen wurden wenigstens im Breitegrade richtig bestimmt. Während ich mit dem Schiff die Basislinien aufging, bediente ich mich der Azimutalkompasse zum Abschnitt eines Teiles von Punkten, die ich von meinen Landstationen aus nicht sehen konnte. Die Stationspunkte für diese Ziele wurden mit hinlänglicher Genauigkeit dadurch festgelegt, daß in demselben Augenblick, da ein Ziel genommen, sowohl Log wie Zeit abgelesen wurden. Hierbei unterstützte mich mit großer Bereitwilligkeit J. G. Andersson, wofür ich ihm meinen herzlichsten Dank ausdrücken muß. Sowohl hierdurch wie auch zufolge der hellen Nächte, die mir gestatteten, wenn es Not tat, Tag und Nacht hindurch zu arbeiten, konnte das Ganze in so kurzer Zeit abgeschlossen werden.

Es waren jedoch nicht ausschließlich diese Arbeiten und die damit verbundenen naturhistorischen Untersuchungen, die die Zeit wegnahmen. Die Besatzung hatte zuweilen, wenn wir zu größeren Heckeplätzen kamen, viel Arbeit mit der Einsammlung von Pinguineneiern. Diese Eier, die einen wertvollen und willkommenen Zuschuß zur täglichen Nahrung ausmachten, sind mindestens doppelt so groß als die gewöhnlichen Hühnereier. Äußerlich gleichen sie diesen, nur hat die Schale innen eine leichte blaugrüne Färbung. Eine Eigentümlichkeit an ihnen ist, daß das Weiße beim Kochen seine durchsichtige gräuliche Farbe beibehält, welcher Umstand genügte, in einigen von uns einen meines Erachtens nach ziemlich unmotivierten Abscheu gegen diese wohlschmeckende Speise hervorzurufen.

Die Eierplünderungen wurden selten unter friedlichen Verhältnissen ausgeführt. Waren die kleinen mutigen Tiere sonst nicht weiter von der menschlichen Gesellschaft traktiert, zeigten sie sich jetzt völlig wütend bei unserer störenden Einmischung in ihre ehelichen Idylle. Sie verteidigten ihre neugelegten Eier mit einer Energie, die Manche hätte abschrecken können; hier aber half das nichts. Unsere Magen überschrieen die etwas milderen Gefühle, die wir sonst hätten hegen können, und mit der Hoffnung, daß die Vögel mit der Zeit ihre Vernunft wiedererlangten und sich wie unser zahmes Federvieh mit der Möglichkeit, den Verlust ersetzen zu können, beruhigt empfänden, fuhren wir hartherzig mit der Plünderung fort. In Tausenden wurden diese Pinguineneier an Bord geschafft. Mitunter war das Ruderboot so voll, daß die Ruderer sogar Mühe hatten, Platz zu erhalten.

Nicht nur Pinguinen trafen wir bei diesen „Strandheerzügen". An einigen Stellen saß die proportionierte und hübsche, sowie sehr scheue Dominikanermöve; auch begegneten wir Kolonien von Kormoranen. Die letztgenannten Vögel, die zunächst an unsere Scharben erinnern, zeigten wie die Pinguinen keine Furcht vor uns. Ihre Eier nahmen wir nicht, denn sie hatten ein allzu langes Entwicklungsstadium erreicht, um noch mit Genuß genossen werden zu können. Die Mütter schienen aus irgend einem Grunde nicht recht einig mit einander zu sein. Ihre gegenseitigen Befehdungen erreichten den Höhepunkt, als einer von uns das Schelmenstück beging, einige Eier von der einen Brutstätte zu einer anderen zu übersiedeln. Die Vögel trafen da aufeinander, daß man dazwischentreten und sie von einander reißen, sowie den casus belli umrangieren mußte.

Auf einer sehr hohen Insel, wo die Wanderung den schroffen Abhang hinan recht beschwerlich war, fanden wir heckende Riesenpétrels (Ossifraga gigantea). Diese außerordentlich häßlichen Vögel, mit denen ich im späteren Verlauf der Expedition Gelegenheit haben sollte, nähere Bekanntschaft zu machen, blieben ruhig in ihren steinigen Brutplätzen am Boden liegen, und wenn man sich ihnen näherte, bezeigten sie ihr Mißbehagen über diese Visite dadurch, daß sie einen Teil zweifelhaften Futters mit einer verblüffenden Treffsicherheit aufwarfen. War man nicht achtsam, erhielt man die ganze Douche über die Beine. Ich nahm eines von ihren gewaltigen Eiern und stopfte es in die Rocktasche. Das hätte ich aber nie tun sollen; denn beim Niedersteigen glitt ich aus und rutschte mit dem Ei als Unterlage, ohne an dasselbe zu denken, hinunter. Als ich hernach, ohne den Unrat zu wittern, die Hand in die Tasche steckte, fand ich nur noch die Ruinen der Eierschale in dem dickflüssigen, klebrigen Inhalt, der fast meine Tasche erfüllte.

Auf der Ostseite der Kristianiainsel sah ich auf einem Eiland zwei blutende und böse zerfleischte Weddellrobben, was wahrscheinlich eines Speckhauers Werk war. Die Speckhauer (Schwertfische) zeigten sich hin und wieder in dieser Zeit, und eines Tages hatten wir Gelegenheit, sie auf der Suche nach Robben zu beobachten. Sie kamen in einem Schwarm, und an der Kante jeder kleinen Eisscholle, auf der möglicherweise ein Seehund liegen konnte, richtete sich einer aus dem Schwarm steil hoch, um nach Raub auszuspähen. Wir sahen sie nie einen finden, und wie sie es anstellen, die Robbe von der Eisscholle herunterzuholen, weiß ich nicht. Möglich ist ja, daß diese sich erschreckt ins Wasser wirft, wenn plötzlich neben ihr der Kopf des Feindes auftaucht.

Am 5. Dezember verließen wir — wie gesagt — diese Gegend und der Kurs sollte nun endlich der Winterstation entgegen genommen werden. Das sommergleiche Wetter der letzten Zeit und das verwunderlich geringe Treibeis, auf das wir stießen, hatten uns ganz sanguinisch gestimmt, und keiner von uns hegte einen Gedanken, daß wir nicht innerhalb weniger Tage unseren Bestimmungsort erreichten. Die Freude an Bord war deshalb groß. Bald sollten wir unsere Freunde da unten wiedersehen können und erfahren, was ihnen während unseres Fernweilens widerfahren. Einförmig hatten sie es sicherlich gehabt und sie sehnten sich jetzt längst nach Hause.

Von uns, die an Bord verweilt, hegte wenigstens keiner eine übertriebene Begierde, sich hier unten noch allzu lange aufzuhalten. Wie abwechselnd es auch mitunter während der vielen Fahrten des Antarctic gewesen, war doch in allen und besonders in letzter Zeit der Gedanke an die Heimat immer stärker rege geworden.

Aber wenn wir die Ansiedler am Snow Hill wohlbehalten abgeholt und wieder vollzählig an Bord versammelt, würde es

K. A. Andersson. Skottsberg. Larsen. Duse.

Die Gun-room-Bewohner während des Aufenthaltes in Ushuaia.

Bootsmann. Duse. 1. Maschinist. Larsen phot.

Auf der Guanacojagd.

Vater und Sohn Skizze vom Verf.

Indianerweib. Skizze vom Verf.

Onaindianer.

nicht mehr viele Monate währen, bis der Antarctic den Steven wieder nach dem Norden wandte.

So hofften wir.

Allgemein wurde das große Zusammentreffen vorbereitet. So gut es anging, wurden der Gun-room und die Kajüten zu würdigem Empfang der Abwesenden arrangiert. Auch frisches Buchenlaub hatten wir, um wenigstens innerhalb etwas Sommerliches zu bieten. Man machte große Toilette und schniegelte und bügelte an sich herum, so elegant wie möglich auszusehen. Wir kamen ja von der bevölkerten Welt und mußten doch deshalb einen Hauch von Zivilisation den Überwinternden mitbringen. Auch verschiedene Leckerbissen hatten wir ihnen zu bieten. Frisches Schafsfleisch, Wildgänse und sogar verschiedene Hühnereier führten wir mit uns. Natürlich sollte am ersten Tage ihres Anlangens an Bord eine Festmahlzeit veranstaltet werden, wobei wir ihnen zeigen mußten, daß sie zu etwas Besserem gekommen.

Wenig konnten wir dabei ahnen, daß keiner von ihnen mehr das Deck des Antarctic betreten sollte und daß anstatt dessen ein Jahr später es bei den Ansiedlern dieser Winterstation sein sollte, wo einige arme, rußige, halbverfrorene Wanderer etwas von dem Komfort der Zivilisation, den sie selbst einmal bieten wollten, genießen durften.

Die Bestürzung war groß, als wir den Sund zwischen dem Ludwig Philippland und der Joinvilleinsel von Eis versperrt vorfanden. Es war unmöglich, dieses zu verdrängen. Augenscheinlich war es mehrjähriges Baieis, das von den letzten Herbststürmen losgerissen und gegen den Sund getrieben, in dessen engste Teile es hineingepreßt worden und sich zu einer vollkommen undurchdringlichen Barrikade aufgeschraubt hatte. Es herrschte natürlich große Verstimmung an Bord, denn nach dem, was man beurteilen konnte, bedurfte es mehrerer Wochen, ehe eine Verbesserung eintreten mochte.

Schon ehe wir in diesen Sund hineingekommen, hatten G. Andersson, K. A. Andersson und Skottsberg in der Nähe des Mt. Bransfield eine Landung gemacht und von hier aus einen

Überblick über den eiserfüllten Sund erhalten. Noch wußte man jedoch nicht, daß wir hier in unserem weiteren Vordrängen gehindert werden sollten.

Als ich am Morgen des 8. Dezember auf Deck kam, hatten wir bereits gewendet und dampften jetzt nordwärts. Larsen hatte beschlossen, die Joinvilleinsel zu umgehen zu versuchen. Er hoffte, daß die Eisverhältnisse auf der Ostseite günstigere. Durch dichtes und beschwerliches Treibeis steuernd, passierten wir die Nordspitze. Hier streckte sich ein großes Vorgebirge von grobem Packeis aus, das umgangen werden mußte. Es war sehr nebelig und schneite. Nachmittags glaubten wir eine Öffnung im Packeislande wahrzunehmen und schlugen sofort diesen Weg ein, kamen jedoch nicht weit.

Gegen Abend nahm der Nebel zu, das Schraubeis wurde höher und dichter und zwang uns allmählich wieder nach dem Norden. In dieser Richtung fuhren wir nun die Eisküste entlang, vergebens eine Öffnung suchend. Südlich von den Elefanteninseln blieben wir im Eise festsitzen und folgten seinem Trieb in nordöstlicher Richtung.

Dies sah düster aus. Die Verbindung mit der Winterstation mußte auf eine oder andere Weise hergestellt werden, und wir fingen an über die Möglichkeit, dem Snow Hill über dem Landeise nahe zu kommen, zu diskutieren. Im ersten Augenblick erschien solches Vorhaben unausführlich. Da eine solche Situation, in der wir uns jetzt befanden, nie mit in Berechnung genommen und auch nie die Möglichkeit oder Notwendigkeit einer Schlittenfahrt vom Schiff aus vorausgesetzt worden, fehlte uns hierzu auch an Bord die notwendige Ausrüstung.

Für den Marsch Anderssons nach dem Fagnanosee war vor unserer Ankunft im Feuerlande ein Schlitten zusammengezimmert worden. Zwei Schlafsäcke wurden bei derselben Gelegenheit auch angefertigt; sonst aber hatten wir nichts.

Doch etwas mußte — wie gesagt — unternommen werden und das ganz schnell, wenn es nicht zu spät werden sollte. Andersson neigte zuerst dem Vorschlage zu dieser Schlittenfahrt

Ein Indianerlager. Skottsberg phot.

Onaweib fertig zum Marsche. Skottsberg phot.

zu, und wir kamen überein, daß er und ich den Versuch machen sollten. Als Teilnehmer meldete sich freiwillig ein kecker norwegischer Matrose, Grunden, ein starker und ausdauernder Mensch und tüchtiger Skiläufer.

Sobald dieses Vornehmen beschlossen worden, ging es sofort an die Fabrizierung von allen möglichen Dingen. Es waren geschickte und tüchtige Leute allesamt an Bord, und jeder Mann tat, was er konnte, um zu helfen. Während der nächsten Zeit arbeiteten sowohl Tischler und Schmied, Schuhmacher und Schneider. Der Schlitten wurde verstärkt und mit Bandeisen unter den Kufen beschuht, Kleider und Schuhzeug wurden repariert, die Windjacken angepaßt und die Hosen mit Segeltuch beflickt. An tausend Dinge war zu denken.

Glücklicherweise hatte Andersson von Schweden ein kleines Zweimännerzelt mit sich genommen, das nun zu paß kam, obgleich es für uns drei das geringste Raummaß enthielt. Eine Art Schlittenfahrtproviant hatten wir nicht an Bord. Der Vorrat, den wir sowohl für die Schlittenfahrt wie für ein Reservedepot benötigten, wurde von dem Vorrat der Schute zusammengesucht.

Der Plan für diese Schlittentour war in kurzen Zügen folgender: Wir sollten an einem Punkt des Ludwig Philipplandes an Land steigen und dort den mitgenommenen Reservevorrat deponieren, sowie sogleich die Eiswanderung nach dem Snow Hill antreten. Wohlbehalten auf der Station Nordenskjölds angelangt, sollten wir dort bis zum 10. Febr. den Antarctic abwarten, der unterdessen jede Gelegenheit wahrnehmen würde, dem Stationsplatz nahe zu kommen. Wenn sich die Schute bis zu gesagtem Tage nicht dort unten zeigte, sollten wir mit sämtlichen Mitgliedern die Rückfahrt zu unserem Ausgangspunkte antreten. Hier sollten wir von dem deponierten Proviantvorrat leben, bis der Antarctic — spätestens am 10. März — anlangte und uns abholte.

Während diese Vorbereitungen vor sich gingen, arbeitete sich Larsen mit der Schute durch das immer beschwerlicher werdende Eis vorwärts. Trotz seiner Geschicktheit im Manövrieren und seines scharfen Blickes für jede kleine Chance war es ihm doch unmöglich, gegen dieses Hindernis etwas auszurichten. Das dichte Packeis trieb uns unbarmherzig nach Nordost. Es war zu ersehen, daß wir hier nichts ausrichten konnten, wenigstens nicht auf lange Zeit.

Diese Tage im Eise waren ungemütlich, eintönig und ermüdend, trotzdem jede sich bietende Gelegenheit zu hydrographischen und zoologischen Untersuchungen verwendet wurde. Am 10. wurde die Schute bei einer Schraubeisscholle von großem Umfange verteit. Teile derselben reichten hinauf bis zur Großraa des Antarctic. Hier nahmen wir Eis ein, um den Frischwasservorrat aufzufrischen.

Am 12. waren wir bei einer anderen Eisscholle verteit und trieben langsam gen Nordosten. Hierbei wurde zuerst eine Tiefe von 1000 m ausgemessen. Einige Stunden später, als der Hamen ausgeworfen wurde, zog er auf 850 m Grund, und die nächste Ausmessung einige Stunden später ergab eine Tiefe von etwa 640 m. Vorher war es ein paarmal vorgekommen, daß, nachdem wir die Tiefe ausgemessen hatten und danach den Wasserschöpfer ein paar hundert Meter kürzer senkten, dieser doch mit Grundschlamm heraufkam. Eines Tages variierte die Tiefe vor gleicher hydrographischer Station um nahezu 600 m, und der größte Wasserschöpfer erhielt da einen Teil Beschädigungen, die jedoch später repariert wurden.

Kreuz und quer ging unser Weg, der von der Laune des Eises bestimmt wurde. Bald lagen wir im Packeise eingeschlossen und folgten seinem Triebwege, bald arbeiteten wir uns ein Stück vorwärts, wenn dies möglich war. Immer hoffnungsloser erwies sich der Versuch, einen Weg nach dem Süden zu bahnen, und schließlich mußten wir wenden.

Ein paarmal in dieser Zeit hatte ich mich im Skidlaufen versucht, wenn wir neben einer größeren Eisscholle lagen, aber ich konnte mir über die Vorteile dieses Fortschaffungsmittels nicht recht klar werden. Zu jener Zeit war ich fest davon überzeugt, daß die Skids während unserer künftigen Eiswanderung zu einer eigentlichen Anwendung nicht kommen würden. Ich sollte jedoch bald eine andere Meinung erhalten und Gelegenheit haben, die Vorteile des Skidlaufens zu bewerten.

Am 22. Dezember waren wir wieder zur Joinville-Insel gekommen und machten hier die wenig erfreuliche Entdeckung, daß im Antarcticsunde noch mehr Eis lag als letztmals. Nun gab es kein längeres Zaudern mehr und auch kein Grund zu weiterem Aufschieben unseres Vorhabens. Die Schlittenexpedition mußte so schnell wie möglich in Gang gebracht werden.

Nur Weihnachten wollten wir in Ruhe passieren lassen, und still und ruhig „feierten" wir dieses Fest in einem kleinen Kreise von Männern, deren Gemütsverfassung gedrückt war und denen die Weihnachtsfreude fehlte. Wir dachten an das vorige fröhliche Weihnachtsfest an Bord des Antarctic. Welche Hoffnungen verknüpften wir mit demselben, wie licht sahen wir da die Zukunft! Wir dachten daran, wie diese Hoffnungen nun zum großen Teil zu schanden gegangen waren nicht nur für uns, auch für die Kameraden am Snow Hill, die gerade bei dieser Gelegenheit von einer Anhöhe herab vergebens nach dem Schiff spähten!

Wir hatten bestimmt, die Schlittenexpedition, sowie sich ein passender Landungsplatz fände, zu starten. Dies war jedoch nicht so leicht. Die eisbedeckte Küste des Ludwig Philipplandes hat nicht viele Plätze, auf denen Menschen festen Fuß fassen können. Die schroffen Gletscherabhänge, die meist mit einem senkrechten Absturz ins Meer endigen, werden nur von dunklen Felswänden unterbrochen. Es galt für uns hauptsächlich, einen passenden Platz für das Depot aufzufinden, einen Platz, an dem sich im Notfalle 9 Mann eine Zeitlang aufhalten konnten, und außerdem sollte das Landeis von diesem Platz aus zugänglich sein.

Wir lenkten zuerst die Fahrt nach dem Orléanskanal, von welchem wir quer über Land den kürzesten Weg haben würden. Die einzige Stelle, die sich hier für uns als möglich erwiesen, war im östlichen Teile der westlich von Kap Roquemaurel befindlichen Bucht belegen. Bei näherer Rekognoszierung am 28. Dezember fanden wir jedoch, daß der Platz nicht zusagend war.

Der Gletscher war sehr schroff und rissig. Wir hätten sicher die Schlittenausrüstung Stück für Stück aufziehen müssen. Dadurch, daß uns diese Rekognoszierung ein negatives Resultat gab, wurde unser Start aufgeschoben, und wir beschlossen, in die Gegend des Mt. Bransfield zurückzukehren, wo wir uns bewußt waren, daß es einen Auffahrtweg auf Landeis gab. Außerdem hatten wir auf der Ostküste bereits im vorigen Sommer einen anderen Platz gesehen, der nach aller Beurteilung passend sein würde.

Auf dem Rückwege besuchten wir noch einmal die Astrolabeinsel und plazierten eine neue Inschrift neben der alten, eine Inschrift, die von unseren Widerwärtigkeiten berichtete und von dem von uns gefaßten Entschluß, sowie ungefähr den Platz angab, von dem die Schlittenexpedition ausgehen sollte.

7. Eine Schlittenfahrt mit Widerwärtigkeiten.

Die Ausrüstung. — Die Abfahrt. — Auf dem Landeise. — Eine unerwartete Meeresbucht. — Schneeblind. — Ein Marsch durch Eiswasser. — Der Weg versperrt. — Rückfahrt. — Die Folgen eines Schneesturmes. — Ein Unglücksfall. — Wieder am Landungsplatze.

Die Arbeiten zur Ausrüstung der Schlittenexpedition waren, wie ich schon bemerkte, mit fieberhafter Eile fortgesetzt worden. Dank dem Startaufschub hatten wir nun Gelegenheit, verschiedene Verbesserungen und auch Vermehrungen des Vorrates, die nicht zu verachten waren, vorzunehmen.

Ich will hier nicht näher auf diese Ausrüstung eingehen. Es sei genug damit gesagt, daß sie das Mindestmögliche ausmachte. Nicht eine einzige überflüssige Sache wurde mitgenommen. Die Ladung blieb dennoch schwer genug, und wir wußten ja im Voraus, daß wir über sehr hohes und unebenes Landeis zu wandern hatten. Trotz unserer Einschränkung in jeder Hinsicht wog der belastete Schlitten bei der Abfahrt 240 kg. Besonders war vielleicht der mitgenommene Kleidervorrat allzu mager. Bekleidet mit unseren Arbeitsanzügen, — die Hosen zwar teilweise mit Segeltuch zu längerem Halten versehen, — an den Füßen Bandschuhe, führten wir Windjacken aus dünnem Segeltuch, Handschuhe, sowie noch einen Satz Schuhe mit uns. Andersson hatte außerdem ein Paar Reservebandschuhe, welche für ihn später eine gewisse Rolle zu spielen hatten. Ich für meinen Teil hatte außer dem Gang Jägerunterkleider, den ich trug, noch einen in Reserve und glaube, daß es mit Andersson ebenso stand. Grunden dagegen setzte sich dieser Schlittenfahrt ohne Wollsachen aus und war von uns dreien am schlechtesten gegen die Kälte geschützt.

Von der Fußbekleidung abgesehen, waren wir recht schlecht ausgerüstet, weil alles zum Schuhausfüllen dienende Sennegras, welches bekanntlich das wirksamste Verhinderungsmittel gegen Erfrieren der Füße ist, von der Winterstation Nordenskjölds mitgenommen worden, sodaß die Schiffsexpedition ohne solches belassen wurde. Bereits während unseres Winteraufenthaltes auf Süd Georgien hatte sich sowohl dieser Mangel, wie auch das Fehlen von verwendbaren Schlafsäcken unangenehm fühlbar gemacht. Über den letzten Umstand habe ich schon in einem anderen Zusammenhang berichtet. Um nun nicht wie auf Süd Georgien stets Nachts zu frieren, — etwas Peinigenderes kann man sich kaum denken, — hatten wir beschlossen, Schlafsäcke aus Guanacofell zu verwenden. Zwei solcher waren, wie ich schon vorher erwähnte, bereits angeschafft und während der Exkursionen Anderssons im Feuerlande ausgeprobt, und der dritte wurde für diese Schlittenfahrt nach demselben Modell angefertigt. Das Material zu diesem letzten für mich bestimmten Schlafsack überließen die Matrosen mit rührender Bereitwilligkeit. Sie hatten sich nämlich gegen Tabak und dergleichen einen Teil Fellstücke von den Onaindianern erstanden.

Der Guanaco ist bekanntlich ein Lamatier, verwandt mit dem Kamele und von der ungefähren Größe eines Kronenhirsches. Er ist allgemein im südlichsten Argentinien ausgebreitet, und sein Fell gleicht wohl zunächst dem des langhaarigen Hühnerhundes. Das Wärmevermögen der Guanacosäcke verträgt zwar nicht den Ver-

Die Besatzung des Antarctic. Larsen phot.

Eisberg. Larsen phot.

gleich mit den auf Polarexpeditionen gebräuchlichen Renntierfellsäcken, doch erwiesen sie sich zu einer Schlittenfahrt in dieser Jahreszeit als völlig ausreichend. Hätten wir damals einen Gedanken an die Möglichkeit gehabt, diese Fahrt könnte so enden, daß wir auch während eines Winters in der Antarktis kampieren mußten, hätten wir die Schlafsäcke sicher aus doppelt verbundenem Fell hergestellt.

Unsere Ausrüstung war, wie gesagt, die denkbar knappste. Und gerade darum, daß wir keine Überwinterung in Berechnung zogen, deponierten wir auch nicht zu weitläufige Dinge an unserem Landungsplatze. Proviant für neun Mann auf eine Monatsfrist berechnet, eine Lade Petroleum (40 Liter), für jeden ein Gang reine Unterkleider, Filz, ein Gewehr mit Munition, — das war in der Hauptsache alles. Keine Bücher oder andere Zerstreuungsmittel, keine Winterkleider aus Fell oder andere Schutzmittel gegen die Kälte des antarktischen Winters. Es war vielleicht allzu leichtsinnig von uns, uns nicht besser auf ein eventuelles Unglück vorzubereiten, — jeder hatte ja in diesem Falle für sich selbst zu sorgen, — wir erhielten aber auch seiner Zeit die Strafe hierfür.

Am 29. Dezember kamen wir gegen 11 Uhr morgens zu dem nördlichen Vorgebirge des Ludwig Philipplandes und lenkten in den Antarcticsund hinein. Der Himmel hatte sich umdüstert und der Westwind allmählich zu vollem Sturm gesteigert. Die See ging hoch und brach sich mit hohen Brandungen gegen die Gletschermauer. Es war rauh und kalt in der Luft, die eisig feucht um uns hing. Bei dieser Witterung ein Boot auszusetzen, daran konnte keiner denken. Uns im Lee der Ostküste haltend, mußten wir warten, bis der Sturm nachließ.

Erst gegen Abend wurde es so weit ruhig, daß wir eine Landung an der gedachten Stelle versuchen konnten. Es war eine kleine Bucht mit einem weiter innen belegenen prachtvollen Talgletscher und einem Moräneplateau auf der Südseite, von dem aus es möglich schien, aufs Landeis zu gelangen. Schon im vorigen Sommer hatten wir unsere Aufmerksamkeit auf diesen

Platz gefestigt, da er die Möglichkeit zur Deponierung von Reservevorräten für Nordenskjöld zu bieten schien, aus welchem Grunde auch der Gletscher „der Depotgletscher" genannt wurde.

Die Landung begann gegen 6 Uhr abends und war in zwei Fahrten mit einem der Walboote abgemacht. Nach einem herzlichen Abschied von Allen folgte ich mit der letzten Bootladung. Beim Abschied nahm ich dem auf der Kommandobrücke stehenden Larsen das Versprechen ab, nicht zuviel mit der alten Schute zu riskieren. Er war ruhig und getrost wie immer. Wir würden uns gewiß bald unten am Snow Hill wieder begegnen, die Frage war bloß, wer zuerst ankäme, der Antarctic oder die Schlittenexpedition. Beide waren wir ganz siegesgewiß und wetteten in der letzten Minute deshalb. Ich glaube, die Wette galt ein besseres Diner. Ich war damals überzeugt, daß ich die Wette gewinnen würde, — es sollte aber in anderer Weise so kommen und viele Monate später, als ich berechnet hatte.

Wir landeten an der Strandeiskante einer zerstückelten und klippigen Küstenspaltung der Bucht, und von hier aus erstreckte sich das Moränenflachland steinig und uneben, doch fast bis zum Fuße des Gletscherabhanges schneefrei. Wir wunderten uns darüber, daß gerade hier, wo der kleine Platz sonst auf allen Seiten von Gletschern umgeben war, merkwürdigerweise Schnee und Eis fehlte, sollten aber später während eines künftigen Winters erfahren, daß wir uns auf einem Tummelplatz der Orkanwinde des Südlichen Eismeeres, die mit unglaublicher Kraft von den Gebirgen herunter durch den Talgang sausten, fast allen Schnee gleich nach seinem Niederfallen fortfegend, befanden. Zu unserem Erstaunen merkten wir erst bei der Landung selbst, daß das Schicksal uns an einen Platz verschlagen hatte, der bereits von hunderttausenden von Pinguinen in Besitz genommen war. D a m a l s maßen wir diesem Umstande keine weitere Bedeutung zu, vielleicht nur als einen willkommenen und abwechselnden Zuschuß zum Proviantvorrat für den Fall, daß wir gezwungen sein sollten, hier eine Zeit zu verbringen, aber jetzt weiß ich, hätten wir diese Vögel dort nicht angetroffen, wären diese Zeilen nie geschrieben worden.

Das Proviantdepot wurde an einer Stelle errichtet, die von den Pinguinen nicht annektiert worden. Wir schüttelten den Kameraden, die uns an Land gerudert hatten, die Hand und begannen um 10 Uhr nachts die Wanderung mit unserem schweren Schlitten.

Daß ich mich zu jener Zeit besonders zu einer anstrengenden Schlittenfahrt eignete, will ich nicht gerade behaupten. Die lange körperliche Untätigkeit an Bord hatte meinen ohnehin schon ganz respektablen Umfang bedeutend im Umfang gesteigert, wenigstens war dies die Ansicht der Kameraden, — und als ich mich vor einigen Wochen wog, fand ich zu meiner Überraschung, daß ich das ganz ansehnliche Gewicht von 92 kg in mir hatte. Für diese Gelegenheit trainiert war ich also durchaus nicht, und hierzu kam noch das bemerkenswerte Faktum, daß ich im Skidlaufen etwa dieselbe Gewandtheit besaß wie ein unter den Tropen erwachsener Mensch. Ich glaube, daß ich mich vorher auf diesem vielbesungenen Fortschaffungsmittel zusammengerechnet drei Stunden in meinem ganzen Dasein versucht hatte. Dennoch beschloß ich mit frischem Mut, mich dieser Schlittenfahrt auszusetzen, indem ich auf meine starke physische Kraft baute und mich der Hoffnung hingab, daß wir für unsere Skids keine besondere Verwendung haben würden.

Vielleicht nahm ich das Ganze auf eine allzu leichte Seite, vielleicht war es meine völlige Unkenntnis der Gefahren und Schwierigkeiten, die eine Schlittenpartie bieten kann, daß ich diesen Marsch frohen Sinnes und sorgloser als je antrat. In erster Linie beseelte mich der Eifer, meine Pflicht zu tun, die Winterstation mit Nachricht auf Entsatz zu erreichen, doch gesellte sich hierzu auch ein freudiges Gefühl, das einförmige Leben an Bord aufgeben zu können.

Die Schlittenlast war schwer. Wir mußten sie beim ersten Gletscher teilen und das Ganze in zwei Gängen nehmen. Die rostigen Eisen unter den Schlittenkufen trugen nicht dazu bei, dies zu erleichtern, und erst gegen 2 Uhr nachts erreichten wir den Gipfel, wo wir in einer Höhe von ca. 180 m Lager aufschlugen. Von hier herab sahen wir den Antarctic langsam zum Sunde hinausdampfen. Dieser Sund sollte später seinen Namen tragen. Keiner ahnte damals, daß die liebe alte Schute ihrem letzten Kampfe mit dem Eise entgegen ging und es das letztemal war, daß wir ihren wohlbekannten Rumpf sahen.

Wir waren mit diesem ersten Versuch ganz zufriedengestellt. Der Gletscher war eben und flach, das glänzendblaue Eis wurde nur hier und da von einer dünnen Schneeschicht bedeckt und keine verräterischen Gletscherspalten hatten unseren Weg gekreuzt. Der Wind hatte schon gegen Mitternacht nachgelassen, nur hoch oben unter dem bleichen Nachthimmel jagten noch einige phantastische Wolkenflocken. Weiter hinaus über die Eiskante zeigte bereits ein rotgelber Schimmer zwischen schmutzigen Wolkenzipfeln die aufgehende Sonne an, als wir schließlich in das Zelt krochen, um uns zur Ruhe zu begeben. Das Zelt war wirklich eng, doch mit gutem Willen bekamen wir schließlich Platz, und bald waren wir allen Spekulationen über die Zukunft entschlafen.

Nun waren wir also uns selbst überlassen, um uns über ein uns unbekanntes Eiland durchzuschlagen. Über unsere Aufgabe habe ich schon im vorigen Kapitel gesprochen. Glückte es uns, den Snow Hill zu erreichen, sollten wir dort bis zum 10. Februar den Antarctic abwarten. Hatte sich bis dahin die Schute nicht sehen lassen, sollten wir mit den Mitgliedern der Winterstation gemeinsam zu unserem Landungsplatz zurückkehren. Hier hatten wir bis zur Ankunft des Schiffes von dem deponierten Proviantvorrat zu leben. Da wir mit Sicherheit berechnen konnten, an diesem Teil der Küste offenes Wasser bis spät im Herbst zu haben, war der letzte Tag der Abholung bis zum 10. März hinausgeschoben.

Wir hofften, gut aufs Landeis hinausgekommen, die Reise über dasselbe vollenden zu können. Mit Sicherheit wußten wir jedoch nicht, ob sich die Winterstation auf dem Festlande oder

Eisberge, gesichtet am 11. Nov. 1902. Skizze vom Verf.

Eisberge, gesichtet am 13. Nov. 1902. Skizze vom Verf.

einer Insel befand, obgleich es bei unserem letztmaligen Dortsein so aussah, als wäre es die spätere.

Es war eine abenteuerliche Fahrt, die wir vor uns hatten, — allzu abenteuerlich, behauptete der zweite Steuermann, der alte Eismeerveteran, beim Abschied, indem er bedenklich den Kopf schüttelte; — wir hatten uns aber auch auf keine Lustwanderung gefaßt gemacht.

Tags darauf ging die Fahrt über das schwach gewölbte Landeis leichter von statten. Noch hatten wir uns der Skids nicht bedient, sondern hatten uns mit unseren Füßen vorwärts gequält und nur die Skidstäbe zum Stoßen oder Untersuchen des Eises benutzt. Fortgesetzt fanden wir das gleiche eigentümliche Fehlen von Gletscherritzen vor, und bald fingen wir an, uns heimisch zu fühlen auf diesem blendendweißen Eismantel, auf dem bis jetzt noch kein Hindernis unsere Fahrt gestört hatte. Schnell ging es ja nicht, doch nach und nach trainierte man sich wohl mehr ein.

Immer höher kamen wir. Der Gesichtskreis weitete sich vor uns, und bald mußten wir vor uns das ersehnte ebene Eisplateau haben. Da begann ganz unerwartet der Gletscher auf der anderen Seite abschüssig zu werden, und mit einemal hatten wir vor unseren Augen das Bild eines Meerbusens mit großen Kosen und vielem Schraubeis.

Was war das? Waren wir schon bis zur Sidney Herbert-Bai gelangt? Vergeblich forschte ich nach einigen Partien, die ich mit solchen im vorigen Sommer identifizieren konnte. Das vor uns Befindliche war sichtlich nur eine kleinere Bucht, die von der größeren Bucht durch eine vorgestreckte Landzunge und einige Inseln abgetrennt war. Vielleicht fand man weiter vor einen Wiedererkennungspunkt, der uns das Rätsel erklären konnte. Der Strandabhang weiter hinein in der Bucht schien schwer wegbar zu sein und würde uns überdies einen bedeutenden Umweg verursachen.

Ehe wir den einzuschlagenden Weg bestimmten, schlugen wir Lager, um von ihm aus die Umgegend näher zu rekognoszieren.

konnten wir quer über die Bucht gehen, ersparte uns dies viel Zeit. Ja, es war sogar zweifelhaft, ob wir uns mit unserer schweren Last weiter über Land begeben konnten. Vom Lager aus zogen am Tage darauf Andersson und ich einer weiter süd-östlich belegenen Bergspitze zu, von der herab wir eine gute Aussicht über die Bucht mit allen ihren Inseln und Landspitzen erlangten.

An diesem Tage waren wir früh aus dem Zelte gekrochen. Die Sonne fiel bereits blendend auf den weißen Schnee, der uns von allen Seiten in einer einzigen weißen Decke umgab, nur von einigen gerieften dunklen Felsabhängen unterbrochen. Als wir den Gipfel des Berges — Anankesberg später zubenannt — erreichten, stand die Sonne schon im Mittag und umgab uns mit einem ungeheuren Lichtmeer von Myriaden scharfer Reflexe, — von den feinen, dünnen Cirruswolken, die den Glanz der Sonnenscheibe zurückwarfen, von der Schneedecke zu unseren Füßen, welche einen Schein im glitzernden Weiß abgab, von den Gletscherabhängen rings herum, die mit ihren ins Blaue zielenden spiegelblanken Flächen einen Widerschein von Stahl und Gold gaben und schließlich selbst von der dünnen, kalten Luft, die angefüllt schien von fast mikroskopischen Eis-kristallen, glänzend im Diamantfarbenspiel.

Berauscht und geblendet nahm man von der Höhe herab einen Überblick des Eislandes, das in diesem ungeahnten Reichtum von wechselvollen Strahlen badete. Die breite Meeresbucht schien weiter hinaus mit ganz ebenem Eis belegt zu sein und ihre Küstenkontur schwenkte tief hinein nach Südwest, wo wir sie verloren, sodaß wir nicht herausbekommen konnten, wo sich die Strandgrenze zog. Soviel sahen wir jedoch, daß wir nicht daran denken konnten, uns über Land vorwärts zu arbeiten, da unseren Weg schroffe Abhänge, Bergkämme und zersplitterte Gletscher versperrten. Wir hatten also keine Wahl. Wir mußten über das Meereseis vorwärts, wollten wir unser Ziel erreichen.

Mit der mitgenommenen einfachen kartographischen Aus-rüstung hatte ich bereits angefangen, die von uns passierte Gegend zu kartieren und setzte die Arbeit auch von diesem erhöhten

Standpunkt fort. Hierbei war ich jedoch vergeßlich genug, trotz des scharfen Sonnenlichtes die Schneebrille ein Weilchen in die Tasche zu stecken, für welche Unvorsichtigkeit ich sehr bald Strafgeld zahlen sollte.

Beim Abstieg vom Anankesberg trafen wir auf Grunden, der unsere Skids mitgebracht hatte. Hier machte ich meinen ersten Versuch, in einem ordentlichen Skidhalt zu stehen, und es ging erstaunlich gut.

Das Lager wurde sofort nach unserer Ankunft abgerissen und wir setzten den Marsch hinunter zum Strande fort. Auf dieser Seite des Gletschers war der Schnee jedoch ganz hoch. Die Skids mußten also vor, und von dieser Minute an gingen wir während der ganzen Fahrt auf Skids, sobald die Bahn günstig war. Wir merkten sogleich, daß wir auf den Schneeschuhen den Schlitten viel leichter und sicherer als vorher fortschafften. Große Strecken unseres Weges wären wir sicher später nie ohne sie überkommen.

War auf dem letzten Teile des Landeisabhanges schon der Schnee hoch und locker, so sollte es draußen auf dem Meereise, wo sich zwischen aufgeschraubten Wällen und festgefrorenen Eisblöcken und Kosen der Schnee in ansehnlichen Massen angehäuft hatte, noch schlimmer werden. Hier suchten wir uns unseren schlängelnden Weg vorwärts, soviel wie möglich jedem Hindernis ausweichend. Es war jedoch vergeblich, ihnen zu entgehen. Der Umwege wurden zu viele, und wir mußten vor Allem Zeit sparen. Bald zogen wir den Schlitten über einen aufgetürmten Schraubeiswall mit hohen Schneewehen an den Seiten, in die er sich eingrub und stecken blieb, daß wir ihn erst nach unerhörtem Zerren wieder in Gang bekommen konnten; bald kamen wir auf Glatteis, auf dem die Skids nach allen Seiten ausglitten, daß man seine Arbeit hatte, sich auf den Beinen zu erhalten; dann wieder war es eine unebene schneebedeckte Strecke Weges, wo bei jedem zweiten Schritt alles wieder stehen blieb. Rücken und Zerren half dabei nichts, wenn wir nicht alle drei herzhaft zupackten, und dieses Ingangsetzen war unheimlich anstrengend.

Viel wurde an diesem Tage aus dem Marsch nicht. Wir schlugen bald auf einer Eiskose Lager, wo wir vor etwaigem Schrauben im Eise geschützt waren. Schon jetzt fing ich an, ein schwaches Stechen in den Augen zu empfinden, und bald wurde es mir klar, daß dieses die ersten Symptome der Schneeblindheit sein mußten. Dies erschien mir jedoch unfaßlich, denn es war ja nur ein ganz kurzer Augenblick, daß ich ohne Schneebrille gewesen. Glücklicherweise hatten wir in unserem kleinen Apothekenvorrat auch Augentropfen (Borsäure und Zinksulfat), welche sofort zur Anwendung kamen. Die Schmerzen nahmen gleichwohl zu, besonders im linken Auge, mit dem ich bei der Kartenaufnahme am Tage gezielt hatte.

Diese Nacht war mir nicht vieler Minuten Schlaf beschеert, denn die Schmerzen wurden nahezu unerträglich. Ich lag mit dem Kopf an der Zeltöffnung und behandelte, zu dem nächst mir zur Hand Liegenden greifend, meine schmerzenden Augen mit primitiven Schneekompressen. Am Morgen war ich ganz einfach auf dem linken Auge blind und konnte mit dem rechten die Dinge um mich her nur schwach unterscheiden. Von meinen Schmerzen kann man sich eine Vorstellung machen, wenn ich bemerke, daß ich ein Empfinden hatte, als habe mir Jemand eine Faust Sand in die Augen geworfen.

Nun wurden wir alle drei sehr unruhig. Unbekannt mit der Behandlung und dem Verlauf dieser Krankheit konnten wir den Ausgang derselben nicht absehen. Um uns der verräterischen Sonne zu entziehen, blieben wir diesen Tag liegen und brachen erst spät abends auf.

Es war am Neujahrstage 1903, da mir dies passierte, und den Tag werde ich schwerlich vergessen. Da stand ich denn, ein vollständiger Invalide, düster über die Frage grübelnd, was ich mit mir anfangen sollte, wenn ich nun ganz und gar in dieser Eiswüste blind werden sollte, hier, wo keine Hilfe zu erlangen war. Wir führten nur auf drei Wochen berechneten Proviant mit uns, und wenn meine Blindheit auch nur eine Woche oder so andauerte, konnte sie vielleicht die Erreichung unseres Zieles unterbinden.

Die Landstation auf der Astrolabeinsel. Larsen phot.

Küstenpartie im Orléanskanal. Larsen phot.

Bild vom Orléanskanal. Larsen phot.

Küstenpartie von der Trinityinsel. Larsen phot.

Es war jedoch nicht Zeit zu langem Grübeln. Vorwärts mußten wir. Anfangs ging ich hinter dem Schlitten und hielt mich an seinem Handgriff. Die Bahn war sehr locker und die von mir versuchten Schneeschutzschuhe, die übrigens an Bord fabriziert worden, erwiesen sich als unbrauchbar. Schließlich ermüdete es mich, in dem hohen Schnee zu waten und hintan zu hängen und nachzuschlenkern. Auf diese Weise würde ich nie folgen können. Ein Gefühl von Hilflosigkeit ergriff mich, und halb verzweifelt schwur ich mir einen stillen Eid zu, daß unser Vorhaben durch mich nicht scheitern sollte. Es trotzig auf einen Versuch hin wagend, spannte ich die Skis wieder an und nahm andauernd halb blind das Seil über die Schulter und zog so gut ich konnte mit den anderen. Hilfloser habe ich mich nie gefühlt, als da ich über jede Unebenheit im Eise stolpernd und stürzend den Kameraden sicher mehr zum Schaden als zum Nutzen war.

Vorwärts ging es gleichwohl und das war die Hauptsache. Von diesem Nachtmarsch weiß ich nicht mehr viel. Über dem linken Auge trug ich einen Verband und mit dem rechten konnte ich andauernd kaum etwas vor mir wahrnehmen. Hierzu kam meine Unsicherheit auf den Skis, mit denen ich mich noch nicht recht vertraut fühlte. Daß ich mich dennoch vorwärts krazeln konnte, ist mir heut noch ein Rätsel.

Am Morgen schlugen wir in Höhe einer ganz schneefreien Insel Lager und ganz ermattet kroch ich in meinen Schlafsack und schlief trotz der Schmerzen dann und wann. Gegen Abend brachen wir wieder auf, und zu meiner Freude verspürte ich einige Besserung in meinen Augen. Ich konnte auch mit dem rechten deutlicher sehen. Dies war auch mehr als notwendig; denn der kommende Nachtmarsch sollte unser schwerster werden.

Anfangs war das Eis sehr uneben, voller hoher, dicht aufgehäufter Schneewehen. Wir mußten hinauf und hinunter, und in tausend Krümmungen ging die Reise durch Kosen und aufgeschraubte Schollen. Danach wurde das Eis eben und glatt und konnten wir sogar vor einer schwachen nördlichen Brise ein

Stückchen hersegeln. Der längste Skistab diente als Mast und an diesen hatten wir die kleine Zeltpersenning als Segel hochgezogen. Es ging leicht weiter, und nun ward uns verständlich, welche große Hilfe es für uns bedeutet hätte, ein unsern Schlitten ziehendes Hundegespann zu haben.

Die Freude war jedoch keine lange. Der Wind ließ bald ab und wir mußten wieder alle drei zu den Seilen greifen, um in der alten Weise als Zugpferde zu arbeiten. Nach einer Weile änderte sich zudem das Aussehen des Eises in äußerst unbehaglicher Weise. Wir stießen auf eine Menge Schmelzwasserdämme, überdeckt von einer dünnen Eiskruste, die unter den Skis barst. Auch der Schlitten sank alle Augenblicke ein, und es kostete uns Arbeit genug, ihn wieder flott zu bekommen. Wenn meine Skispitzen mitunter unvermutet gegen einen unter Wasser befindlichen Widerstand stießen, verlor ich die Balance, fuchtelte mit den Händen und wurde bis zu den Schultern hinauf naß.

Um 2 Uhr nachts machten wir „Mittagsrast". Danach setzten wir den Marsch über ein Eis fort, das schlimmer und schlimmer zu werden schien. Vorher hatten wir teilweise den Wasseransammlungen ausweichen können, doch lagen diese jetzt so dicht beieinander, daß wir hindurch mußten. Ich will nicht davon erzählen, welcher Anstrengungen es bedurfte, unsere schwere Last durch das Wasser und den Schneematsch vorwärts zu schaffen. Wir waren bis zu den Knieen durchnäßt.

Als wir uns gegen Morgen einer wenige Kilometer vom Lande entfernten düsteren Insel näherten, brach ein Unwetter mit durchnässend feinem Schnee und fast undurchdringlichem Nebel aus. Das schon im Auflösen befindliche Eis taute zusehends, und da wir uns der Insel näherten, hatte die Schmelzung fortgesetzt, sodaß wir bis über die Kniee im Wasser wateten. Auf der häßlichen Insel, deren Strande nur schroffe Sturzabhänge ausmachten, konnten wir keinen Lagerplatz finden. Wir mußten also auf irgend eine Weise auch den letzten Rest dieses förmlichen Sees von nullgradigem Wasser überwinden. Mich fror unheimlich, daran zu denken war aber keine Zeit.

Antarcticapinguinen. Larsen phot.

Die Pinguineneier werden an Bord geschafft. Larsen phot.

Nach vergeblichen Versuchen, den Schlitten in seinem jeweiligen Zustande vorwärts zu ziehen, nahmen wir jeder eine bestimmte Last auf den Rücken und wanderten mit dieser dem Strande zu. Trotz der Skis sank man zuweilen bis weit über die Hüfte in den Schneematsch, und ich muß gestehen, daß ich für meinen Teil wenigstens mich keineswegs in geduldigem Schweigen durch die eisigen Wassermassen plagte. Wenn die Skis festfuhren, verlor ich leicht zufolge der schweren Bürde die Oberbalance. Plötzlich lag man dann da und zappelte, daß das Wasser hoch aufspritzte. Einmal kam ich sogar völlig unter Wasser zu liegen, sodaß mein Augenschutzverband verloren ging und meine Uhr innen naß wurde.

Schließlich erreichten wir doch den Strand, und nachdem wir uns dort von unseren Bürden befreit hatten, kehrten wir zu dem Schlitten zurück, den wir endlich nach hartem Zerren und Schleppen auf das sichere Strandeis bekamen. Hier waren wir nun durchnäßt, starr gefroren und totmatt nach 15 Stunden unheimlich anstrengenden Marsches.

Schnell wurde das Lager aufgeschlagen, und nach Einnahme einer bastanten Mahlzeit, welche durch einen erwärmenden Kognak aus dem Apothekvorrat gewürzt wurde, krochen wir in die nassen Schlafsäcke. Nichts Trockenes hatte ich mehr anzuziehen und ich dachte nicht einmal daran, das Wasser aus den Kleidern auszuwringen. Schneidend kalt war es im Zelte, wie wir so frierend und bebend dalagen. An Schlaf war an diesem Tage nicht zu denken.

Erstaunlich schnell hatten sich inzwischen meine Augen gebessert, und als wir abends 11 Uhr aus den Schlafsäcken krochen, hatte ich nahezu mein vollständiges Gesichtsvermögen wiedererlangt. Es begann nun sich etwas aufzuklären, und wir wanderten die Nacht hindurch außerhalb des Zeltes hin und her, um uns warm zu halten.

Morgens kam endlich die Sonne hervor, und nun hingen wir rings um das Zelt auf die Skistäbe und ausgespannten Leinen unsere Schlafsäcke und alle die anderen nassen Dinge, welche sofort trockneten, nachdem die Sonne das Gefrorene aufgetaut hatte. Meine Kleider ließ ich am Körper trocknen.

Als ich wieder trocken und warm in meinen Schlafsack kroch, fühlte ich mich als anderer Mensch. Das unfreiwillige Kaltwasserbad und die aufreibenden Strapazen waren ganz vergessen und ich fühlte mich bereit, mit frischer Kraft den Marsch wieder fortzusetzen.

Nach einem kurzen, doch kräftigenden Schlaf brachen wir am Nachmittage des 5. Januar auf. Andersson bereitete ein delikates Frühstück, dänischen „Fleskesteg" (Speckbraten) und Kakao, und dann ging es wieder auf den Weg. Wir hatten für diese Schlittenpartie die Arbeit so verteilt, daß Andersson die Küche führte, Grunden für Aufführung und Abbruch des Lagers sorgte, indeß ich während unserer Raststationen meine kartographischen Arbeiten ausführte.

Da die Gletscherpartie, die wir nun bergan zu ziehen hatten, äußerst steil war und zudem etwa 300 m Höhe erreichte, luden wir einen Teil des mitgenommenen Proviantvorrates in ein auf einer vorspringenden Partie unterhalb des festen Berges bereitetes Depot. Wir glaubten, den schwersten Teil des Weges hinter uns zu haben, und waren überzeugt, daß der Rest sehr leicht zu überwinden wäre. Das Depot enthielt einige Liter Petroleum, einige Büchsen Konservenfleisch, etwas Butter und 15 kg. Schiffszwieback.

Obgleich die Last hierdurch bedeutend erleichtert wurde, war sie doch sehr schwer den Abhang hinauf zu ziehen. Weite Strecken, an denen der Gletscher zu schroff abfiel, mußten wir schräg hinan wandern. Der Schlitten fuhr in den losen Schnee fest oder glitt den Abhang entlang, uns mit sich hinabzuziehen dreuend. Wir hatten die Skis abgenommen, denn auch für sie wurde es zu steil, und bei jedem Schritt sanken wir tief ein. Auf diese Weise fuhren wir fort, uns Schritt für Schritt die Höhe hinanzuquälen.

Der Gletscher wurde jedoch höher oben ganz uneben und der Schnee loser und tiefer. Wir ließen endlich den Schlitten stehen und erklommen mit unseren Rückenlasten auf den Skis den

Gipfel. Erst gegen 4 Uhr morgens kamen wir so hoch, um einen Ausblick nach dem Süden zu erhalten.

Zu unserer Bestürzung fanden wir da vor uns einen neuen und ganz großen Meerbusen. Nach einem Augenblicke Schwankens erkannte ich gewisse Partieen wieder, die ich in der Sidney Herbert-Bai gesehen hatte. Wir rannten weiter nach dem Osten und ich identifizierte auch Kap Gordon. Wir hatten hier also die tiefe Bucht, der der Antarctic im vorigen Sommer einen kurzen Besuch abgestattet hatte. Wie aber sah diese jetzt aus?

Das Eis außerhalb der breiten Mündung war bis zum Kap Gordon aufgebrochen, und weiter hin gegen die Cockburninsel sahen wir, soweit es der Nebel gestattete, eine große Strecke klaren Meeres. Weiter hinein in die Bucht war das Eis gänzlich von Schmelzwasser bedeckt und innerhalb der vorspringenden Landzunge schien das Terrain fast unwegbar. An einen Versuch, über dieses wassergetränkte Eis, welches nur mit genauer Not zusammenzuhalten schien, war nicht zu denken.

Unsere eigentliche Aufgabe bestand ja darin, die Stationsmitglieder von dem Snow Hill zu unserem Lagerplatz zurückzuführen. Wenn uns nun wirklich auch das Wagestück glückte, uns selbst über die Sidney Herbert-Bai zu schlagen, — was ganz unwahrscheinlich war, — war es doch noch zweifelhafter, ob wir nach einigen Wochen denselben Weg zurückgelangen konnten. Ermöglichte es der Antarctic dagegen, bis zur Station vorzudringen, war ja alles gut, wenn nicht, würden wir zu Nordenskjöld nur kommen, um die Anzahl der Esser während der künftigen Überwinterung zu mehren, und hierzu fühlten wir uns nicht berechtigt.

Mit schwerem Herzen sah ich die Notwendigkeit zum Umkehren und zur Aufgabe des Versuches ein. Trübsinnig folgten wir unserer Skispur zurück zum Schlitten und schugen unter bedrückendem Schweigen am gleichen Orte das Lager auf. Der Morgen war schon weit vorgeschritten, als wir in die Schlafsäcke krochen, um lange schlaflos dazuliegen und über unser erstes Mißgeschick nachzugrübeln. Einen erfreulichen Gedanken gab es aber doch unter all dem düsteren Nachsinnen und dieser war, daß dank der weit vorgeschrittenen Auflösung des Meereises unten im Erebus- und Terrorgolf große Aussichten bestanden, der Antarctic könnte auf seinem Wege das Ziel erreichen, welches wir auf dem unsrigen verfehlt hatten.

Ein gewaltiger Schneesturm hielt uns noch an demselben Platze während der folgenden Nacht, und erst am 7. Januar nachmittags konnten wir den Rückmarsch antreten. Den Gletscher ging es schnell hinab, und wir kamen in der Dämmerung weiter westlich von unserem Aufstiegplatze hinunter an den Strand. Die Luft hatte sich jetzt bedeutend abgekühlt, unsicher aber war es doch, ob das Wasser draußen in der Bucht zugefroren. Aufs Neue eine solche „Kaltwasserkur" wie letzthin durchzumachen, war nicht gerade verlockend, wenn auch das Risiko einer Lungeninflammation in dieser bakterienfreien Luft nicht sonderlich groß war.

Mit Spannung machten wir die einleitenden Untersuchungen des Eises und stellten zu unserer Freude fest, daß wir wenigstens anfangs ziemlich trocken gehen konnten. Nach einer kurzen Rast wurde der Marsch also fortgesetzt, und ohne welche Mißlichkeiten erreichten wir 6 Uhr morgens den nördlichen Strand.

Wir hatten diesmal unseren Weg mehr östlich einer mehr südlich gehenden Küstenpartie zu genommen und waren hierdurch den unebensten Teilen des Meereises entgangen. Alles war zugefroren, kein Hindernis hielt uns auf, und die Fahrt ging erstaunlich leicht vor sich. Hätte uns dieser Marsch nicht wieder nach dem Norden und von unserem zugedachten Ziele geführt und hätten wir nicht das bedrückende Gefühl gehabt, daß trotz unserer Anstrengungen dennoch unsere Aufgabe mißglückt, wäre eine angenehmere Skiwanderung in so herrlicher und ruhiger Nacht nicht auszudenken gewesen.

Die Luft war dünn und klar und die schwach flimmernden Sterne machten den lichten, luftigen Nachthimmel nur noch heller. Ein bleichroter Schein hinter den dunklen Konturen des Horizontes zeigte an, wo die Mitternachtssonne ihr leuchtendes Antlitz verborgen hielt. Jetzt erst, nun meine Augen wieder ihren Dienst verrichteten, konnte ich die eigenartige, wilde Schönheit dieses vor uns befindlichen einsamen Eislandes völlig aufnehmen.

Es war teilweise dieselbe Topographie, die wir spärlich vom Orléanskanal gesehen. Eine Unzahl bizarrer Linien, eine Menge sonderlicher Formen, über die die Blicke im Staunen glitten. Es war eine seltsame Mischung von launenvoller Naturarchitektur, zeitweilig in zersplitterten düsteren Partien des phantastischen Gebirges hervortretend, zeitweilig unter den gerundeten weichen Formen einer mächtigen Eisschicht verschwindend.

Hier sah man vornehmlich eine Riesenkuppel aus Eis über schwarzbraunen Felsmauern, die sich senkrecht aus dem zugefrorenen Meere erhoben, dahinter eine Terrasse, dann wieder einige abgeplattete Kuppeln, abwechselnd mit unregelmäßigen Hügeln, sich erhebend zwischen ebenen Eisterrassen, und schließlich weiter abgelegen pyramidenartige Gipfel, die an chinesische Kioskdächer erinnern. Bläuliche Schatten, in Violett und Grün zielend, hüllen das Ganze von der eintönig grauweißen Eisfläche bis zu den in der Nachtbeleuchtung glänzenden Gletscherkronen ein. Man vermeinte, daß die verschiedenen Partien ineinandergeschmolzen, zusammengegossen in einem mystischen Halbdunkel und doch freistehend von einander waren.

In diesem wunderbaren Gemälde fehlten nur einige der Minareten des Orients, die hinter den von der Natur gebildeten Moscheekuppeln aufstiegen, daß man wähnen konnte, man sähe eine schlummernde morgenländische Stadt, deren Höhen und Senkungen des Bodens gleichsam von einer Menge monumentaler Bauten ausgeglättet werden.

Gegen Morgen lagerte sich ein leichter Nebel über die Bucht, daß wir das letzte Stück Weges nach dem Kompaß gehen mußten. Nach und nach zeigte sich die Sonne, und als wir in die Schlafsäcke krochen, war es recht warm. Das Zelt war am Fuße des schroffen Gletschers neben einer Flachmoräne von gewaltigen Eisblöcken aufgestellt.

Am nächsten Abend begann ein heftiger Schneefall, der bald zu einem gewaltigen Schneesturm überging. Glücklicherweise stand das Zelt in Leeseite der Moräne, sodaß der Sturm für uns nicht so zu verspüren war. Wir verhielten uns jedoch untätig und erzählten uns zur Aufrechterhaltung der Stimmung, eingepfercht in dem kleinen Zelte, Geschichten.

Erst am Abend danach hörte es zu schneien auf. Der Wind wehte noch sehr stark, gleichwohl fingen wir an, uns zu rühren. Um die Last für die Auffahrt den Eisabhang hinan zu erleichtern, schafften wir erst einen Teil hinauf zum Gipfel, wo wir ihn an der Seite der Moränekante zu Füßen eines größeren freistehenden Klippblockes plazierten. Kaum waren wir jedoch wieder hinunter gekommen und hatten uns zum Aufbruch fertiggemacht, brach der Schneesturm wieder los und diesmal mit noch größerer Gewalt. Der wirbelnde Schnee hing um uns, daß man keinen Meter weit sehen konnte, und so blieb uns nur übrig, schnell ins Zelt zu kriechen und geduldig besseres Wetter abzuwarten. Wieder saßen wir eine Nacht munter, froh, zum Schutze ein wenn auch noch so kleines Zelt zu haben. Der Sturm kam nun von Südost und riß und schlug in das Zelttuch mit einer Kraft, die jeden Gedanken an Schlaf unmöglich machte.

Am folgenden Abend legte sich der Sturm, sodaß wir endlich aufbrechen und den Marsch fortsetzen konnten. Wir arbeiteten uns mit der verminderten Last langsam den Gletscherabhang hinan. Rechts von uns hatten wir die Moränekante, der wir folgten, um direkt zu dem freiliegenden Steinblock, an dem wir unsere vorher hinaufgetragenen Sachen plaziert hatten, zu gelangen. Die Moränekante lag im Lee. Viel Schnee hatte sich während des letzten Sturmes hier angehäuft; das sahen wir sofort.

Bald waren wir da, wo wir den kleinen Vorrat haben mußten. Vergeblich spähten wir nach dem Erkennungszeichen, dem großen Block. Nicht eine Spur war von diesem zu entdecken. Befand er sich vielleicht weiter oben? Oder waren wir vielleicht an ihm vorbeigegangen? Wir suchten zu beiden Seiten mit gleich geringem Erfolg. Wir gingen auf die Moräne selbst hinauf, und suchten wieder den Weg auf, den wir gekommen waren, als wir die erste Last von uns gelegt hatten. Vergebens! Die ganze

Küstenbild von der Pendletoninsel. Larsen phot.

Rosamelinsel. Larsen phot.
(Jul-(Weihnachts-)Insel)

Moräneseite war verändert. Eine gewaltige Schneewehe hatte, hart vom Sturme gepackt, dieselbe überlagert.

Hierunter lag irgendwo unser wertvoller Vorrat begraben! Aber wo? Dies anzugeben, war unmöglich, da auch der Steinblock, unser einziges Kennzeichen, unter dem Schnee verschwunden war. Unsere Enttäuschung war groß und unsere Verrechnung nicht minder. Werkzeuge zum Graben hatten wir nicht bei uns und der Versuch, mit Zuhilfenahme der Skis und Skistäbe etwas zu finden, erwies sich als fruchtlos. Mißmütig und verdrießlich mußten wir schließlich den Marsch fortsetzen und alles im Stiche lassen.

Es war nicht wenig, was wir hier verloren hatten, fast unser ganzer übrig gebliebener Proviant, Tabak, Chokolade, der Medikamentevorrat, zwei Photographenapparate mit 11 Dutzend Platten, ein Teil Kleiderartikel und — das schlimmste von Allem! — die kartographischen Instrumente einschließlich meines Kartenmaterials von der Fahrt. Wir hatten nur noch für zwei Tage Nahrungsmittel überbehalten und mußten daher unseren Marsch äußerst beschleunigen, wenn wir nicht darben wollten.

Mit einer größeren Schnelligkeit kamen wir jedoch nicht weiter, denn ein dichter und unbehaglicher Nebel hinderte uns, einen Überblick über das Landeis zu erlangen, was mitunter ganz abgeschnitten war. Wir mußten wieder nach dem Kompaß gehen. Auf und nieder ging die Fahrt über Erhöhungen, welche wir bei klarem Wetter hätten umgehen können. Gegen Morgen kamen wir schließlich an einen Gletscherabhang, der steiler und immer steiler wurde. Der Nebel hatte derart zugenommen, daß wir nicht viele Meter weit sehen konnten. Eine Weile hindurch versuchten wir trotzdem schräg über den Abhang zu kommen, was aber bald zu gefährlich aussah. Der Schlitten glitt unaufhörlich quer über den Absturz und wir waren nahe daran, zu folgen.

Es war ein blindlings Darauflostappen auf dem unbekannten Landeise, ohne zu wissen, worauf wir im nächsten Augenblick stoßen konnten. Deshalb beschlossen wir, Halt zu machen und bis auf Weiteres das Zelt aufzuschlagen. Wir gruben mit großer Mühe einen annähernd wagerechten Absatz in dem Gletscher aus und errichteten hier das Lager.

Abends klärte es sich auf und Andersson und ich begaben sich auf Rekognoszierung aus, indem wir die Gletscherleine zwischen uns führten. Wir sahen nun, daß wir in der letzten Minute Lager geschlagen hatten. Wären wir am vorigen Tage noch einige hundert Meter weiter geschritten, wären wir unfehlbar einen steilen Abschuß im Gletscher, der voll zerschmolzenen Eises, losgerissenen Eisblöcken und tiefen, breiten Klüften, hinuntergestürzt. Es wäre sicher mit uns allen ein kurzer Prozeß gewesen.

Wie leicht hätten wir am Tage vorher nicht den kurzen Abstand, der uns von dem Abgrund trennte, zurücklegen können! War es vielleicht die unbestimmte Ahnung einer lauernden Gefahr, die uns veranlaßte, im rechten Augenblick Halt zu machen?

Den eingeschlagenen Weg konnten wir also nicht fortsetzen, sondern mußten die Gletscherhöhe, auf die wir durch einen Irrtum gekommen, umgehen. Auf dem Rückwege zum Zelte passierte uns zum erstenmal mit einer Gletscherspalte ein Unfall. Wir waren nun schon so lange auf diesem Gletschereise umhergewandert, ohne auf die heimtückischen Risse zu stoßen, sodaß wir deren Existenz fast vergessen hatten. Die unumgängliche Gletscherleine hatten wir auf unseren kurzen Rekognoszierungsgang deshalb mitgenommen, weil sie zur Ausrüstung gehörte. Bekanntlich befestigt man dieses Seil, das besonders stark sein muß, um die Hüfte und bindet sich in dieser Weise mit Anderen zusammen, sodaß, wenn der eine in eine Kluft stürzt, der andere ihn hochzuziehen vermag.

Andersson und ich gingen sorglos neben einander her und schwatzten, — wir waren ohne Skis, — als er plötzlich wie durch eine Fallklappe einsank und sich nur vermittelst des Skistabes mit den Schultern über der Eiskante hielt. Im gleichen Augenblick, da ich ihm die Hand reichen wollte, barst die dünne Eisbrücke unter mir, jedoch glücklicherweise nur so, daß ich bloß mit einem Beine einbrach. Vorsichtig hob ich mich hoch, und Andersson war bald wieder auf festem Boden.

Ich kann es nicht leugnen, daß mich ein Schaudern überfiel, als ich hernach vom Rande der verräterischen Eisbrücke aus hinunter blickte. Die oben sehr breite Kluft schien sich gegen die Tiefe, in der die klarblaue Farbe des Eises in einen immer dunkler werdenden Ton mit schwarzgrünen Schatten überging, zuzuschmälern. Wie tief sie sein mochte, war schwer zu sagen, doch wahrscheinlich reichte sie hin, daß man beim Fallen das Bewußtsein verlieren konnte. Und saß man erst einmal dort unten festgekeilt, kam man sicherlich nie wieder nach oben.

Als wir zurück zum Lagerplatz kamen, hatte Grunden die Mahlzeit fertiggestellt, und nachdem wir gegessen und die geringen Reste unserer ursprünglichen Ladung zusammengerafft hatten, setzten wir den Marsch fort, beruhigt darüber, mit Tagesanbruch wieder in der Pinguinenkolonie am Strande zu sein. Von unserem ganzen Proviantvorrat war jetzt nur noch eine Mahlzeit übrig geblieben, und dieser Umstand war hinreichend genug, unsere Kräfte bis aufs Äußerste anzuspornen.

Dieser unser letzter Nachtmarsch ging ohne störende Unterbrechung vor sich, und gegen 3 Uhr morgens standen wir wieder auf dem Gletscher oberhalb unserer Landungsstätte. Unter uns hatten wir das ganze Moränenflachland, noch schneefreier, als da wir es letzthin verlassen hatten. Der eigentümliche, widrige Guanogestank drang bis hier herauf und das Gelärme von tausenden Vögelkehlen erhob sich zu unseren Ohren wie ein höhnisches Zurufen: „Willkommen wieder nach mißglückter Reise!“

8. Harren und Hoffen.

Neues Lagerleben. — Die Pinguinen. — Zeitvertreib. — Die Riesenpetrels. — Besuch des Talgletschers. — Speiseordnung. — Erwägungen. — Der Aufbau des Steinhäuschens wird begonnen. — Scherz mit den Pinguinen. — Pinguinenabschlachtung. — Vogelleben. — In gespannter Erwartung. — Robbenjagd. — Herbststürme. — Die Wartezeit vorüber. — Der Einzug in das Steinhäuschen.

Bei der Erzählung von unserem künftigen Geschick will ich zeitweise mein Tagebuch zitieren, das, wie dürftig und kurzgehalten es auch geführt ist, dem Leser doch ein richtigeres Bild von gewissen Details in unserem Eskimoleben abgeben dürfte.

Am 13. Januar morgens waren wir — wie gesagt — wieder bei unserem Landungsplatz angelangt, und war unser erstes Beginnen hier, uns mit Inanspruchnahme des Proviantvorrates sofort eine herzhafte Mahlzeit zu bereiten. Es war ein prächtiger Morgen, und abgespannt, wie wir uns nach den anstrengenden letzten Wochen fühlten, ließen wir uns mit Wohlbehagen auf das schneefreie Moränenflachland nieder. Das Essen erquickte uns wieder bedeutend und wir beschlossen, diesmal auch

Eisberg. Larsen phot.

Bucht der Hoffnung. Larsen phot.

noch in dem kleinen Zelt auszuruhen. Das größere im Depot befindliche sollte am nächsten Tage aufgestellt werden.

Ich fühlte mich aber durchaus nicht schläfrig und blieb noch ein Weilchen auf, meine Mauserpistole reinigend und über das eine und andere nachdenkend. Von diesem Morgen finde ich in meinem Tagebuche folgende Zeilen:

„Jetzt sind wir nach all den Abenteuern wieder hier, aber auf wie lange? Wir haben das neue Jahr in eigentümlicher Weise, indem wir draußen in dieser Eiswüste einherzogen, angefangen und befinden uns nun an diesem Orte, uns vielleicht auf ein paar Monate selbst überlassen, wenn der Antarctic nicht zeitiger anlangt. Wir haben nichts Anderes zu tun, als zu warten und zu hoffen, daß die Wartezeit keine zu lange werde."

Ich wußte damals ja nicht, daß derselbe Schneesturm, der auf unserer Schlittenfahrt so heimtückisch unsere Vorräte begraben, auch dem Antarctic den Todesstoß versetzt hatte. Wir lebten ja noch so lange in Unkenntnis dieses Unglückes, wenn uns auch während unserer künftigen peinvollen Wartezeit so manchmal eine düstere Ahnung aufstieg, daß nicht Alles so wäre, wie es sein sollte. Ich habe mir eine kurz vor unserer hiesigen Ankunft gemachte Äußerung Grundens vermerkt:

„Nun haben wir zweimal Pech gehabt: einmal, daß wir nicht zur Winterstation kamen, das andere Mal, daß wir einen Teil der Ladung verloren haben. Ich bin neugierig, ob das dritte Malheur sein wird, daß der Antarctic nicht kommt und uns abholt."

Grunden gehörte gewiß nicht zu Denen, die mit dem ersten Fehlschlage den Mut verlieren, und ich glaube auch nicht, daß diese Äußerung auf eine innere Ahnung eines Unglückes beruhte.

Als ich schließlich ins Zelt kroch, schliefen meine Kameraden bereits und waren bemüht, mit geräuschvollem Schnarchen die Morgenkonversation der Pinguinen zu übertönen.

Erst am nächsten Morgen wurde ich von den Kameraden geweckt, die, ohne mich zu stören, das große Zelt aufgestellt und das Frühstück zubereitet hatten. Sie luden mich ins „Hotel

Pinguin", und ich muß gestehen, daß einem, nachdem man 14 Tage in Anderssons kleinem Zelt zugebracht hatte, das große wirklich wie ein Hotel vorkam. Hier gab es einen runden Tisch und leere Kisten, um darauf zu sitzen. Was konnte man mehr verlangen wollen?

Man sah sich mehr und mehr um. Mehrere Terrassen, Anhöhen und abgerundete Erdrücken bildend, streckte sich das felsige und steinige Moräneflachland ohne Unterbrechung bis zum Landeise und dem dunklen Felsberge im Hintergrunde aus. Auf einem weiter oben befindlichen Absatz lag eine kleine Lagune, die von dem Schmelzwasser des Gletschers angefüllt wurde und weiter unten in der Bucht ihren Abfluß hatte. Auf der nordwestlichen Seite dieses Flachlandes ging die schmale, fast gleichbreite Bucht tief hinein und schloß vor dem Bruch eines prachtvollen Talgletschers mit gewaltigen Flachmoränen, die wie sich schlängelnde schwarze Schlangen die steilen Felswände entlang zogen. Das Ganze umschließend, breiteten sich die ebenen, blendendweißen Abhänge des Landeises aus, nur unterbrochen von einigen schwarzbraunen Nunataks, und im Inneren der Bucht hatten wir die höchsten Berge. Deren schroffe, dunkle Seitenpartien bildeten pyramidenartige Spitzen, mit einem abgerundeten Eisplateau oder auch wie bei den nächstliegenden — die Floraberge von uns getauft, — mit einer nahezu kraterähnlichen Vertiefung, die mit einer schalenförmigen Eismasse bedeckt war, abschließend. Hier hatten wir eine Probe von fast Allem, was eine antarktische Landschaft bieten kann, und prachtvoll war sie! Ich glaube ohne Übertreibung sagen zu können, daß dies der schönste Platz war, den ich in dem ganzen antarktischen Gebiete, welches wir berührten, gesehen habe.

Der größte Teil des Moräneflachlandes war von den Pinguinen in Besitz genommen. Hier hatten wir von diesen zwei Arten, die rotschnäbelige (Pygoscelis papua) und die schwarzhäuptige (Pygoscelis Adeliæ). Die erstgenannten sind ruhige Tiere, größer und schöner als die Repräsentanten der anderen Art. Sie hatten etwas Ruhiges und Würdiges in ihrem Auftreten, fürchteten sich aber sehr vor uns und ließen oft ihre Jungen und Niststätten im Stich, wenn wir uns näherten. Die Nistplätze waren mehr geordnet, mit wenigstens einem Rande von kleinen Steinen rund um dieselben und zudem bedeutend reiner als die der Adéliepinguinen, welche von rotgelbem Guano über und über bedeckt waren. Einen Unterschied zwischen Männchen und Weibchen konnten wir nicht feststellen. Die erwachsenen waren einander völlig gleich mit Ausnahme der Fußfarbe, die gewöhnlich hellrot oder gelb war.

Diese Pinguinen hatten auf den besseren Stellen zunächst dem Strande ihre Wohnstätten, den Adéliepinguinen den übrigen Teil des Moräneflachlandes überlassend. Die letztgenannten, die die Hauptmasse ausmachten, sind — wie gesagt — kleiner als die anderen und bereiteten uns durch ihr lustiges Benehmen und ihre Eigenheiten viel Vergnügen. Sie waren fast ebenso hitzig wie die Antarcticapinguinen im Orléanskanal und fielen uns fast ständig an, selbst wenn wir ganz friedlich zwischen ihnen einherschritten. Oft kamen sie dann von ganz entfernten Plätzen herangerast, reckten sich hoch, wenn sie nahbei waren, bliesen den Hals auf eine ganz sonderliche Art auf, sträubten die kleinen Nackenfedern, drückten die Flügelstumpen seitwärts und gingen so, wild zuschlagend und dreinhauend, zum Angriff über.

Unter sich schienen sie neben dem gewöhnlichen Gegacker eine Art Zeichensprache mit wahnsinnigen Gesten zu haben. Sie hatten eine glucksende Stimme, und wenn man hier eine Zeit zugebracht, konnte man an den verschiedenen Lauten mit Leichtigkeit die beiden Pinguinenarten unterscheiden. Die Papuapinguinen beugten mitunter den Kopf bis zur Erde nieder und erhoben ihn wieder mit schlangenartigem Zischen. Die Adéliepinguinen hatten eine andere Eigenheit. Sie streckten den Schnabel hoch in die Luft und schwenkten unter einer Art eigentümlichen Jodelns die Schwingen hin und zurück, während sie gleichzeitig mit dem Oberkörper eine zuckende Bewegung bewirkten, ungefähr wie ein Mensch, wenn er mit den Achseln zuckt.

Merkwürdig ist ihr Vermögen, sich, ohne fehlzugehen, zu den

eigenen Niststätten durchzufinden, wenn sie auch mehrere Kilometer zu wandern hatten. Sie schritten mit einem unschönen, wiegenden Gang dahin, den Körper aufrecht wie ein Mensch, den Kopf niedergebeugt und die Flügel etwas zurückgelegt. Sie schienen äußerst aufmerksam den nächst vor sich befindlichen Erdboden zu fixieren und waren hiervon so sehr in Anspruch genommen, daß sie ganz dicht an einen herankommen konnten, ohne zu bemerken, daß Jemand ihren Weg versperrte. Es kostete ihnen Mühe, sich an das neue Hindernis zu gewöhnen, das ihnen durch unsere „Einwanderung" entstanden, und besonders stolperten sie ständig über das Stag zum Zelte.

Auch unter diesen konnte man weder Männchen noch Weibchen unterscheiden. Beide nahmen sie eifrigst teil an der Erledigung der häuslichen Geschäfte wie da sind Brüten, Warten der Jungen und Anschaffung von Futter.

Während der ersten Wochen wurden die Jungen regelmäßig in den Niststätten gefüttert, nachdem sie in der Entwickelung aber etwas vorgeschritten waren, wurde ihnen auf eine ganz listige Weise in Verbindung mit der Fütterung Bewegung beigebracht und Springen gelehrt. Einige der Eltern kamen vom Strande herauf, dick und voll von den hunderten verzehrten kleinen Krebsen, und suchten unter allerlei Signalen ihre Jungen auf sich aufmerksam zu machen. Anstatt nun sofort die Fütterung vorzunehmen, — was übrigens in der einfachen, wie — von unserem Gesichtspunkt aus wenigstens — unappetitlichen Weise vor sich geht, daß sie den Magensack direkt in den vorgestreckten Schlund der Jungen hinein entleeren, — machen sie nach einigem wunderlichen Wiegen des Kopfes und lautem Schrei schnell Kehrt und springen über den schlüpfrigen Boden, von den schreienden Jungen auf den Versen verfolgt. Die Jungen schießen unaufhörlich Kobolz, kullern zwischen den Steinen und der Schmiere über- und umeinander, der erwachsene Pinguin aber setzt seinen Sprungmarsch unbekümmert, ob seine Jungen den Hals brechen oder nicht, fort. Hierbei hat er eine ganz andere Haltung wie gewöhnlich, geht aufrecht im Rücken, die Brust herausgepreßt und

Antarctic im Treibeise. Duse phot.

Eine Insel südlich von der Dusebucht. Duse phot.

Ueber unebenes Eis. Skizze vom Verf.

Aufbruch vom Lager. Duse phot.

trägt den Kopf aufrecht. Erst wenn diese Lektion lange genug gewährt hat, werden die kleinen Geschöpfe mit etwas Futter belohnt.

Anfangs war es schwer, sich an den scharfen Gestank des überall ausgebreiteten Guanos zu gewöhnen, und auch das ständige Gelärm wirkte störend, doch lange dauerte es nicht, bis wir die Pinguinen als eine kaum zu entbehrende Gesellschaft betrachteten. Es war eine große Zerstreuung in der Eintönigkeit, dieses reiche und vielseitige Tierleben in der Nähe zu studieren. Ich wanderte täglich hinaus zu den verschiedenen Teilen der sich weit hinziehenden Vogelkolonie und machte fast stets eine neue das Leben dieser kleinen eigentümlichen Tiere angehende Beobachtung. Und wenn ich jetzt nun an diese Tage gespannten Harrens und Hoffens zurückdenke, glaube ich, nicht dankbar genug sein zu können, daß sich die Pinguinen wirklich dort befunden hatten.

Daß es dennoch hier eintönig werden sollte, merkte ich schon von Anbeginn. Meine kartographische Ausrüstung war ja auf der Schlittenfahrt verloren gegangen, sodaß ich nun bedauerlicherweise keine Beschäftigung hatte. Nie vorher hatte ich eine Ahnung gehabt, daß Beschäftigungslosigkeit so peinigend sein könnte. Die von mir täglich ausgeführten meteorologischen Observationen nahmen nur einen unbedeutenden Teil meiner Zeit in Anspruch. Andersson dagegen hatte den Vorzug, gleich am ersten Tage interessante Pflanzenfossilien zu entdecken, und die Erforschung der fossilen Flora des Platzes gab ihm hiernach für eine lange Zeit Arbeit.

Wir hatten den Tag so zugestutzt, daß Andersson aufstand und das Frühstück bereitete, das einen Tag um den anderen im Hauptteil aus Resten der am vorigen Tage hergestellten Pinguinensuppe bestand. War dieses fertig, weckte er uns, und nach Einnahme des Frühstücks ging er seinen geologischen Exkursionen nach. Während des langen Vormittags mußten wir anderen uns in bester Weise die Zeit vertreiben und uns vornehmen, was uns zu Gebote stand. Wenn sich Andersson alsdann gegen Mittag auf einem der nächstgelegenen Moränehügel sehen ließ, wurde der

Primuskocher angezündet und das Mittag aufgesetzt. Einen Tag bestand dieses aus Konserven und den anderen aus Suppe, die von Pinguinenfleisch und gedörrtem Gemüse zubereitet ward.

Gewöhnlich nahmen wir die Hauptmahlzeit um 1 Uhr ein, und danach gingen wir in unserer Einöde spazieren. Später am Abend saßen wir beieinander und schwatzten noch ein Weilchen, kochten etwas Tee und krochen schließlich in die Schlafsäcke. Ein eintönigeres Leben hatte ich vorher nie kennen gelernt, und täglich sprach ich den geheimen Wunsch aus, daß dies nicht lange andauern möchte.

Den 21. Januar feierten wir mit einer Festmahlzeit, die neben dem gewöhnlichen Speisezettel einen von konserviertem Sprit zubereiteten Schnaps und Extrakaffee umfaßte. Dem Tage zu Ehren schoß ich an diesem Platze den ersten Seehund.

Gegen Mittag trat ein recht betrübendes Ereignis ein. Meine Uhr blieb nämlich stehen und war nicht wieder instand zu setzen. Am Abend vorher hatte ich einen auf Besuch befindlichen Pinguin eingefangen, der, während ich ihn trug, unablässig gegen meine Brust schlug und dabei meine Remontoireinrichtung so hart beschädigte, daß sie entzwei ging. Später versuchte ich einmal, den Schaden zu kurrieren. Es glückte mir wirklich mit Beihilfe meines Federmessers, das ganze Uhrwerk auseinander zu nehmen und herauszubekommen, wo der unverbesserliche Schaden saß, alle Rädchen und Teilchen aber wieder zusammenzufügen und an ihre entsprechenden Plätze zu plazieren, überstieg meine Kraft.

Die Tage gingen.

Wir harrten ständig darauf, etwas von der alten Schute zu erblicken. Es bestand ja die Möglichkeit, daß Larsen schon jetzt einen Besuch machte, um nachzusehen, ob wir zurückgekehrt waren. Weilte er in der Nähe, unterließ er dies sicher nicht.

Täglich wanderte man die höheren Partien hinauf, um eine bessere Aussicht über den Sund zu erlangen, und oft stand man spähend auf der Gletscherkrone, das Fernrohr vor den Augen. Es ist erstaunlich, wie leicht man Dinge zu sehen glaubt, die man gern sehen *will*. Wiederholt während dieser langen Wartezeit und

Eine Schlittentour durch Eiswasser. Skizze vom Verf.

Trocknen nach dem „Bade." Skizze vom Verf.

Zeit der Ungewißheit kam einer von uns heruntergerast mit der Botschaft, der Antarctic sei draußen. Wenn aber das Fernrohr zu Rate gezogen und die Erscheinung untersucht wurde, war es nichts als eine kleine Eiskose, der Schatten eines Eisberges oder dergleichen.

Wir verloren jedoch den Mut nicht, obgleich die Zeit hinging und sich das Schiff nicht zeigte. Stets hatten wir neue Erklärungen für die Verzögerung zur Hand, und wenn man am meisten sanguinisch war, redete man sich selbst ein, wenn der Antarctic schließlich käme, käme er mit der ganzen Winterabteilung an Bord, worauf wir uns dann baldigst auf den Heimweg begäben.

Je weiter diese Wartezeit vorschritt, desto quälender wurde die Gleichförmigkeit. Ich hatte mir eine besondere Promenade am Nordstrande des Moränenflachlandes ausgewählt. Hier konnte ich bei niedrigem Wasserstand auf dem grisigen Meeresstrande unter der hohen Eisbarriere, welche von der zerstückelten, klippigen Eiskante ausschoß, umhergehen. Es waren durchaus nicht trübe Gedanken, denen ich mich hingab. Im Gegenteil. Noch sah ich vertrauensvoll in die Zukunft, überzeugt, der Antarctic würde kommen und alles glücklich enden. Die Beschäftigungslosigkeit quälte mich jedoch unheimlich. Hätte ich nur etwas zu tun gehabt, wäre mein dortiges Verweilen schon ein anderes gewesen.

Schon am 22. Januar schrieb ich in mein Tagebuch:

„Habe ausgerechnet, daß heute Freitag sein muß. Die Zeit geht jetzt verzweifelt langsam hin, und ich kann nichts tun, um sie abzukürzen.

„Unsere Spaziergänge hinauf zur Lagune nach frischem Wasser sind recht amüsant, wenn nicht das Wetter allzu schwer ist. Wir gehen da durch große Heckengebiete und haben Arbeit genug, uns gegen die energischen Angriffe der Pinguinen zu verteidigen. Die kleinen Tiere sind wirklich tapfer und unerschrocken, wenn es gilt, die Kleinen zu schützen. Man sollte meinen, sie müßten vor einer so großen und ihnen so ganz neuen Erscheinung, wie der Mensch für sie ist, Furcht bezeigen, aber das ist nicht der Fall. Kommt man bloß in ihre Nähe, sausen sie heran, recken sich hoch und attackieren in blinder Raserei.

„Wir stießen sie mitunter recht unbarmherzig mit den Füßen weiter, doch ist dies notwendig, besonders wenn wir die Wassereimer über die schlüpfrigen Moräneabhänge tragen. Wir schöpfen das Wasser in Konservenbüchsen und müssen das wenige, was wir in diesen fortschaffen können, wahren, denn der Weg ist lang.

„Dieses Moränegebiet ist schuhzeugzerreißend. Ich befürchte, wir werden nicht gerade viel mehr an den Füßen haben, wenn der Antarctic erst am Schlusse der Wartezeit anlangt. Es ist aber mein einziges Vergnügen, hier umherzuschweifen und auch hinauf zu den Höhen zu wandern. Es bleibt doch noch langweilig genug."

Die Zeit verging kriechend langsam. Auf bestimmten Glockenschlägen erledigte ich vollständig automatisch meine Temperatur- und Barometerablesungen, berechnete die Windstärke und den Wolkenstand, — und dann folgte wieder die gleiche öde Leere. Um die Zeit zu vertreiben, fing ich an, einen Teil Vogelhaut zu präparieren, um sie als Andenken an die Tage dieser Wartezeit mit mir heimzunehmen. Ich begnügte mich zwar damit, das Fett von der Innenseite derselben zu kratzen, da aber mein Instrument nur aus einem kleinen Federmesser bestand, nahm diese Operation glücklicherweise eine runde Zeit weg.

Mitunter war ich auch auf Jagd nach großen Pétrels (Ossifraga gigantea), unter denen besonders die weißen schwer erreichbar waren. Diese Riesensturmvögel, die ausgewachsen zwischen den ausgebreiteten Schwingenspitzen etwa 2 m messen, sind auf Land besonders garstig anzuschauen. Ihr ungemein träger und wiegender Gang, der vorgestreckte Hals, der relativ kleine Kopf und der unförmlich große Schnabel geben ihnen ein wenig ansprechendes Aussehen. Anders ist es, wenn sie fliegen. Etwas eleganteres als ihren ruhigen, doch geschwinden Flug kann man kaum zu sehen bekommen.

Sie sind unverschämt und raubgierig ohne Grenzen und machen den Schrecken der Pinguinenjungen aus. Sie hatten ihren Aufenthalt meist auf dem südlichen Gletscherabhange, wo man ständig einige Hunderte von ihnen liegen und sich sonnen sah. Von hier aus begaben sie sich auf Streifzug unter die Pinguinen, wenn ihnen der Hunger zusetzte. Es war sehr interessant, ihre Fangmethode zu beobachten, die einem wegen all ihrer Scheußlichkeit wirklich den Gedanken eingeben mußte, daß hier unten, mitten in der freien, von Menschen ungestörten Natur eine Tierschutzvereinigung ein vielleicht sehr ergibiges Arbeitsfeld haben würde.

Der Pétrel kommt mit ausgebreiteten Flügeln springend die Reihen der Pinguinenhaufen entlang. Die Jungen verkriechen sich wie vor einer Sturmbö, wenn er sich nähert, und drücken sich hinter die älteren Pinguinen, die sich unerschrocken zum Anfall gegen den Friedestörer anschicken. Dieser wagt sich nie an die erwachsenen Pinguinen, sondern bleibt bei dieser Attacke stehen, bedenkt sich ein Weilchen, legt sich mitunter hin, fortwährend mit den Flügeln ausschlagend, und setzt nach einigen Minuten seinen Streifzug zu neuen Plätzen fort.

Einen Tag folgte ich, bewaffnet mit der Mauserpistole, einem solchen Pétrel und gab auf den ganzen Verlauf seiner Jagd acht. Nach vielen mißglückten Versuchen bemerkte er schließlich ein armes isoliertes Pinguinenjunges, das er sofort angriff. Hierbei entstand zwischen dem Pétrel und den herzueilenden älteren Pinguinen ein heftiger Kampf, wobei das Junge förmlich den Treffpunkt abgab; denn beide Parteien zogen umwechselnd jede von ihrer Seite. Das Pinguinenjunge wurde glücklich befreit, wenngleich in einem Zustand, der wenig Hoffnung auf Erholung versprach. Während nun die Pinguinen im Triumphe mit ihrem geretteten Sprößling fortzogen, fuhr der Pétrel auf und griff ein anderes Junges, das mit Interesse dem Streite zugesehen und nun sich in Distraktion selbst vergessen hatte. Schon beim ersten Ansturm glückte es dem Angreifer mit einigen gutgezielten Schlägen das kleine Geschöpf so schwer zu verwunden, daß seine Beschützer sichtlich sein Leben keiner weiteren Kämpfe mehr wert erachteten. Nach einem schwachen Errettungsversuch blieben sie rund herum hocken und sahen der widrigen Mahlzeit zu, ihrer Betrübnis mit einigen klagenden Kehllauten Ausdruck gebend.

Der Pétrel hat bekanntlich Schwimmfüße und kann mit diesen seinen Raub nicht festhalten. Mit seinem großen Schnabel, einem wahrhaftigen Mordwerkzeuge, bearbeitet er am Orte den Körper seines Opfers an einem zusagenden Flecke, um schnell in die Bauchhöhle zu gelangen. Und hierbei kann man sehen, wie das kleine Geschöpfchen größtenteils lebendig aufgefressen wird, denn der Angreifer unterzieht sich nicht erst der Mühe, den Braten vor der Mahlzeit abzurichten. Im Gegenteil scheint er großen Wert darauf zu legen, daß das Pinguinenjunge sich windet, während er selbst durch eine kleine Seitenöffnung die Gedärme herauszieht.

Es ist ein anwiderndes Schauspiel.

Wiederholt traf man kleine zerrissene Junge noch lebend an, obgleich der ganze Hinterkörper abgerissen war. Dank dem reichlichen Patronenvorrat konnte ich als Rächer der Pinguinen auftreten, und es war mir eine große Befriedigung, die feindliche Raubvögelschar vermindern zu können.

Am widrigsten sind die Pétrels, wenn sie auf einem getöteten Seehund schwelgen. Hier schossen wir jede sich zeigende Robbe nieder und wahrten uns Haut und Speck Es konnte ja möglich sein, obgleich man noch nicht Grund hatte, dies zu glauben, daß wir für diese Dinge Verwendung haben sollten. Sobald wir nun das Tier abgehäutet und den Platz verlassen hatten, wurde der schwarzrote, blutige Kadaver von den Pétrels mit Beschlag belegt, und unter Heulen und Kämpfen — keiner gönnte dem anderen etwas — fraßen sie sich in ihrer Gierigkeit so voll, daß sie sich nicht rühren konnten und dicht neben der Wahlstätte einschliefen. Störte man sie hier während ihrer Siesta, mußten sie, um fliegen zu können, einen großen Teil des Verspeisten wieder auswerfen.

Am 31. Januar machten wir einen Ausflug nach dem Talgletscher. Es ist interessant, diese Flachmoränen in der Nähe zu schauen. Angesammelt zu einem großen und sehr hohen Erdrücken, der sich schlängelnd in Längenrichtung des Gletschers hinzieht, liegen Steinmassen bis zu hunderttausende Tons aufgehend auf der Oberfläche des Gletschers. Hier sind Steine jeden Größenumfanges aufgestapelt, von dem gewaltigen Klippenblock bis zu Stücken von der Größe einer Haselnuß, und die Moräne macht hier eine wirkliche Musterkarte der vielen Eruptivbergarten, die das Gebirge hier enthält, aus.

Am Abend tötete ich einen Adéliepinguin, der in der Federwechselperiode stand. Hierbei machte ich eine ganz interessante Entdeckung. In der alten Federtracht war die Kehle weiß und das Schwarze zog sich vom Rücken über die hintere Hälfte des Kopfes und schloß dicht am Schnabel. In der neuen Federtracht wieder war der ganze Kopf schwarz und der weiße Teil begann erst unterhalb der Kehle. Früher hatten wir einige Exemplare mit weißen Kehlen bemerkt und waren in Übereinstimmung mit Racovitzas Ansicht der Meinung, es hier mit einer Abart des gewöhnlichen Adéliepinguin zu tun zu haben. Jetzt zeigte es sich jedoch, daß der weißkehlige Adéliepinguin nach einer gewissen Periode in den schwarzkehligen überging.

Als die Jungen die Daunentracht abzulegen begonnen und wir sahen, daß auch sie weiße Kehlen hatten, begriffen wir, daß diese Farbenzeichnung mit dem ersten Lebensstadium des Tieres zusammenhing. Eine andere Wahrnehmung, die ich gemacht habe, ist, daß den neu gerauht habenden Jungen der weiße Ring um die Augen fehlt und daß dieser Ring sich erst entwickelt, sobald das Tier nach einer anderen Rauhe seine schwarze Kehle wiedererlangt hat.

Am 31. Januar schreibe ich in meinem Tagebuche:

„Die ganze hier verbrachte Zeit hindurch haben wir Pinguinen gegessen, eine Mahlzeit an jedem Tage in Gestalt einer Suppe. Es ist schade, daß wir kein Gewürz mit uns genommen haben. Wie die Anrichtung nun ist, ist sie nicht gerade erfreulich, doch sind wir zufrieden, daß wir die Pinguinen haben. Neben der großen Unterhaltung, die sie uns in unserer Einsamkeit gewähren, sind sie uns auf diese Weise nützlich; es ist sowohl abwechselnd wie nützlich, auch frisches Fleisch zu essen.

„Bei unserem Pinguinenschlachten, das nebenbei sehr einfach vor sich geht, — wir schlagen ihnen mit einem Stock auf den Kopf, — haben wir versucht, gleichzeitig alle Mitglieder einer Familie zu töten, damit kein überlebendes Junges darbend umkommen soll. Hin und wieder hat sich doch das eine oder andere Exemplar sehen lassen, das wir dann aus Barmherzigkeit getötet haben.

„So gestern, da bis zum Strande herunter ein kleines, elendes Junges kam, das fertiggerauht und doch nahezu federlos war. Das kleine arme Geschöpf erbettelte von allen Begegnenden Futter, doch ohne Erfolg. Einige blieben zwar stehen und sahen nachdenklich drein, als aber die Bettelei zu energisch gemacht wurde, wendeten sie mit lautem Schrei den Kopf nach rechts und nach links, — ein Zeichen gleich nein. Andere schlugen nur nach ihm und setzten ihren Weg mit gefülltem Magen fort."

Wir hatten schon lange daran gedacht, einen Ausflug nach dem Platze, an dem unser überschneiter Vorrat lag, zu machen. Mit besserem Werkzeug und mehr Verfügungszeit konnte man mehr Aussicht haben, ihn zu finden. Andererseits dachten wir indeß an die Möglichkeit, daß der Antarctic jeden Augenblick eintreffen konnte und daß wir dann zur Stelle sein mußten. Wir dachten hin und her, ohne in dieser Frage zu einem Beschlusse zu kommen, als Anfang Februar verschiedene Schneestürme unseren Plänen ein Ende machten. Die übriggebliebenen Schneewehen, welche sich vorher mit jedem Tage verringerten, wuchsen hastig an, und unsere Aussichten waren dahin. Wir beschlossen, bis auf Weiteres zu verharren und die Schute abzuwarten. Kam sie bald, konnten wir vielleicht von der Südseite her und mit Beihilfe mehrerer Matrosen unseren unfreiwilligen Depotplatz leichter finden.

Am 6. Februar, als wir über die wahrscheinliche Ankunft des Antarctic sprachen, wurden Wetten vorgeschlagen, ich weiß aber nicht mehr um was. Ich, der der meist sanguinische, schlug

Kap Gordon. Larsen phot.

(in dessen Nähe wir umkehren mußten)

Rast während des Nachtmarsches. Duse phot.

den 14. Februar vor, Grunden den 21. und Andersson den 28. Keiner von uns sollte gewinnen.

Andersson hatte in der ganzen Zeit emsig an der Vermehrung seiner Fossiliensammlung gearbeitet. Stets zeigte er mir seinen Fund, und wenn ich sein freudestrahlendes Gesicht sah, wurde ich gleichfalls froh. Bald hatte er jedoch das ganze Gebiet systematisch durchsucht und war eines Tages gleichfalls beschäftigungslos. Der Herbst hatte zudem gewisse Zeichen seiner Ankunft gegeben und dies machte die Arbeitsaussichten noch geringer. Mitunter war es ganz kalt und rauh; es schneite oft, und die Abende wurden dunkler.

Wiederholt hatten wir in den letzten Tagen ruhig und besonnen über unsere Aussichten für die Zukunft resoniert. Noch hatten wir keine Veranlassung zu glauben, daß sich ein Unglück ereignet; denn von der übereingekommenen Wartezeit war noch ein Monat übrig. Wir mußten uns jedoch für eine eventuelle Überwinterung an diesem Orte einrichten. Eine Wohnung mußte angeordnet und Nahrungsmittel und Brennmaterial beizeiten angeschafft werden.

Material zum Aufbauen eines Häuschens war reichlich vorhanden, wohin wir uns wandten. Überall lagen in Größe und Form passende Steine umher. Auch an Nahrung war kein Mangel, solange wir die Pinguinen bei uns hatten. Mit der Feuerung war es dagegen etwas trauriger bestellt. Der Speck des erschossenen Seehundes war zum größten Teil von Pétrels und Labben verzehrt worden, obgleich wir ihn ganz tief im Schnee vergraben hielten, und seither hatten wir nur einmal Gelegenheit gehabt, eine Robbe zu erschießen.

Anfang Februar machte ich einen einfachen Kartenentwurf von der Bucht und des Moräneflachlandes. Verschiedentlich hatten wir darüber nachgedacht, welchen Namen wir der Bucht geben sollten. Ich schlug vor „Bucht der Hoffnung" („Hoppets vik") als einen Ausdruck unseres Vertrauens und unserer Zuversicht auf die Zukunft.

Am 8. Februar wurden wir von ungemein heftigen Sturmböen, die an das Zelt rüttelten und Alles über den Haufen zu werfen drohten, geweckt. Ich kam gerade zur rechten Zeit aus dem Schlafsack heraus, um bei einem gewaltigen Stoße eine Zeltstange festzuhalten. Wir hatten das Zelt mit nicht weniger als 19 Stangen errichtet, und diese gebrauchten wir gewißlich künftighin. Im späteren Verlauf des Februars und Anfang März war es oft stürmisch und rauh. Das kleine Zelt, welches wir hatten stehen lassen, riß bald in Fetzen und auch das große wurde übel zugerichtet.

Am 15. Februar begannen wir die Grundlegung des Häuschens. Es war eine schwere Arbeit. Besonders nahm das Herbeischaffen der Steine unsere Kräfte in Anspruch. Glücklicherweise hatten wir einige Zeltstangenteile über, die nicht gebraucht wurden, und von diesen und einigen Brettern stellten wir eine Bahre her, mit der sich die Steinlasten schneller und sicherer herbeischaffen ließen.

Das Häuschen wurde sehr klein angefertigt, teils weil wir es nach einer alten Persenning, die als Dach dienen sollte, abpassen mußten, und teils weil es leichter zu erwärmen, je kleiner es war. Dagegen machten wir bastante Mauern von nahezu anderthalb Meter Dicke.

Mit unserem Hausaufbauen ging es sehr langsam vor sich, es war ja aber auch unser erster Versuch im Grundbaufach. Wie anstrengend sie auch war, — weit mehr als ich geglaubt hatte, — kam uns die Arbeit, nachdem wir sie so lange entbehrt hatten, äußerst gelegen, und ich vermeinte, daß die übergebliebene Wartezeit trotz der mit jedem Tage sich steigernden Spannung und trotz der zunehmenden Stürme und Kälte verhältnismäßig schnell verging.

Die Pinguinen verringerten sich nun mit jedem Tage. Die Adéliepinguinen hatten fertig gerauht und waren emsig bei ihren ersten Schwimmversuchen. Auch hier dienten die älteren als Lehrer, gingen an der Spitze des Schwarmes zum Strande und warfen sich zuerst ins Wasser. Die Jungen blieben ein Weilchen stehen, blickten hierhin und dorthin und schienen mit lauter Stimme den Ernst der Situation zu beraten, bis sich plötzlich der mutigste von ihnen in das nasse Element stürzte, worauf allesamt diesem Beispiel unter lautem Geschrei folgten.

Die älteren Pinguinen waren bereits zum größten Teile verschwunden, und die zurückgebliebenen schienen gereizter und wütender als sonst zu sein. Sie zeigten sich zu einem kleinen Scherz durchaus nicht aufgelegt. Andersson und ich stießen eines Tages auf ein Paar, das in nicht sehr großer Eintracht mit einander zu leben schien. Wir suchten sie beide dadurch mit einander zu versöhnen, daß wir sie mit einer an ihren Füßen befestigten Schnur in ein paar Meter Abstand aneinander banden. Der Erfolg war aber ein ganz anderer. Beide rasten hinweg, jeder seiner Richtung zu ziehend und in den schlimmsten Guanoansammlungen herumwälzend, sodaß sie nach einigen Minuten wie rotgelbe Lehmklumpen aussahen, weit unterschieden von den stolzen Erscheinungen, die wir kurz zuvor noch erblickt hatten. Einen Augenblick gerieten sie aneinander, daß die Schmiere um sie herspritzte, und machten einander mit einigen kräftigen Bissen klar, daß diese unerwartete Vereinigung nicht nach ihrem Geschmack, — im anderen Augenblick setzten sie ihre wilde Jagd fort, abwechselnd springend und auf dem Bauch rutschend, aber die Schnur immer zwischen sich gestrammt haltend.

Alle Pinguinen, die friedlich und im Halbschlummer ihnen im Wege saßen, wurden über den Haufen geworfen, worauf diese aufgebracht und wütend auf die ungebetenen Gäste losrasten, daß sie gezwungen waren, eine Schlacht zu liefern, bei der die unselige Schnur allen gleich im Wege war. Schließlich stürzten die beiden mißverstandenen Tiere mit einem Blick hoffnungsloser Verzweiflung — soweit ein Pinguin einen solchen zeigen kann, — hinunter zum Wasser, um in See zu stechen. Im letzten Moment glückte es uns, sie am Strande aufzuhalten und sie von dem Vereinigungsbande zu befreien.

Die Schnur war stark, und ich befürchte, daß sie lange mit einander Lust und Leiden hätten teilen müssen, wenn wir sie nicht zu trennen vermocht hätten.

Dieser Vorfall erinnerte mich lebhaft an eine Episode auf

der Seymourinsel bei unserem dortigen Besuch im vorigen Sommer. Ein Pinguin war mehr als gewohnt aufsässig und griff uns trotz aller Abwehrungsversuche unaufhörlich an. Da kam einer der Matrosen auf einen glänzenden Einfall: Der kleine Aufsässige sollte zu einem Schnaps eingeladen werden. Aus dem kleinen Kognakfläschchen wurde ihm der edle Trank serviert, den das Tier mit Wohlbehagen zu genießen schien. Gerührt von der wohlwollenden Behandlung ließ uns der Pinguin in Frieden und begab sich in sichtlich sehr gehobener Stimmung zu seinen verblüfften Kameraden, wo er unter allerhand Piruetten und Volten eine brillante Probe von Pinguinenakrobatik zum Besten gab.

Der Sprit schien auf einen Pinguin eine sehr kräftige Wirkung auszuüben und auch die Bierstimmung war eine erstaunlich gute.

Die Anzahl der Adéliepinguinen verminderte sich — wie gesagt — merklich. Große Scharen von schwimmfertigen Jungen gingen täglich zum Strande hinunter und kehrten nicht wieder. Es widerstrebte uns sehr, das Schlachten zu beginnen, ehe wir nicht wußten, daß wir gezwungen, hierzubleiben, doch andererseits sah es aus, als ob der künftige Winterproviant ganz einfach zu verschwinden gedachte. Als wir in den letzten Tagen zur Lagune nach Wasser gingen, war es unter den Pinguinen so gelichtet, daß wir ganz ungehindert einherziehen konnten. Wir mußten uns also in das Unvermeidliche schicken, und am 19. Februar nahm das Schlachten seinen Anfang.

Was in die Pinguinen gefahren war, weiß ich nicht; ihr Charakter schien sich ganz und gar geändert zu haben. Dieselben Tiere, die uns vorher immer hartnäckig angegriffen hatten, ergriffen jetzt die Flucht, sobald wir in ihre Nähe kamen. Vielleicht hatten sie eine Ahnung, daß der Stock in unseren Händen Tod bedeutete, — worüber sie bald Gewißheit erlangten, — vielleicht auch hatten sie nun, da sich ihre Reihen gelichtet, die alte Sicherheit und Kühnheit verloren. Genug: dieses Pinguinenabschlachten wurde zu einer wirklichen Jagd, bei welcher man mit zerrissenem Schuhwerk und schmerzenden Füßen sich häufig erst müde laufen mußte, ehe das Wild zur Strecke kam.

Wieder in Nähe der Bucht der Hoffnung. Duse phot.

Adéliepinguinen. Larsen phot.

Das Anschaffen des Winterproviants war jedoch eine Lebensbedingung für uns, falls wir zur Überwinterung gezwungen sein sollten. Obwohl wir während der vergangenen Zeit Tag um Tag Pinguinenfleisch gegessen hatten, sah es doch sehr schlimm mit unserem Konservenvorrat aus, und es bedurfte nur eines schnellen Überschlagens, um herauszubekommen, daß dieser nicht lange hinreichte. Als Minimum für den Winter hatten wir 500 Pinguinen berechnet, wie ich aber später zeigen werde, war diese Summe allzu niedrig angenommen.

Von den Pinguinen sind es eigentlich nur die außerordentlich entwickelten Brustmuskeln, die eine zusagende Nahrung bieten. Das Rücken- und Beinfleisch war allzu unbedeutend, um sich der Mühe zu unterziehen, den Vogel völlig zu schinden. Während der künftigen Schlachttage, an denen wir uns beeilen mußten, das Fleisch vor Eintreten der Dunkelheit vor den gierigen Pétrels in Sicherheit zu bringen, hatten wir keineswegs Zeit zu weitläufigen Operationen. Mit einem einzigen Schnitt die Brust entlang wurde die Haut aufgeschnitten, worauf man sie mit den Händen seitwärts abstreifen konnte, bei welcher Gelegenheit die dicke Speckschicht mitfolgte, und das Fleisch war bloßgelegt. Nachdem wir uns etwas in die Abschlachterei eingearbeitet hatten, erreichten wir in diesem Fache eine große Fertigkeit, und mit Ausnahme des Fangens selbst ging alles sehr schnell von statten.

Der Aufbau des Steinhäuschens wurde langsam und sicher fortgesetzt. Gewöhnlich trugen zwei von uns die Steine zum Bauplatz und der dritte war der Maurer. Der einzig vorhandene Tragesack — die beiden anderen waren im Schneesturme verloren gegangen, — wurde zum Herbeischaffen von Grus und Sand, der bei niedrigem Wasserstand vom Strandrande geholt wurde, benutzt, um den Zwischenraum der Steine auszufüllen.

Am 24. Februar hatten wir die Mauern etwa 1 m hoch fertig. Wir bauten bis auf Weiteres das Häuschen nur im Viereck hoch und ließen noch die Frage um Form und Größe des Eingangraumes offen. Je weiter der Bau fortschritt, desto beschwerlicher wurde er. Wir hatten bald alle passenden Steine, die in der Nähe des Bauplatzes lagen, aufgebraucht und mußten uns nun nach weiter abgelegenen verwendbaren anderen umsehen. Mit dem Anwachsen der Mauer wurde es auch schwer, die gewichtinhaltreichen Steine zu ihrem bleibenden Platze zu erheben.

Gelegentlich erlegten wir eine Robbe, deren Speck wir in ein Faß, in dem früher Schiffszwieback gewesen, sammelten. In diesen Tagen führten die Raubvögel ein wildes Leben unter den Pinguinenkadavern, welche in der Nähe des Zeltes umherlagen. Es war ein ohrenbetäubender Lärm und ein beständiger Kampf unter Heulen und Schreien in allen Tonarten um die besten Plätze.

Eine buntere Gesellschaft konnte man hier unten kaum zu sehen bekommen. Die ebengebauten schwarzbraunen Labben, die schlanken, stattlichen Dominikanermöwen und die kleinen schneeweißen Chionisvögel bewegten sich hier in einem einzigen Wirrwarr unter den plumpen Riesenpétrels, die sichtlich alle beherrschten und von den fettesten Leckerbissen wegtrieben. Alle schwelgten unter den blutigen Resten unseres Pinguinenschlachtens, ohne auf die lebenden Pinguinen, die unbekümmert um das Schauspiel ruhig über den Platz wanderten, acht zu geben.

Alle diese Raubvögel verschwanden hernach allmählich. Mit dem Anbruch des Winters zogen sie sich nach dem Norden und ließen nur einige wenige Chionisjunge zurück, die nicht verständig genug waren, zu folgen und deshalb den langen Winter mit uns gemeinsam durchkämpfen mußten.

Im Sommer hatten viele Sturmschwalben unseren kleinen Platz umkreist. Wiederholt war ich nach ihnen auf Jagd aus, doch glückte es mir nie, eine zu schießen, bis mir ein reiner Zufall einmal ihren Aufenthaltsort verriet. Ich sah einen dieser kleinen Vögel — vielleicht den schönsten von allen Vögeln des Südlichen Eismeeres, — sich auf einen Felsen niederlassen und im selben Augenblick verschwinden, ohne seinen Aufflug zu bemerken. Nachdem ich an dem Platze einige Steine zur Seite gestoßen hatte, fand ich die Sturmschwalbe tief unterhalb einer Steinplatte verkrochen, von welchem Platz sie sich mit den Händen greifen ließ.

Dem Leser scheine ich mich vielleicht in diesem Kapitel zu viel mit der Vogelwelt zu beschäftigen, doch bitte ich zu bedenken, daß gerade in dieser Zeit des dreuend ansetzenden Winters und des Hangens zwischen Zweifel und Hoffnung diese Vögel uns eine Gesellschaft und Zerstreuung waren, deren Bedeutung erst völlig verständlich, nachdem sich die Tiere zurückgezogen hatten.

Ende Februar und Anfang März wurde unser Hausausbau durch scharfe Schneestürme erschwert, wozu sich noch die zunehmende Kälte gesellte. Das Zelt hatte immer mehr Risse erhalten und bot gegen den beißenden Wind wenig Schutz mehr. Manche Nacht fror man recht sehr in seinem Schlafsacke und auch unsere Magen fingen an, energisch gegen die Kälte und die spartanische Lebensweise zu opponieren. Während der letzten Tage und Nächte, welche wir in dem zerrissenen Zelte zubrachten, fror uns ungemein und wir sehnten uns sehr danach, unter das schützende Dach unserer mit Schweiß und Mühe errichteten Mauern zu kommen.

Unsere Sehnsucht ging natürlich auch weiter. Sie nahm ihren Weg nach der Heimat, zu den rauschenden Wäldern und lachenden Ufern, zu allen Denen, die in der Heimat uns so nahe standen und nun bald mit Unruhe auf eine Nachricht von der Beendigung der Reise warteten. Und diese quälende Sehnsucht spitzte sich zu der Hoffnung zusammen, daß der Antarctic — wenn auch spät — doch kommen und uns abholen möchte, zum letztenmale den Steven nach dem Norden zu wenden.

Fast jeden Tag wanderten wir mehrmals hinauf zur Lagune, um von den in ihrer Nähe befindlichen Anhöhen einen Ausblick über den Sund zu erlangen. Und wenn man dann so dastand, jede Fiber gespannt in der Erwartung, die liebe alte Schute zu erblicken, spielte einem die Phantasie oft einen sehr großen Possen. Bald schimmerte durch den Nebel eine Schattenkontur näher, die schnell die Formen eines Seglers annahm, um sofort wieder wie höhnend zu verschwinden; bald sah man deutlich die Mastspitzen des Antarctic am Horizont heraufsteigen, um bei genauerer Besichtigung sich als die sonnenbeschienenen Spitzen eines Eisberges auszuweisen.

Man hoffte und hoffte; das trug hieran die Schuld. Man lebte ständig in dem Gedanken, daß der Antarctic trotz Allem den Weg zu uns finden würde und dieser peinigen Ungewißheit ein Ende bereitete.

Wir hatten uns aber auch in die Unannehmlichkeiten einer Überwinterung hineingedacht und uns so gut es anging darauf vorbereitet. Den Robbenspeck hatten wir in einer großen Konservenbüchse probegebrannt, zwar nur mit Hanfdocht, doch brannte er sehr gut. Fleisch sammelten wir so viel wir konnten und vermehrten ständig den Wintervorrat, und hinsichtlich der praktischsten Konstruktion des Steinhäuschens hatten wir viele tiefsinnige Diskusionen.

Keiner von uns hatte Erfahrung in solchen Überwinterungsverhältnissen, wie unserer vielleicht harrten, und oftmals wünschten wir, daß uns Nansens „Eskimoleben" zur Verfügung gestanden hätte, um daraus die nötigen Anweisungen zu ersehen.

Unsere erste Spekulation war bereits im Zelte, wie wir eine brauchbare Specklampe herstellen konnten. In den Nächten war es oft lange pechfinster gewesen, und die wenigen Stearinlichte, die wir mitgenommen hatten, mußten wir zu künftigem Bedarf aufsparen. Die von uns versuchten Tranlampenmodelle erloschen unablässig nach kurzem Brennen und dünsteten entsetzlich aus. Erst im Steinhäuschen sollten wir mehr Glück mit unseren Konstruktionen haben.

Speck hatten wir reichlich, wie wir glaubten, und wir konnten noch mehrere Seehunde erwarten. Mitunter war die Robbenjagd nicht ohne Annehmlichkeiten. Am 27. Februar schreibe ich:

„Wir hatten heute morgen eine glückliche Robbenjagd. Ich schoß drei Stück, wovon zwei große Robbenmännchen, die auf ein paar höherer Eiskosen lagen. Es war eine harte Arbeit, sie herunter zu ziehen. Die größte lag so, daß keiner zu ihr hingelangen konnte. Grunden machte ein paar Versuche, mußte aber davon abstehen. Mit Beihilfe unserer langen Hacke, die wir mit großer Mühe festhauen konnten, glückte es uns schließlich, das schwere Tier herunterzubekommen. Es hatte lange gewährt, ehe

Papuapinguinen

Antarcticapinguinen. Skizze vom Verf.

Pinguinenstudien I.

Adéliepinguinen. Skizze vom Verf.

Pinguinenstudien II.

wir es ordentlich zu packen bekamen, und noch länger, ehe es sich bewegte, aber dann, als es in Bewegung gebracht worden, kam es auch mit umso größer Geschwindigkeit herunter. Wir standen bis zu den Knieen im Wasser und fanden mit genauer Not Zeit, seitwärts auszuweichen, als der Koloß über unseren Köpfen heruntergetanzt kam. Er plumste derart hinein, daß wir eine tüchtige Salzwasserdusche erhielten. Hierauf mußte ihn Grunden im Wasser abhäuten."

Ein andermal schossen wir einen Seehund, der draußen auf einer Eisscholle neben der Strandeiskante lag. Als Grunden an die Abhäutung desselben gehen wollte, brach plötzlich ein heftiger Sturm aus, daß das Blut des Tieres über uns beide, Grunden und mich, spritzte und die Eisscholle in einen förmlichen Seegang versetzt wurde. Es glückte uns aber dennoch, das Fell und einige Fleischstücke an Land zu schaffen.

Der Fleischvorrat wurde doch noch nicht völlig beschafft. Dies geschah erst später und in einer Weise, worüber ich im nächsten Kapitel berichten werde.

Am 6. März schreibe ich in meinem Tagebuche:

„Wir haben die ganze Nacht hindurch einen ungemein heftigen Schneesturm gehabt. Das Zelt riß, daß ich glaubte, es müßte in Fetzen aufgehen. Obgleich wir nun die Haarseite der Schlafsäcke nach innen gewendet haben, friere ich in einer solchen Nacht doch so, daß es mich schüttelt. In einigen Tagen können wir gewiß in dem Steinhäuschen Schutz vor den Stürmen erlangen, noch hoffe ich aber, wir kommen bald an Bord des alten Antarctic."

Am 9. März war es uns mit großer Anstrengung geglückt, die Mauern in definitiv festgestellte Höhe zu bekommen, ein schwerer Sturm aber füllte das ganze Steinhäuschen mit Schnee an und verhinderte während der nächsten Tage die Fortsetzung der Arbeit.

Erst am 12. konnten wir unser einfaches Dachgestell, das aus dem Schlitten, Skistäben, einigen Stangen, dreieckigen Brettschirmen (welche eigentlich zu Signalen für die Kartenaufnahmen bestimmt waren), Dauben und Tonnenböden ꝛc. bestand, aufsetzen. Grunden arbeitete den ganzen Tag daran, die alte zermürbte Schiffspersenning zusammenzunähen, damit sie halten sollte, wenigstens wenn sie an ihren Platz gebracht wurde. Ich meinerseits hatte die Verfertigung einer Pinguinenhautmatte für den Fußboden des Häuschens vor, und Andersson hatte eine mühevolle Arbeit, die Hütte von Schnee zu säubern.

Glücklicherweise war es ein ruhiger und klarer Tag bei etwa 10 Grad Kälte. Als das Dachgestell fertig war, so stark und dauerhaft, wie wir es mit unserem mangelhaften Material bewerkstelligen konnten, wurde die Pinguinenmatte an ihren Platz gelegt und das Zelt ins Innere des Häuschens geschafft. Da der Hausinnenteil etwas kleiner als das Zelt war, mußte letzteres unten etwas zusammengelegt werden. Das Zelt war, um den gewaltigen Stürmen widerstehen zu können, wie ich schon vorher bemerkte, mit nicht weniger als 19 Stagen von dauerhaften Hanfstricken befestigt gewesen. Die obersten dieser wurden nun von innen heraus über die Mauerkrone gezogen und an den Außenseiten der Mauer befestigt. Das Zelt bildete hierdurch eine innere Wand, eine Tapete, sodaß wir innen nicht mehr die nackten Steinwände hatten.

Am Abend schafften wir schließlich noch unsere Schlafsäcke und andere Gegenstände hinein, und nachdem wir den unvollendeten Eingang provisorisch verstopft hatten, fühlten wir uns etwas sicherer vor den Stürmen.

Die kalten, scharfen, wenigstens für uns hinreichend scharfen Stürme waren peinigender gewesen, als ich beschreiben kann. Noch hatte zwar die Hoffnung keinen von uns völlig verlassen, aber es hatte sich doch ein leiser Zweifel an eine glückliche Lösung eingeschlichen, ein Zweifel, der, nachdem der letzte Tag der Wartefrist ohne Änderung der Dinge verstrichen war, immer stärkere Formen angenommen hatte und nun in Gewißheit überging.

Als wir alle drei am Abend in unserem neuen Wohnraume saßen, dachten wir fröstelnd an die vielen kalten und dunklen Tage, die uns erwarteten, an die Entbehrungen und Leiden eines

Pinguin, sein Junges fütternd. Ekelöf phot.

Riesenpétrel, ein lebendes Pinguinjunges fressend. Skizze vom Verf.

kommenden Winters und man verwünschte die Dummheit, solchen Fall nicht vorausgesehen und sich besser ausgerüstet zu haben.

Aber die Würfel waren schon lange zuvor gefallen. Den Antarctic sollten wir in diesem Herbst nicht mehr sehen und uns blieb nur übrig, wie Männer einer Überwinterung in Dunkelheit und Kälte, Schmutz und Elend zu begegnen.

9. Eine rauhe Überwinterung.

Betrachtungen. — Der Proviant. — Die Einrichtung des Häuschens. — Das tägliche Leben. — Küchengeschäfte. — Orkane und Kälte. — Wanderungen in der Einsamkeit. -- Tau und Widerwärtigkeiten. — Wintermitte. — Robbenjagd. — Füchversuche. — Pläne zum Aufbruch.

Jetzt begann für uns ein Leben, wie es sich wohl keiner, der nicht selbst dabei gewesen, in seiner ganzen Wirklichkeit vorstellen kann.

Glücklich ins Steinhäuschen umgezogen, versprachen wir uns anfangs mehr Schutz und Ruhe. Mit dem Warten und der Spannung war es zu Ende. Jetzt lebten wir in der Gewißheit, hier den kommenden Winter zubringen zu müssen, und wiewohl wir einsahen, daß es für uns in mehr als einer Hinsicht eine Zeit der Prüfung sein würde, blickten wir doch verhältnismäßig ruhig in die Zukunft.

Andere hatten ja dasselbe Leben, das uns erwartete, zu führen gehabt, und im Vergleich zu Nansens und Johansens Überwinterung waren uns große Vorteile geblieben. Wir hatten noch — wenn auch in unbedeutender Menge — Konservenvorrat, Schiffszwieback für den ganzen Winter, wenn wir nur sparsam damit umgingen, in dem Häuschen noch ein Zelt übrig und — — das Wichtigste von Allem — wir waren drei. Zwei Personen, die unter solchen gedrückten Verhältnissen in unfreiwilliger Gefangenschaft aneinander gekettet leben, werden sich schneller über, und der Mangel an Abwechslung, an Wesen zum Gedankenaustausch wird mehr und schwerer empfunden. Sind aber drei beieinander, so sieht nicht jeder nur stetig ein Gesicht, hört er nicht nur ständig eine und dieselbe Stimme.

Wenn man einen Winter durchgelebt hat, wie wir getan haben, ahnt man, wie dies für Nansen und Johansen gewesen sein muß, für sie, die mit einer mindestens ebenso ungewissen Zukunft wie die unserige noch größere Entbehrungen als wir ausstehen mußten.

Aber Eines ist dabei zu bedenken: Diese Männer überwinterten, nachdem sie ein großes Werk ausgeführt, nachdem sie im Vordringen zu dem allezeit lockenden Pol einen Rekord geschlagen hatten! — Wir dagegen hatten zwar unter den mehr begrenzten Verhältnissen unsere Pflicht getan und unseren Einsatz, die isolierte Station am Snow Hill zu entsetzen, entrichtet, dieses Bewußtsein aber konnte uns nicht trösten, wenn wir uns ehrlich hineindachten in die wahrscheinliche Tatsache, daß der Antarctic und mit ihm alle Kameraden und auch die während dieser letzten Eisfahrt erzielten Resultate unserer Tätigkeit verloren gegangen waren.

Daß dem Antarctic in irgend einer Form ein Unglück zugestoßen, war sicher. Er konnte im Eise festsitzen geblieben sein; eine Beschädigung des Propellers konnte ihn gezwungen haben, vor Segel den nächsten Hafen aufzusuchen; ihm konnte das Steuer gebrochen sein, daß er wie ein Wrack vor den Südstürmen her nach dem Norden getrieben wurde; er konnte doch auch in dem allezeit ungleichen Kampfe zu Grunde gegangen sein, und dann war es wenig wahrscheinlich, daß wir einen von denen wiederzusehen bekämen, die uns beim Abschied mit Wärme die Hand gedrückt und uns eine glückliche Reise gewünscht hatten.

Was bedeuteten die physischen Leiden gegen die ständige Ungewißheit über das Geschick des Antarctic und der Kameraden? Was bedeutete Kälte und Hunger gegen den Gedanken, daß man schließlich heimkehrte als Wracktrümmer einer verunglückten Expedition, bei der unsere Arbeiten zum großen Teil verloren gegangen waren?

Für uns war die Lage nicht kritisch. Konnten wir nur diesen Winter überstehen, blieb uns dann nur übrig, uns zur Winterstation am Snow Hill zu begeben. Wo dieser belegen war, wußte man daheim, und nach dorthin würde früher oder später eine Entsatzexpedition sich den Weg suchen, unser Überwinterungsplatz war aber nur den wenigen Männern bekannt, die uns an Land gehen sahen und die vielleicht nicht mehr aufzufinden waren.

Wenn wir uns nicht nur für eine Sommerreise eingerichtet hätten, konnten wir noch im Laufe dieses Winters, wenn sich das Eis wieder gefügt hatte, einen neuen Versuch machen, die Station Nordenskjölds zu erreichen. Wie es nun aber stand, blieb uns nur übrig, den Frühling abzuwarten, der uns aus der Gefangenschaft befreite.

Daß die Kleiderausrüstung so mangelhaft war, beruhte nicht ausschließlich auf Nachlässigkeit. Zwar hatten wir nie an die Situation einer hiesigen Überwinterung gedacht, sondern als ziemlich sicher angesehen, daß wir zum Snow Hill kommen und dort vielleicht wieder an Bord des Antarctic gehen würden; wenn wir selbst aber auch eine solche Situation mit in Berechnung gezogen hätten, hätten wir hier doch kaum einen weitläufigen Kleidervorrat deponieren können. Wir mußten ja auch mit der Wahrscheinlichkeit rechnen, unterhalb der sperrenden Eismasse offenes Wasser zu finden, das vielleicht ein Vordringen weit nach dem Süden gestattete. Hierbei konnten wir unsere Kleider wohl gut gebrauchen, und in Reserve hatten wir keine mehr. Hätten wir sie hier plaziert, wäre dies mit dem Risiko geschehen, sie gerade dann zu entbehren, wenn wir sie am meisten benötigten, — wenn wir nicht gezwungen sein wollten, ehe der Antarctic vom Snow Hill aus seine Fahrt nach dem Süden fortsetzte, eine Extratour hierher zu machen, um sie abzuholen.

Die Kalkulation erwies sich in diesem Falle als falsch, und wir mußten hierfür auch die Folgen tragen.

Mit der Stunde unseres Einzugs in das Steinhäuschen fing für uns eine andere Tagesordnung an.

Ein Überschlag des restierenden Konservenvorrates hatte das Resultat ergeben, daß nach Abzug des für eine künftige Schlittentour nach dem Snow Hill Benötigten gerade soviel übrig blieb, uns jeden Sonntag eine knappgehaltene Portion Konservenfleisch leisten zu können. Außerdem hatten wir zwei- bis dreimal konservierten Hering als Appetitbissen, einen Sack Gerstengrütze zu etwa ebenso oftmal Brei in der Woche, sowie eine Kiste getrocknetes Gemüse, von dem der täglichen Pinguinen- oder Robbensuppe immer nur ein Geringes zugefügt wurde.

Der Vorrat an Schiffszwieback gestattete uns, täglich etwa drei Stück pro Mann zu verzehren, und zu diesen hatten wir hinreichend Margarine. An Bord hatte ich nie Schiffszwiebacke gegessen, — es gab dort stets besseres Brot, — aber während dieser langen Wintermonate waren die „Smörgosar“[1]) von Zwieback die größten Leckerbissen, ungeachtet dessen, daß die Margarine recht bedeutend ranzig war.

Zur Abwechslung in unserer Nahrungsweise verfügten wir auch neben den schon erwähnten Dingen über Kaffee, Tee und Zucker, sowie über etwas Kakao, von dem wir jedoch den größten Teil im Sommer verbraucht hatten. Von Kaffee und Tee nahmen wir täglich nur sehr wenig, — nur mit großer Mühe konnten wir die beiden Getränke im Geschmack unterscheiden, — und Zucker kam nur Sonntags vor.

Ich glaube, mich nun ziemlich eingehend über die uns aus unserem eigenen Vorrat zu Gebote stehenden Nahrungsmittel

[1]) Butterschnitte.

ausgelassen zu haben und will nur noch einige Zahlen beifügen, um die Situation zu verdeutlichen. Wie ich schon gesagt habe, aßen wir während der ganzen Wartezeit vom 17. Januar bis 11. März an jedem Tage ein Pinguinengericht und sparten dadurch 56 Mahlzeiten an Konserven. Zu Beginn der Überwinterung, am 12. März verfügten wir an Fleischkonserven über 32 Mahlzeiten für Sonntage und feierliche Gelegenheiten und 21 für die Schlittenfahrt, also zusammen 53 Mahlzeiten, wozu noch an Heringen 35 Mahlzeiten kamen. Jede Mahlzeit umfaßte drei Portionen. Hieraus geht deutlich genug hervor, daß wir, wenn es an diesem Platze keine Pinguinen gegeben und wir während des Sommers ebensoviel gegessen hätten, wie nun der Fall gewesen, (wir hatten den berechneten Etat nicht überschritten,) mit dem eigentlichen Beginnzeitpunkt der Überwinterung den ganzen Konservenvorrat nahezu aufgebraucht hätten und füglicherweise einem gewissen Hungertod überliefert gewesen wären.

Die Pinguinen waren unsere Rettung. Noch nach dem Einzuge in das Steinhäuschen setzten wir das Fangen und Schlachten fort, sowie wir ihrer habhaft wurden. Viele waren nun nicht mehr übriggeblieben, und es schien eine harte Arbeit zu werden, die berechnete Anzahl von 500 Stück zu erreichen. Recht viel Schnee war schon gefallen und hatte sich stellenweise zu hohen Schneewehen angehäuft, welche uns bei den Pinguinenjagden den Weg versperrten, dafür aber unserem Wilde das Entkommen erleichterten.

Der letzte Fangtag war recht bemerkenswert. Andersson hatte einen glänzenden Einfall bekommen, zu dessen sofortiger Verwirklichung er schritt. Er grub in den Schnee eine metertiefe Grube, in die zwei zu ihr konvergierende Schneewälle führten, welche hoch genug waren, um die Pinguinen am Hinüberkommen zu verhindern. Darauf trieben wir langsam einen Pinguinenhaufen von etwa 150 Stück vor uns her, wovon der größte Teil zwischen die Schneewälle kam und schließlich in der Grube anlangte, aus der die Tiere nicht mehr heraus konnten. Jetzt ging das Abschlachten, wie widerwärtig dies auch war, leicht von statten.

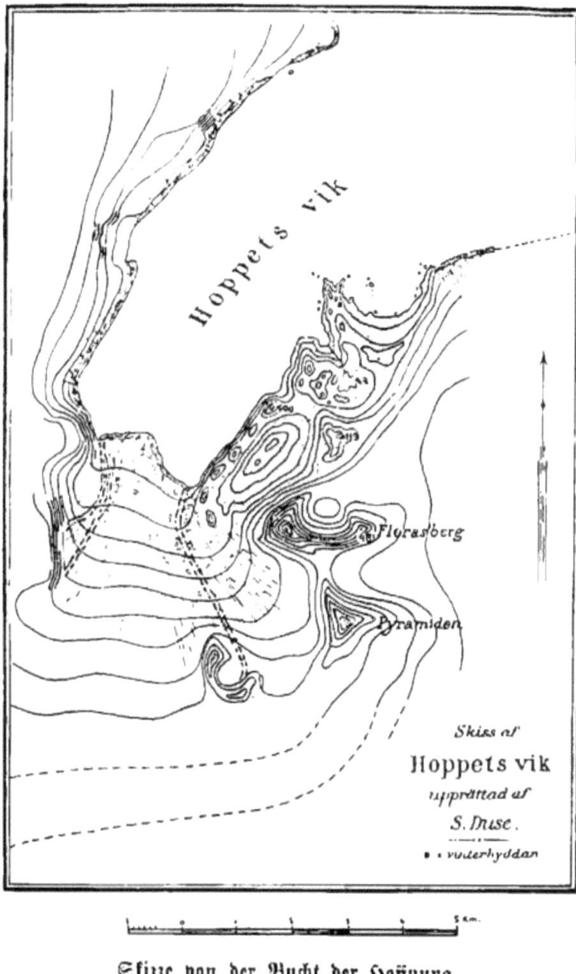

Skizze von der Bucht der Hoffnung,
hergestellt von S. Duse.
vinterbyddan (Winterhäuschen). Hoppets vik (Bucht der Hoffnung).
Florasberg (Floraberge(-gebirge). Pyramiden (Pyramide).

Während mehrerer Stunden Arbeit war es uns vorher an demselben Tage geglückt, 15 Stück zu töten, und nun fingen wir mit einem Schlage 86.

Hiermit war auch die Einsammlung von Pinguinenfleisch beendet.

Nachdem wir uns in dem Häuschen eingerichtet hatten, arbeiteten wir emsig an der Fertigstellung des Einganges. Vorher hatten wir eine provisorische Türöffnung bei a (siehe Plan), und die Außenmauer war bei b abgebrochen. Gewöhnlich waren zwei von uns mit dem Aufbauen beschäftigt; denn der Koch konnte nicht viel von seiner Küchenarbeit abkommen.

Am 23. März schreibe ich:

„Der Flur wird schon sehr hübsch. An der Herdseite machen wir eine Uratableitung von ineinandergesteckten Konservenbüchsen durch die Mauer, in der Ecke daneben eine Vertiefung, die zu einem ganz primitiven W. C. dienen soll, und die Außenmauer nahe am Eingang erhält eine durchgehende Öffnung, durch welche wir Schnee zum Schmelzen hereinholen können."

Am 26. März war dieser Anbau fertig und die kleine Zeltpresenning als Dach darüber gelegt. Die Eingangsöffnung selbst war quadratisch und nahezu 1 Meter breit. Zu unterst wurde die Petroleumkiste, seitwärts von derselben und über sie drei Anderssons Fossilien enthaltende Kisten aufgestellt. Hierdurch wurde der Eingang von vier flachen Bretterwänden begrenzt, was uns ermöglichte, eine dicht verschließende Tür, die bei Stürmen den Schnee verhinderte, zu uns hereinzuwirbeln, anzuordnen.

Am 28. März war auch die Tür fertig, die zwar ohne Angeln und Schloß, doch mit einer einfachen und sicheren Verschlußeinrichtung von innen versehen war. Nachdem wir über dem Rauchabzugloch ein Schornsteinrohr mit Rauchkappe (aus leeren Konservenbüchsen) befestigt hatten, vermeinten wir, daß das Häuschen von außen betrachtet einen mehr zivilisierten Eindruck machte.

Obgleich die Mauern von ansehnlicher Dicke waren, hatten sie doch keineswegs die Dichtheit gewöhnlicher Steinmauern. Der erste Schneesturm nach unserem Einzuge führte durch hunderte von Ritzen und Löchern Unmengen von Wirbelschnee herein, die sich zwischen Mauer und Zeltwand festsetzten und drohten, mit ihrer Schwere das ganze aufgespannte Zelt loszureißen. Erst als wir danach die Mauern mit einer Mischung von Schnee und Meerwasser übertüncht und außerhalb der hierdurch entstandenen Eiswand noch einen mehrere Meter dicken Schneewall aufgeschichtet hatten, wurde das Häuschen völlig dicht.

Aus dem Plane ist zu ersehen, wie wir innen eingerichtet waren. Wir hatten nicht gerade viel Raum, uns zu bewegen, und nachts, wenn die Schlafsäcke ausgestreckt waren (die gestrichelten Linien), war die ganze Bodenfläche in Anspruch genommen. In der ersten Zeit konnten wir aufrecht im Raume stehen, aber als das Dach sich zu senken anfing, — der elastische Schlitten gab der Last nach, und das Zeltstag dehnte sich aus, — war dies unmöglich. Zwar wurde die alte Zeltstange unter den Schlitten gestemmt, als wir merkten, daß dieser in der Mitte zu sinken anfing, und verhinderten dadurch ein weiteres Senken, aber ihn in seine ursprüngliche Lage zu heben vermochten wir nicht.

Auf Komfort und Bequemlichkeit machten wir keine Ansprüche. Ein paar Holzkisten, um am Tage darauf zu sitzen, nachts einige Pinguinenhäute unter den Schlafdecken ausgebreitet, um weniger hart und eckig zu liegen, und schließlich um die Zeltstange eine Brettscheibe herum, die, wenn wir lagen, unter dem Dache festgebunden und zu einem Tische aufgestellt wurde, wenn wir aus den Schlafsäcken krochen, — das war alles.

Dunkel war es in unserem kleinen Häuschen; denn nachdem die Mauern zugedichtet waren, fiel kein Lichtstrahl mehr herein. Beim Beginn des Baues hatten wir über die Anbringung eines Fensters nachgedacht. Wir setzten eine Holzkiste in die Mauer ein, die als Fensterrahmen dienen sollte, und nagelten an Stelle des Glases dünnes Segeltuch fest. Die außen befindlichen Schneewälle nahmen jedoch das spärliche Licht, das so hätte eindringen können, völlig weg.

Es war nur gut, daß wir keine Lektüre hatten; denn sicher hätten unsere Augen beim Lesen in diesem mit der von uns ermöglichten mangelhaften Beleuchtung ausgestatteten Raume Schaden erlitten. Unsere kleine Tranlampe, bestehend aus einer Konservenbüchse, die mit Speckstücken gefüllt und mit einem aus einem Stückchen in Tran getränkter Hanfleine hergestellten Docht versehen war, gab eine äußerst unbedeutende Flamme ab und blakte überdies entsetzlich.

Der schlimmste Rußerzeuger war jedoch der „Herd", besonders wenn das Schornsteinloch überschneit war und der dicke tranďurchmischte Rauch keine Abgangöffnung fand. Mehrmals waren wir nahe daran, vor Rauch zu sticken, und mußten wir dann das Dach an irgendeiner Ecke aufbrechen, um Luft zu erhalten. Als wir nach nur einer Woche Verweilens eines Tages ins Freie traten und einander im Tageslicht zu sehen bekamen, brachen wir alle drei in ein herzhaftes Lachen aus —. Wir waren schwarz wie die Neger.

Eine Möglichkeit, uns während der langen Zeit unseres hiesigen Verweilens zu waschen, bestand für uns nicht. Wir hatten keine Seife, und außerdem gestattete uns der magere Speckvorrat nicht, mehr Schnee zu schmelzen, als wir zum Lebensunterhalt benötigten. Nur einmal im Winter erlaubte ich mir den Luxus, mir die Füße mit warmem Wasser zu waschen, d. h., das Wasser war zu Beginn der Operation warm, doch ziemlich kühl gegen den Schluß derselben. In Übereinstimmung mit den Kameraden benutzte ich zu dieser Waschung mein Eßgeschirr, das nach einer dürftigen Reinigung hernach wieder als Teller dienen mußte.

Es ist merkwürdig, wie eingefressen schwarz die Haut werden konnte. Wenn es nicht allzu kalt war, versuchte man, die Hände mit Schnee rein zu reiben, doch mit schlechtem Erfolg. Nur bei vereinzelten Fällen, wenn man sich in den Finger geschnitten hatte u. dergl. und man die verwundete Stelle mit dem Munde reinsog, erhielt man die natürliche Hautfarbe zu sehen.

Sämtliche Arbeiten und Beschäftigungen wurden in gleicher Weise verteilt und alle wichtigeren Beschlüsse durch Abstimmung gefaßt, wobei zwei über den dritten bestimmten. Wir waren jedoch äußerst selten verschiedener Ansichten, und unser ganzes Leben, so leer und gleichmäßig es auch war, trug das Gepräge einer Eintracht und einer Gleichgesinntheit, wie sie nur gemeinsames Unglück schaffen kann.

Gewiß ward man es mitunter müde, dieselben Stimmen und die gleichen schwarzen Gesichter zu sehen, und gewiß traten nach und nach in dieser gemeinsamen Gefangenschaft für jeden die Eigenheiten und Fehler der anderen immer schärfer hervor. Gewiß passierte es manchmal, daß bei einem Disput in der Erregung harte Worte gewechselt wurden, jedoch nur, um im nächsten Augenblick einen Handschlag und einen freundlichen Blick im Gefolge zu haben. Man war überdies jeder Disharmonie gegenüber sehr empfindlich und tat alles, um einander recht zu verstehen und in Friede und Eintracht zusammen auszuharren.

Und soll Etwas Männer näher zueinander ziehen, ist gerade ein solches Leben dazu wie geschaffen. Wenn wirkliche Gefahren auf einen lauern, wenn man täglich gemeinsam gegen Not und Leiden ankämpfen muß, wenn man eine ungewisse Zukunft, vielleicht den Tod vor Augen hat, erst dann lernt man völlig auf einander vertrauen und erst dann verknüpfen einen Bande mit einander, die stärker vielleicht, als sie in anderen Lebensverhältnissen zustandekommen können.

An jedem dritten Tage war man Koch und mußte da einige Stunden früher als die anderen den Schlafsack verlassen. Man hatte es nicht gerade besonders eilig, in die „Küche" hinaus zu kommen und dort zu sitzen und zu frieren, daß einem Hände und Füße schmerzten. Der Stuhl des Kochs bestand aus einer Blechkiste, in welcher das getrocknete Gemüse aufbewahrt wurde, und den „Herd" selbst machten zwei mit Speck angefüllte Konservenbüchsen aus, die mit Gestellen für die Kasserollen und mit Luftzufuhrzuglöchern versehen waren.

Anfangs hatten wir diese „Trandufter" in derselben Weise wie die Tranlampe mit Docht aus Hanfstrippe versehen, allmählich aber merkten wir, daß bei Fortsetzung dieses Verfahrens

Der Talgletscher in der Bucht der Hoffnung. Duse phot.

Das Zeltlager während der Wartezeit. Duse phot.

der kleine Vorrat an Hanfstrippen bald am Ende angelangt sein würde. Vergeblich hatten wir nachgegrübelt, wie die Eskimos ihren rohen Robbenspeck zum Brennen bekämen, und wir bemühten uns emsiglich, auf irgendeine Weise einen Ausweg aus diesen Schwierigkeiten zu erlisten, bis sich diese ganz von selbst auflösten. Eines Tages bemerkten wir nämlich, daß die obere Speckschicht nach ihrem Ausbrennen eine schlackenartige Konsistenz erhielt und so das Öl von unten aufsaugen, sowie das Brennen fortsetzen konnte, wenn ihr nur neues Öl zugeführt wurde.

Hiermit war das Rätsel gelöst. Nur beim Anzünden bedurften wir künftighin eines mehr brennbaren Stoffes, und durch ein in angemessener Weise fortgesetztes „Speisen" mit neuen Speckstücken erhielten wir das Feuer aufrecht. Es war jedoch nicht so leicht, dieses Feuer zu unterhalten. Die Trankocher waren launisch wie Frauen. Fast jeden Tag wiesen sie eine neue Seite auf, und man mußte darauf gefaßt sein, daß die Zubereitung der Mahlzeit die unberechenbarsten Wendungen nahm.

Man konnte da ganz vergnügt nebenbei sitzen und das Feuer in der Überzeugung beobachten, daß einem der Hunger bald gestillt sein würde; man konnte da in einem traumartigen Zustand versunken mit den Gedanken weit hinweg von der Wirklichkeit eilen und mit den Augen in die rotgelben Flammen des munteren Feuers blicken, die spielend und schelmisch sich um die rußige Kasserolle schlängelten und so der kalten, schauerlichen Küchenecke rein einen heimischen Anstrich gaben, als mit einem Schlage der Herd dunkel dastand, nur unten in den „Duftern" einige kleine bläuliche, erlöschend aufflackernde Flämmchen aufweisend. Und dann konnte es stundenlanger Belebungsversuche erfordern, ehe man das Feuer wieder in Gang bekam.

Man fühlte sich mitunter trotz des nagenden Hungers versucht, alles hinzuschmeißen, und ich bin davon überzeugt, daß eine einigermaßen selbstbewußte Köchin der Neuzeit in dieser Küche innerhalb einer Woche wahnsinnig geworden wäre.

Eines Tages brachte ich, frierend und zitternd und alles andere als fromme Wünsche über die Trandufter ausstoßend, vier Stunden dabei zu, ehe ich ein ordentliches Leben ins Feuer bekam. Meist wurde das Frühstück nicht eher als zur Mittagszeit fertig. Wir überstürzten uns auch nicht allzusehr, und über das Mißgeschick des Kochs lachten die anderen nur, wohl wissend, daß an einem anderen Tage sie an der Reihe waren.

Man mußte sein Erfindungsvermögen in mehr als einer Hinsicht bis aufs äußerste anstrengen. Eine größere Geschicklichkeit in der Kochkunst erreichten wir jedoch nie. Es wäre aber vielleicht jedem schwer gewesen, Leckerbissen herzustellen aus unseren Ingredienzien wie Robben- und Pinguinenfleisch, Speck und Meerwasser, welch letzteres in Geschmack und Wirkung eine unangenehme Ähnlichkeit mit unserem vielleicht mehr bekannten Bitterwasser hatte.

Die Gerichte, die in unserem „Winterpalast" zu Tage befördert wurden, waren wirklich recht dürftig und wären in der Heimat bloß schon zufolge ihres scharfen Geruches sicherlich nicht auf dem einfachsten Tisch geduldet worden.

Aber haben diejenigen, die da bei Trangeruch und Schmutz die Nasen rümpfen, wohl je einmal empfunden, was wirklich Hunger besagen will? Und jene, die da über ein nicht nach allen Regeln der Kunst geratenes Beefsteak klagen, die den Bordeaux nicht richtig temperiert oder die Havanna nicht von der ausgesuchtesten Beschaffenheit befinden, die nach einem Diner gemächlich in den weichen Fauteuil sinken und, abgestumpft vom Wohlleben, über die Einförmigkeit des Daseins klagen, laßt sie nur auf kurze Zeit nagendem Hunger anheimfallen, und sie werden, fern von der Zivilisation sich selbst überlassen, ohne zu murren, frierend und vor Kälte stampfend, stundenlang bei dem qualmenden Feuer mit dem schwarzen, sauren und tranigen Fleische, das zu verschlingen sie mit Gier ersehnen, ausharren.

In der ersten Zeit dieser Überwinterung krochen wir auch bei rauhem und stürmischem Wetter morgens aus den Schlafsäcken. Die runde Tischscheibe wurde heruntergezogen, und um sie herum saßen wir dann zwei auf Holzkisten und der dritte auf dem Primuskochergestell. Nach und nach, als Kälte und Stürme zunahmen und uns mitunter wochenlang eingesperrt hielten, hielt man es nicht mehr für nötig, öfter „aufzustehen", als man Koch war, und man konnte dann da in seinem Schlafsacke zweiundeinenhalben Tag hintereinander liegen bleiben.

Beruht es auf Wahrheit, daß man beim Liegen klarer und leichter denkt, hatten wir reichlich Gelegenheit, dies auszuprobieren. Und man dachte und grübelte auch mehr als gut war. Unsere Gedanken waren selten frohe. Sie kreisten fast ständig um dieselben Dinge, um dieselben Fragen, die an diesem Platze doch nie beantwortet werden sollten. Man suchte sich in alle möglichen Eventualitäten, von denen der Antarctic betroffen sein konnte, hineinzudenken; man suchte nach allem Möglichen, um uns einzureden, daß der Antarctic noch existierte und die Kameraden noch am Leben waren. Wie man aber auch riet und hin und her sann, es blieb immer dieselbe nagende Ungewißheit, das Ergebnis unserer Gedanken blieb doch immer wieder die gleiche Frage: „Wo ist der Antarctic jetzt?"

Der frohen Stunden waren in diesem Winter nur wenige. Die Sonntage brachten uns eine kleine Abwechslung durch die aus Konservenfleisch bereitete Festmahlzeit, und den ersten Sonntag in jedem Monat feierten wir noch auf eine ganz besondere Weise, indem wir in festlicher Schätzung des Umstandes, wieder einen Monat heil und ganz hinter uns zu haben, einen Dinerschnaps eigenen Fabrikates (aus kons. Sprit und Wasser) zu uns nahmen. Und wenn uns dann die wenigen Tropfen hinunterrannen und auf ein Weilchen den erfrorenen Körper aufwärmten, waren wir uns einig darüber, daß selbst der eingebissenste Absolutist, wenn er in unseren Kleidern steckte, gern mit unserem „antarktischen Schnäpschen" vorlieb genommen hätte.

Wir versuchten die Zeit mit all den kleinen Mitteln, die uns zu Gebote standen, totzuschlagen. Gleichwohl aber ging sie uns kriechend langsam dahin. Wir hatten uns ein Schachspiel angefertigt, vielleicht das primitivste, welches es je gegeben. Das Brett war der Deckel einer Blechkiste und die Figuren wurden von leeren Patronenhülsen dargestellt. Wir spielten jedoch nur ein paarmal. Die Stimmung war hierzu in dem ungemütlichen Raum nicht geeignet, und bald lagen die Schachfiguren in einer Ecke des Häuschens festgefroren.

Am schlimmsten war es während der langen Rauhwetterperioden, die uns zu dauerndem Aufenthalt in der künstlichen Polarfinsternis des Häuschens zwangen, welche von keinem Sonnensträhnchen durchbrochen wurde, oder dies doch nur, wenn ein schwerer Sturm irgendwo am Dache die Eisübertünchung weggetrieben hatte.

Wir suchten uns dann mit Erzählungen aller Art zu zerstreuen. Kleine Episoden aus unserem Leben, Erfahrungen und Versuche auf den verschiedensten Gebieten, ja, sogar der Inhalt alter Romane wurde hervorgekramt. Andersson ging in kurzgefaßter Form eine Reihe populärwissenschaftlicher Vorlesungen über naturhistorische Themata durch, die auf großes Interesse stießen, und Grunden wußte lustige Begebenheiten aus seinem wechselreichen Leben auf dem Allerweltsmeere mit hinreißendem Witz und Humor zu erzählen.

Doch auch dies wirkte auf die Länge ermüdend, und die leichte Unterhaltung, die wechselreichen Erzählungen, Scherz und Gesang starben alle periodenweise von selbst ab, und dann herrschte eine bedrückende Ruhe in dem Steinloche. Dann kroch man in seinen Schlafsack so tief, wie er es gestattete, um etwas Wärme zu erlangen, und grübelte auf eine glückliche Lösung des Ganzen, bis man einschlief. So konnte man sich hinwegträumen von Kälte und Schmutz, träumen, man weile daheim im Kreise all der Lieben, die man zu Hause zurückgelassen hatte. Da war man auf jubelvollen Freudenfestlichkeiten in hellen, warmen Räumen, und die Tische waren überladen mit Leckerbissen. Man konnte sich s a t t essen, hörte Musik und konnte sogar eine Zigarre rauchen. — Und danach erwachte man wieder und sah sich aus all den eingebildeten Herrlichkeiten wieder in die nackte Wirklichkeit und in das alte Elend versetzt.

Das Träumen war der einzige Luxus, den wir uns leisten konnten.

Adéliepinguinen mit ihren Jungen auf dem Heckplatze. Duie phot.

Rauhender Adéliepinguin. Ekelof phot.

Das Steinhäuschen wird erbaut. Skizze vom Verf

Eine andauernde Polarfinsternis hatten wir natürlich nicht, — wir waren ja nördlich vom Polarzirkel, — dafür hatten wir aber die furchtbaren Orkane, die stets von Süden herkamen und die grimmste Kälte im Gefolge hatten. Selbst konnten wir die Windstärke und auch die Temperatur nicht messen, — die meteorologischen Observationen hatte ich aus Mangel an Schreibpapier und Thermometer nach dem Einzuge in das Häuschen eingestellt, — doch nach den Aufgaben der Station Nordenskjölds können wir jetzt annähernd feststellen, wie es bei uns gewesen. Die strengste Kälte dort unten war zwar nicht mehr als — 37° C., dafür erreichte die Windstärke jedoch die ungeheure Ziffer von 34 Meter i. d. Sek.[1])

Während der also kalten und stürmischen Tage uns im Freien aufzuhalten, war ganz unmöglich für uns, die wir so dünn bekleidet waren. Trandämpfe und Fett hatten nach und nach unsere Lumpen durchsetzt und deren Wärmevermögen noch mehr verringert. Wir mußten uns in völliger Untätigkeit innerhalb des Häuschens aufhalten, und es währte mitunter länger als eine Woche, daß man das Tageslicht nicht zu sehen bekam.

Mit der Zeit lernten wir voraussagen, wann die Südstürme begännen. Gewöhnlich schneite es zuerst ruhig, wobei das Barometer fiel. Begann dieses wieder zu steigen, dauerte es nicht lange, bis ein Windstoß ankündigte, daß der Tanz bald in vollem Gange. Der neugefallene Schnee kam sogleich in Bewegung, und man tat am besten, in das Steinhäuschen zu kriechen, solange man noch etwas sah. Hier lag man dann und lauschte auf das wilde Treiben des Orkanes. Das brauste und heulte, das pfiff und zischte, das prasselte von herangeschleuderten Eisstücken und Steinen auf dem Dache! — Das schien, als strengten sich alle Dämonen der Hölle an, zu uns hereindringen zu können.

Doch das Häuschen war massiv, und kein Orkan konnte es anrücken. Trotz der feuchten und rauhen Kälte, trotz des

---

[1]) Bekanntlich wird ein Sturm mit einer Windstärke von 25 Metern in der Sekunde oder darüber Orkan benannt.

Schmutzes und der Dunkelheit in diesem kroch man bei solchen Gelegenheiten mit einem Gefühl der Dankbarkeit in seinen Schlafsack hinein und dachte nicht ohne einen gewissen Triumph an die Ohnmacht der Winde gegenüber dem Werk unserer Hände.

Doch je länger man da so gefangen lag, desto sehnsüchtiger drängte einen Alles wieder hinaus ins Helle, in den blendenden Sonnenschein, der Wärme und Leben gab. Man war es überdrüssig, zu liegen; man war es müde, hier drinnen eingeschlossen zu sein, war die Dunkelheit und den widrigen Trangeruch über, der Kälte überdrüssig, die die Glieder schmerzen machte, haßte die Untätigkeit, den Laut der stetig gleichen Stimmen und auch das Schweigen. Ich dachte an früher, an das Bedürfnis an Abwechslung, worauf ich ein Recht zu haben glaubte, und ich vermeinte, an der rußigen Wand das Wort „Geduld“ mit großen Buchstaben geschrieben zu sehen.

Und wenn man endlich wieder aus der Finsternis kam, vermeinte man, der Himmel leuchte in einem helleren Blau als sonst, der sonnenbeschienene Gletscher glänze in größerem Farbenreichtum, und die Floraberge erhöben ihre krausen Wände noch stattlicher. Man atmete in vollen Zügen die reine, frische Luft ein, und mitten in dieser Gefangenschaft füllte einem ein Gefühl der Freiheit die Brust.

An schönen Tagen waren wir draußen und bewegten uns auf der „Promenade“, einem kleinen Plateau in der Nähe des Häuschens, oder man streifte einsam weiter weg umher, um einmal mit seinen eigenen Gedanken allein sein zu können. Trotz der Isolierung lernte ich die Einsamkeit lieben, und oft wanderte ich ziellos so für mich hin den Höhen zu, wo das ewige Eis anfing.

Es war auch außer dem Hause einsam. Alle Vögel waren mit Anbruch des Winters verschwunden. Nur einige wenige Chionisjunge, die sich in ihrer Unkenntnis der Lage nicht mit den anderen wegbegeben hatten, hielten sich um das Häuschen auf, wo sie sich um die von uns hinausgeworfenen Bissen schlugen. Es war keine fette Kost, die sie erhielten, denn wir selbst nahmen

Duse phot.

Partie von der Bucht der Hoffnung.

(Der Südgletscher im Hintergrunde.)

das meiste für uns, es kam aber gleichwohl vor, daß sie das faule und halbverfaulte Pinguinenfleisch, das wir zu essen gezwungen waren, verschmähten.

Außer uns dreien und diesen Vögeln befand sich nicht ein lebendes Wesen mehr an diesem Platze. Nur einmal, als nach einem Sturme, welcher das Meereseis am Strande aufbrach, der Nordwind mit einer warmen Woge über die Bucht kam, zeigten sich einige Schwärme Pinguinen, Kormorane und Möven.

Als ich eines ruhigen Tages, an dem kein Windhauch die Stille störte, über das Moränenflachland wanderte, wo die hohen, mit der Wintertracht geschmückten Steinblöcke wie weiße Marmorgrabsteine auf einem Kirchhof umhergestreut lagen, drängten sich mir wunderliche Stimmungen auf.

Alles war still und reglos. Es herrschte ein absolutes Schweigen, wie man es nur in einer Eiswüste ohne Leben finden kann. Wenn ich ging, wurde die Stille nur von meinen Schritten unterbrochen; wenn ich stand, war nur mein Atemzug zu vernehmen. Es war mir, als ob sich alles Leben in mir zusammengedrängt hatte.

Ich halte den Atem an und lausche, — nichts, nur der Laut meines eigenen Pulsschlages ist zu vernehmen. Etwas Rätselhaftes und Schauerliches überschleicht mich bei dieser Totenstille.

Ich konnte mich da oben auf einen Felsenblock hinsetzen und, das Haupt auf die Hand gestützt, über die Bucht hinweg auf das weiße Meer starren, auf das Meer, welches mich von meinem Vaterlande und meinem Heim, wo jetzt grüner Sommer herrschte, trennte. — — — —

Und ich konnte in Gedanken versunken dasitzen und langsam hinter der weichen Rundung des Landeises die Sonne verschwinden sehen, — die Sonne, die dem schönen Gemälde vor mir inmitten der eisigen Totenstille ein wunderbares Leben gibt. Ich empfinde es kaum, daß die stahlblaue kühle Luft mich dichter umhüllt. Ich sitze stumm da vor dem gewaltigen Farbenspiel des Sonnenunterganges, das auf einige Augenblicke den ganzen Horizont in

Brand setzt und alsdann das Tiefblau des Himmels verschmelzen läßt mit der orangefarbigen Abendröte, welche im Eisgrün erstirbt.

Ein kalter Windhauch erweckt mich. Der düstere Dämmerunghimmel hat sich über die Bucht der Hoffnung gesenkt, doch eine bleichgelbe Aufhellung hinter dem Gipfel des Südgletschers verkündigt, daß der Mond bald hervortritt. Und über mir werden Millionen von funkelnden Sternen angesteckt, welche die strahlende lichte Milchstraße anfüllen, aus der das Südkreuz auf den eisüberdeckten Pol herniederblickt.

Der Tag neigt dem Ende zu, und ich muß wieder hinunter zur kleinen rußigen Steinhöhle. Das tiefgrüne und flimmernde Meer spiegelt ein zitterndes Bild der großen, bleichen Mondscheibe wieder, die sich jetzt über den gleichmäßigen Gletscherkamm zu heben beginnt und die Eislandschaft mit einer in Opal und Silber zielenden Lichtdecke überzieht. Hohe Schneewehen und eckige Steinblöcke werfen gespenstige Schatten auf meinen Weg, und da ich das Häuschen erreicht habe, ist es schon schummerig.

Der Trangeruch drängte sich mir entgegen, ich hörte Grunden eine seiner leichteren Seemannsweisen trällern und sah durch das Loch das Feuer im Herde glimmen. Für diesen Tag war es zu Ende mit der Freiheit, und nach einer Weile lag ich wieder in meinem Schlafsack und schlief bald ein in der Hoffnung, daß auch der kommende Tag bei schönem Wetter bleibe.

Nicht alle Nächte hindurch konnte man friedlich und ruhig daliegen. Die heftigen Temperaturwechslungen, die für diese Gegenden charakteristisch sind, hatten mitunter nämlich eine ganz unbehagliche Wirkung. In einigen Stunden konnte es von 20 bis 30 Graden Kälte zu Tau- und Regenwetter übergehen, sogar mitten im Winter. Bei diesen Tauwettern befand sich das Gebäude in einem jämmerlichen Zustand. Das Wasser rann die Steinwände entlang und konnte im Flur fußhoch stehen. Geschah dies am Tage, schöpften wir die Eispampe mit leeren Blechbüchsen aus und suchten mit Schneeschwellen das abzudämmen, was sich im Flur gebildet hatte, damit es nicht hereinströmen konnte. Es war nämlich durchaus kein appetitlicher Brei. Von der Dachpersenning rann ein blutdurchmischter Saft herab — wir hatten nämlich als Belastung einige tote Pinguinen dort zu liegen, — und von einigen anderen und weniger delikaten Departements (Nr. 5 u. 7, siehe Plan) quoll eine wenig wohlriechende, doch desto dicker fließende dunkle Suppe hervor, die das Häuschen in einen Viehhofpfuhl zu verwandeln drohte.

Trat der Witterungsumschlag gar des Nachts, während wir schliefen, ein, konnte man nicht rechtzeitig seine Vorsichtsmaßregeln ergreifen. Es kam auch ein paarmal vor, daß wir von der eindringenden Flut überrascht wurden, und besonders ich, der auf dem niedrigsten Teile des Bodens lag, wurde dabei recht ordentlich naß. Daß man, nachdem man in dieser Lake von zweifelhaften Ingredienzien gelegen hatte, keinen hervorragend lieblichen Duft um sich verbreitete, ist selbstverständlich.

Zum Schutz gegen diese nächtlichen Bäder legte ich mir ein paar Tonnenböden unter. Dadurch wurde es zwar sehr hart und eckig, — meine Hüfte ruhte gerade auf der Fuge zwischen den Böden, — aber ich konnte in Zukunft wenigstens trocken liegen.

Die Anderen lagen auch nicht zu weich. Das Wasser hatte sich auch unter dem Zeltboden seinen Weg gesucht und aus dem Pinguinenteppich einen einzigen Eiskuchen gemacht, durch den sich ein Teil eckiger Steinchen auf eine ganz besonderliche Weise bemerkbar machte.

Die Temperatur innerhalb des Häuschens wechselte sehr. Wärmegrade hatten wir nur beim Kochen, wenn das Speckfeuer ordentlich brannte, und während der Tauwettertage. Meist hatten wir es jedoch sehr kalt — Maximum ungef. — 20° C. — und das innerhalb befindliche Salzwasser war nahezu ständig gefroren. Von Rheumatismus verspürten wir jedoch nichts, und nur, wenn man im Schlafe den Schlafsack öffnete, sodaß eine Schulter oder ein Arm herausstak, erwachte man durch einen unerträglichen Schmerz in dem steifgefrorenen Körperteil.

Die physischen Leiden taten es uns jedoch weniger an. Die menschliche Widerstandskraft ist größer und zäher, als man ahnt, und erstaunlich locker sitzt das Band der Zivilisation und Kultur, wenn es das Leben gilt. Man wurde allmählich unempfindlich gegen den Schmutz, gleichgiltig gegen das, was man aß, und die Kälte plagte einen nicht so viel. Doch der Mangel an intellektueller Arbeit, an irgendetwas, mit dem man die Gedanken während dieser langen Monate der Isolierung beschäftigen konnte, war schrecklicher, als ich beschreiben kann.

Nur die düstere, starre Leere des Winters hatte man, wohin man sich wandte, eine tötliche Einförmigkeit und die stetige Ungewißheit über Alles, über die Zukunft, über das Geschick der Kameraden. Und hierzu eine unbezähmliche, quälende Sehnsucht nach der Heimat, nach Wärme, Freude und Freiheit, nach all dem so Fernen.

So manchmal dachte ich daran, ob das Seelenleben eines Strafgefangenen düsterer als das unsere sei, ob er die Ohnmacht, die die Freiheitsberaubung im Gefolge hat, schmerzlicher empfinden konnte.

Die Zeit verging, wenn auch langsam. Woche um Woche schleppte sich wie unsäglich mühsam vorüber, und so hatten wir die Wintermitte erreicht. Nicht mit Schellengeläut und schnaufenden Pferden vor den fellbelegten Schlitten, nicht mit Weihnachtsfreuden und gedecktem Festtisch in warmem, hellem Raume, — aber doch mit der Befriedigung für uns, in unserer Armut glücklich die Hälfte des Winters durchkämpft zu haben.

Wir deckten auch an diesem Festtage unseren Tisch, um die Ankunft der Wintermittezeit zu feiern. Zwar war die Tischscheibe ebenso schmierig und schwarz wie gewöhnlich und fand sich nichts vor, was auf ein Fest hindeutete, ausgenommen vielleicht, daß die Schalen und leeren Konservenbüchsen, unsere Eßgerätschaften, mit Schnee annähernd rein gescheuert waren und um die Zeltstange herum sich drei kleine Stearinlichte befanden, welche die Umgebung dieses einzige Mal erleuchten sollten. Eine kleine schwedische Seidenflagge, die wir als Andenken von den Offizieren des Schiffes „Valkyrien" aus Falmouth mitgenommen hatten, ward nun wie bei anderen Festtagen in dem Häuschen gehißt.

Zum Mittag gewährten wir uns einen herzhaften Schnaps, und diesmal schmeckte das Konservenfleisch wo möglich noch besser als sonst. Zwei Löffel Kaffee gaben diesem für uns ziemlich indifferenten Getränk einen wirklichen Kaffeegeschmack. Als wir an diesem Abend „zu Bette gingen", vermeinten wir, einen wirklichen Festtag gehabt zu haben, obgleich das Wetter nicht besonders schön gewesen, im Gegenteil uns ein starker Schneegang den größten Teil des Tages eingesperrt gehalten hatte.

Hier kann ich gleichzeitig erwähnen, daß es nicht der 24., sondern der 25. Juni gewesen, an dem wir unser Fest des Wintermittetages feierten. Wir hatten uns nämlich während unserer ersten Wartezeit um einen Tag verrechnet, was von Anbeginn darauf beruhte, daß wir, um eine weitere Tagesfrist bis zum 10. März zu erlangen, übereinkamen, das Jahr als ein Schaltjahr anzusehen. Hernach vergaßen wir dies, und erst wieder in Berührung mit Menschen klärte sich unser Irrtum auf.

Wir hatten sehr bald herausbekommen, daß das gefrorene Pinguinenfleisch bedeutend weniger ergibig war, als wir berechneten, und auch mit dem Robbenspeck war es ebenso bestellt. Wir hatten nämlich unseren ersten Versuch, in Pinguinenfett zu braten, sehr bald aufgegeben, denn der Robbenspeck gab sonderbarerweise dem Fleische einen geringeren Trangeschmack. Vom 1. Juni schränkten wir uns auf nur zwei Mahlzeiten täglich ein. Hungern brauchten wir im eigentlichen Sinne nicht, obgleich wir uns selten so satt essen konnten, wie wir es daheim gewohnt sind. Wenn es einmal mit dem Eßvorrat kritisch zu werden anfing, kam uns, wie von der Vorsehung geleitet, eine Robbe in Schußlinie und gab uns frisches Fleisch. Mit größerer Begierde als wir konnten keine Raubvögel die Robbenkadaver aufbrauchen. Wir kratzten das Fleisch sogar von den Rippen ab und nahmen sowohl Nieren, Leber wie Herz. Alles in Allem machte der Robbenfang in diesem Winter — wenn ich nicht irre — 21 Seehunde aus.

Ein paarmal versuchte ich, das warme Robbenblut unmittelbar nach der Erlegung des Tieres zu trinken, doch hatte es einen widerlich süßlichen Geschmack und war, wiewohl es in der scharfen Winterkälte etwas aufwärmte, durchaus nicht appetitlich.

Einen eigentlichen Heißhunger verspürte ich nicht. Es passierte wohl, daß man gelegentlich einen halbdurchgebratenen, rohen Speckbissen aus der Tranlampe nahm und ihn aufaß, doch geschah dies aber mehr aus dem Grunde, etwas zum Kauen zu haben. Wenn der Robbenspeck ordentlich durchgebraten war, kam er mir delikat vor, besonders wenn man einige Tropfen Salzwasser zufügte. Dagegen kann ich nicht behaupten, daß er mir in vollständig rohem Zustande zugesagt hätte.

Den größten Leckerbissen in diesem Winter boten uns die wenigen Fische, die uns aus dem Meere herauszufischen geglückt. Es war keine angenehme Beschäftigung, stundenlang draußen auf dem Eise mit steifgefrorenen Händen zu stehen und mit unserer primitiven Fischgerätschaft — einer aus Robbenhaut geschnittenen Leine und einem Angelhaken, welcher aus einem Knochenstück des Messergriffes oder aus einer Schuhschnalle hergestellt wurde, — umherzusuchen. Wir begannen zwar spät mit dem Fischfange, erst am 15. Juli, aber es war dennoch ein recht dürftiges Resultat, das wir mit unserer Arbeit erzielten. Den ganzen Fangerfolg des Winters machten 20 Fische aus, die nach gehöriger Reinigung, während welcher sie schwärzer anliefen, als man sich träumen kann, in dem unvermeidlichen Robbenöl mit Zusatz von Meereswasser gebraten wurden.

Ich will den Leser nicht allzulange mit der Schilderung eines Lebens ermüden, das in einem nahezu ständigen Einerlei verlief.

Uns allen schien es, als ging der letzte Teil des Winters schneller als der erste vorüber. Mit Freuden beobachteten wir, wie die Sonne höher und höher in ihrer Bahn stieg und wie die Tage länger wurden. Das erste, was man an den Tagen seiner Kochherrlichkeit tat, wenn einen die kalten Stürme nicht daran hinderten, war, einen Ausguck außerhalb der Hütte zu machen, um alsdann beim Frühstück den Kameraden zu rapportieren, ob es Promenadenwetter war oder nicht.

Das Steinhäuschen nahezu fertiggestellt. Duse phot.

Kam man da an einem klaren Tage hinaus ins Freie, noch ehe die Sonne aufgegangen, wurde man Zeuge einer der prachtvollsten Szenerien, die man sich denken kann.

In der sich aufhellenden Luft zittert bereits ein Hauch der Farben, noch kaum vernehmbar in dem grauweißen Widerschein des ewigen Eises. Über den noch schwachen violetten Konturen der Joinvilleinsel erhält der Himmel einen rosigen Schimmer, der immer höher steigt und in einen goldgelben Glanz übergeht, bis mit einem Male zwischen den Eisspitzen dort unten ein feuriger Ball aufflammt und eine wallende Lichtflut über die glänzenden Flächen der Gletscher und des Sundes ausbreitet. Der blendende rotgelbe Schein wird unendlich vervielfacht zurückgeworfen von den Eisabhängen an den Florabergen und von den schneeigen, gerieften Mauern der jähen Felsenwände.

Die Sonne steigt auf hinter zerrissenen Wolken von wunderbaren Farben: rotflammend, violett, goldgelb an den Rändern und mit einer ins Blaue zielenden Vertonung. Und rund herum strahlt der Schnee in seinem weißen Glanze mit gleichkaltem, eisigem Flitter — — —.

Nie habe ich so überwältigende, so entzückende Farben- und Lichteffekte geschaut, wie in diesem Winter, und nie werde ich die wunderbare, wilde Schönheit der Landschaft, die sich um die Bucht der Hoffnung zog, vergessen.

Mit jedem dahingehenden Tage freuten wir uns, der Befreiung näher zu kommen. Schon unter dem ersten Teile des Winters, wenn ich an die Möglichkeit dachte, im nächsten Lenz den Snow Hill zu erreichen, hatte sich in mir immer mehr die Überzeugung festgesetzt, daß wir, wollten wir nicht wie im vorigen Sommer riskieren, unser Vorhaben dem zeitigen Aufbrechen des Meereises zufolge gescheitert zu sehen, unseren Winterpalast sehr zeitig verlassen mußten.

Eine gewisse Gefahr barg eine zeitige Schlittenfahrt gewiß in sich. Unsere schon früher allzudünnen Kleider waren während des Winters noch mehr zerrissen und zerfetzt und außerdem derartig von Fett durchtränkt, daß sie gegen einen Schneefall nicht viel Schutz boten. Die Windjacken, welche aus Segeltuch waren und wasserdicht sein sollten, hatten sich also entölt, daß sie jedes schmelzende Schneekörnchen, welches sich auf sie niederließ, gierig aufsogen. Waren wir während eines Schneefalles einmal länger draußen gewesen, mußten wir uns auch naß hinlegen.

Unsere Fußbekleidung war jedoch wohl das Hinfälligste. Schon lange bevor die Überwinterung begann, hatten wir jeder ein Paar der mitgenommenen Schnürstiefel nahezu zerrissen. Grunden und ich hatten nur noch ein Paar Bandschuhe über, und auch diese waren recht übel mitgenommen. Andersson hatte dagegen zwei Paar Bandschuhe und konnte deshalb darauf rechnen, bei einer künftigen Schlittenfahrt sich besser zu stehen.

Während des ganzen Winters hatten wir immer wieder mit dem Zusammenflicken unserer Lumpen unsere Arbeit gehabt. Unser primitives Nähwerkzeug bestand aus e i n e r Segelnadel und einem Knäuel Schnur, die in Fäden gerissen wurde. Als die Schnur aufgebraucht war, mußten wir zum Hanfstrick greifen, der zwar bedeutend gröbere Fäden abgab, aber doch verwendbar war.

Die schwierigste Arbeit war die Fabrizierung des Winterschuhzeugs. Erst versuchten wir, Außenfutterale aus Pinguinenhaut zusammenzuheften, doch hielten diese nur einige Tage und wärmten überdies nicht sehr. So beschlossen wir die Anfertigung von Überzügen aus Robbenfell, und dieser Versuch glückte besser.

Wenn die Rauhwettertage uns eingesperrt hielten, saß oft derjenige von uns, an dem die Reihe der Segelnadelbenutzung war, und nähte an seinen Robbenfellschuhen, bis ihm die Finger vor Kälte erstarrten. Schnell ging es nicht, besonders bei mir, der ich mir vorgenommen hatte, mir eichene Holzsohlen aus einem Tonnenboden zu schneiden. Schon die Herstellung der Zwecken nahm mehrere Tage weg, und erst nach dem halben Verlauf des Winters hatte ich meine Schuhe fertig. Einfacheres Schuhmacherwerkzeug hat wohl selten jemand gehabt, und das Fabrikat war auch danach. Es war doch aber eine Wohltat für die Gedanken, wenn die Finger eine Beschäftigung hatten.

Wie gesagt, ich sah vollständig das Risiko ein, uns schon vor Lenzanfang mit dieser hinfälligen Kleiderausrüstung auf den Weg zu begeben, aber ich zog doch vor, das Leben auf einer frühen Schlittentour zu wagen, als noch einmal vor der Möglichkeit zu stehen, von der Winterstation Nordenskjölds abgesperrt zu sein. Wir mußten ja stets mit der Möglichkeit rechnen, daß der Antarctic mit Mann und Maus gescheitert, und in diesem Falle wußte ja kein lebendes Wesen, wo wir weilten. Hielten uns ungünstige Eisverhältnisse auch den nächsten Sommer hier zurück, konnten wir in die Lage kommen, eines schönen Tages ein Entsatzschiff an unserem Platze vorbeidampfen zu sehen, ohne daß man unsere Signale bemerkte.

Schon zu Beginn des Juli schlug ich deshalb Andersson vor, die letzte Schlittentour nach dem Snow Hill wenn möglich schon an einem der ersten Septembertage anzutreten. Er stellte jedoch anfangs diesem Vorschlag entgegen, daß das Risiko ein zu großes wäre, und gemäß seiner Meinung war der 15. Oktober der früheste Tag für einen etwaigen Start.

Grunden war indeß meiner Ansicht und erklärte kategorisch in seinem kecken Seemannsdialekt: „De Modder verschnuppt mi!" und daß er lieber verfrieren oder auf einer Schlittentour zu Grunde gehen wolle, als noch ein Jahr hier zu verschimmeln. Nach und nach änderte auch Andersson seine Meinung, und Anfang August waren wir alle drei einig, schon am 1. September aufzubrechen.

Wir hatten jedoch mehr Arbeit damit, marschfertig zu werden, als wir berechneten, und erst Ende September konnten wir die Bucht der Hoffnung verlassen.

Es zeigte sich während dieses Schlittenmarsches, daß wir uns um keinen Tag zu früh wegbegeben hatten. Mit genauer Not kamen wir bis zu unserem Ziele, und wären wir nicht von einem Teil unerwartet günstiger Umstände unterstützt worden, unterliegt es dem Zweifel, ob es uns allen geglückt wäre, heil aus dem Abenteuer zu kommen.

10. Die letzte Schlittenfahrt.

Vorbereitungen. — Verproviantierung. — Die Kleiderfrage. — Abschied von der Bucht der Hoffnung. — Wieder in Gefangenschaft. — Erfroren. — Auf der Vegainsel. — Die glückliche Begegnung. — Die Hunde. — Der Snow Hill in Sicht.

Von dem Augenblick an, da wir mit den Arbeiten zu unserem Aufbruch begannen, schien es uns, als sei eine andere Zeit eingetreten. Es war nicht mehr das inhaltleere, zwecklose Dasein wie vorher, wo es nur galt, das Leben zu erhalten und die elende, unleidliche Existenz so erträglich wie möglich zu machen. Es galt nun, alles zu dieser letzten Schlittenfahrt Gehörige in Ordnung zu bringen, und es waren wahrhaftig nicht geringe Arbeiten, die unserer harrten.

An jedem Morgen erwachte man mit dem freudigen Empfinden, etwas zu tun zu haben, und war der Tag beendet und krochen wir wieder in die Schlafsäcke, war es wieder eine rege Abendunterhaltung, eine fröhliche Aussprache, ein hoffnungsvolleres und zuversichtliches Diskutieren über Pläne und Aussichten. Und jedesmal schlief man mit dem frohen Empfinden ein, wieder um einen Tag der Befreiung näher gerückt zu sein.

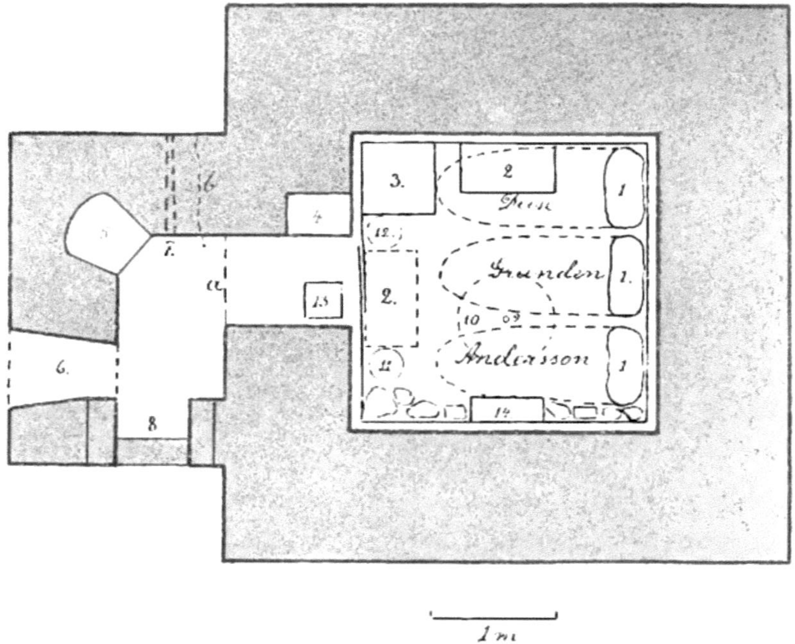

1. Die zusammengerollten Schlafsäcke, (die gestrichelten Linien deuten deren Plätze während der Nächte an). 2. Leere Kiste (Sitzplatz). 3. Kiste zum Küchenattirail. 4. Der Herd. 5. W. C., einfache Konstruktion. 6. Fleischkeller. 7. Unratableitung. 8. Eingang. 9. Zeltstange. 10. Tischplatte. 11. und 12. Unter- und Oberteil des Kochapparates. 13. Sitzplatz des Koches. 14. Leeres Kistchen (Sitzplatz).

Plan des Steinhäuschens.

Die Segelnadel war nun in ständiger Rührigkeit, und auch an den Rauhwettertagen, die uns verhinderten, draußen zu arbeiten, konnten wir unsere Fetzen flicken. In dieser letzten Zeit hatten wir oft rauhes und stürmisches Wetter. Am 4. August erlegten wir eine Robbe, die wir bei einem heftigen Südweststurm mit knapper Not zu bergen vermochten. Am Tage darauf hatte sich der Sturm noch mehr gesteigert und einen Teil des äußeren Buchteises fortgeführt. Wir hielten uns im Hause auf und waren wütend auf den Sturm, der uns unser „Angeleis" wegzunehmen drohte.

Wie oft früher bei allen möglichen Kleinigkeiten, wetteten wir, ob das zurückgebliebene Eis dem Sturme widerstände oder nicht. Die Wette umschloß keine Kostspieligkeit, nur einen Schiffszwieback, für uns aber bedeutete ein Schiffszwieback sehr viel. Ich hatte bei diesen Wetten meist Pech und mußte so manchmal mit blutendem Herzen den obligatorischen Zwieback herausrücken, doch diesmal gewann ich wirklich, denn am Morgen darauf war das Eis verschwunden und offenes Wasser bis zu den Talgletschern.

Wir waren in diesem Winter nicht oft oben auf dem Landeise gewesen. Am 7. August, als ich Koch war, machten die anderen einen Ausflug den Südgletscher hinauf, um zu rekognoszieren, wie das Eis unten im Sunde aussah. Die Rosamelinsel schien ganz und gar von Baieis mit großen Kosen umgeben zu sein, und auch weiter nach dem Süden zu, soweit man sehen konnte, war der Sund mit Eis bedeckt.

Das sah erfreulich aus. Wir hatten kaum erwartet, das Meereis nach den letzten harten Stürmen unangerückt vorzufinden, und mußten nun annehmen, daß es massiv und dauerhaft war. Mit verdoppeltem Eifer setzten wir daher unsere Vorbereitungen zum Aufbruch fort.

Wie ich schon früher erwähnte, hatten wir für diese Schlittentour nur Konserven für eine Woche zurückgelegt und zwar unter Berechnung dreier Mahlzeiten pro Tag. Außerdem konnten wir noch auf das Wiederfinden des kleinen Proviantvorrates rechnen, den wir während der vorigen Schlittenfahrt auf der Südseite der neuentdeckten Kanalmündung (Vegainsel) deponiert hatten. Das reichte jedoch schwerlich hin. Wir konnten uns kaum auf den Weg begeben, ohne über einen Proviant für etwa drei Wochen zu verfügen, denn es bestand keine Sicherheit, daß wir unterwegs auf Seehunde stießen.

Es mußte daher neuer Proviant für die Schlittentour fabriziert werden, und zu diesem Zwecke griffen wir zur Bratmethode. Es war die Aufgabe des Kochs, neben seinen gewöhnlichen Arbeiten den Tag über auch Fleisch für die Reise zu braten. Auf diese Weise kamen wir zu einem sehr zweckdienlichen, wenngleich im Verhältnis zum Nahrungswerte viel zu schweren Schlittentourproviant, der in einigen größeren Blechkisten verpackt wurde.

Die Petroleumzisterne, die in der unteren Holzkiste am Eingang plaziert wurde, war, wie ich befürchtet hatte, an einigen Stellen durchgerostet, sodaß das Petroleum zum größten Teile ausgelaufen war. Es existierte nur noch ein ganz kleiner Rest am Boden, doch hatten wir in dem Glasbehälter innerhalb des Häuschens glücklicherweise fünf Liter aufgespart. Das war gewiß recht herzlich wenig, doch wenn wir nur den Vorrat auf der Vegainsel vorfanden, erhielten wir einen Zuschuß von drei Litern. War dies nicht der Fall, mußten wir hoffen, auf eine Robbe zu stoßen, um zum Speckbrennen übergehen zu können.

Unsere Schlafsäcke hatten sich während des Winters stark abgenutzt und, imprägniert von Tran, wie sie obendrein waren, einen großen Teil ihres Wärmevermögens verloren. Der meine hatte außerdem dadurch, daß er auf der unteren Seite einigemal mit dem nichts weniger als konservierenden Saft, der bei Tauwetter innerhalb des Hauses serviert wurde, getränkt worden war, in Unruhe erweckendem Grade die Haare zu verlieren angefangen. Auf die Stellen, wo der Sack am meisten „kahl" war, nähte ich einige Stückchen Pinguinenhaut.

Im Übrigen flickten und nähten wir an diesen Säcken in Unendlichkeit herum, ehe sie so wurden, wie wir sie haben wollten.

Das schwerste war das Arrangieren einer praktischen Öffnung, die zusammengebunden werden konnte, daß nur ein kleines Loch zum Atmen freiblieb. Ferner mußten sie wärmer gemacht werden. Andersson und Grunden teilten eine Wolldecke, aus der sie Überzüge zu ihren Schlafsäcken herstellten. Ich schlitzte meinen Rock auf und machte daraus das Oberteil zu einem inneren Sacke, dessen untere Partie ein altes Wollhemd werden sollte.

Die Röcke gedachten wir eigentlich nicht unterwegs auf dem Marsche zu verwenden, — wir gingen auch stets in Hemdsärmeln mit der Windjacke darüber, — sondern nur dazu, sie nachts um das Fußende der Schlafsäcke zu wickeln. Da Andersson indessen einen Rock in Reserve hatte, überließ er mir denselben an Stelle meines aufgetrennten.

Die Frage um die Fußbekleidung hatte uns lange beschäftigt. Die von uns während des ganzen Winters benutzten Strümpfe hatten gänzlich die wollenen Eigenschaften verloren und waren sowohl im Geruch wie im Aussehen äußerst ekelhafte Dinge, die, wie ich befürchte, nicht einmal die vorurteilsfreieste Wäscherin in Behandlung hätte nehmen wollen. Andersson wusch eines Tages ein Paar auf Eskimoweise, nämlich in Urin, und mir dünkt, er war ganz zufrieden mit dem Resultat. Ich für meinen Teil gab dem „Waschwasser" einen Zusatz von Pottasche, welche ich durch Sengen einiger Algen, die zum Ausstopfen der Mauern dienten, fabrizierte. Ich wagte mich nicht an meine Strümpfe, sondern begnügte mich damit, auf diese Weise notdürftig ein Paar „hausbackene" Halbhandschuhe zu reinigen.

Das Schuhzeug befand sich in einem jämmerlichen Zustand und mußte auf nur mögliche kunstvolle Weise ausgeflickt werden, um gebraucht werden zu können. Das Schuhmacherfach erwies sich, wenigstens unter diesen Verhältnissen, nicht als ein ausschließlich angenehmes. Unter all unseren Reparaturen nahm die Schusterei die meiste Zeit weg, es war doch aber auch für uns das wichtigste, für den künftigen Marsch eine annähernd verwendbare Fußbekleidung zu erlangen. Das, was uns zustandezubringen glückte, war übrigens nicht weit her, und trotz eifrigsten

Anwendens von Ski- und Schuhschmiere konnten wir das abgenutzte Leder nicht mehr widerstandsfähig gegen die Feuchtigkeit machen.

Unsere Kleider wären von einem gewöhnlichen Menschen als mindestens unbenutzbar angesehen worden, und ich bezweifle stark, daß sich mit ihnen sogar der ungenierteste „Kuli" begnügt hätte. Mitunter hatten wir scherzend darüber räsonniert, welchen Effekt es machen würde, wenn einer von uns ganz plötzlich nach Stockholm versetzt werden könnte und er sich dort in seiner jeweiligen bescheidenen Umhüllung z. B. auf dem Strandwege sehen ließe. Ich hege nicht große Hoffnungen, daß selbst meine nächsten Freunde mich in diesem Staate hätten erkennen mögen, und sicher hätte es gewisse Schwierigkeiten gekostet, der Polizei klarzumachen, wer ich bin.

Es war eine unbeschreibliche Zärtlichkeit, mit der wir die wenigen Kleidungsstücke, die wir besaßen, behüteten, und nie ist wohl eine sorgfältigere Untersuchung gemacht worden, als da wir bei der matten Beleuchtung der Tranlampe nach Löchern und Ritzen in den Lumpen suchten. Dann saß man stundenlang und nähte und stopfte, während die Gedanken von dem einen zum anderen schweiften.

Äußerst selten nur dachte ich an die Entbehrungen, die wir uns hier auferlegen mußten, aber es passierte doch zuweilen, daß mich, wenn ich so in meiner Ecke, die Beine im Schlafsack versteckt, über die Nadel gebeugt saß, eine unbezähmbare Sehnsucht nach Tabak überkam.

Andersson war glücklich genug, kein Raucher zu sein, aber ich teilte mit Grunden diese Leidenschaft in umso ausgeprägterem Maße. Da mit dem überschneiten Vorrat der ersten Schlittenfahrt auch unser kleiner Tabakvorrat verloren ging, war unserem Rauchen ein schnelles Ende gesetzt. Anfänglich vermißte ich den Tabak recht sehr, doch nicht in dem Grade wie mein Leidensgefährte, den die Sehnsucht nach einem Glimmstengel förmliche Martern erleiden ließ. In seiner Verzweiflung griff er dazu, ausgekochte Teeblätter zu rauchen, da aber dieses zweifelhafte

Pinguinenjagd. Skizze vom Verf.

Das Winterhäuschen umschneit. Skizze vom Verf.

Eine Seite aus dem Tagebuche.

Genußmittel seinen Anforderungen nicht zu entsprechen schien, faßte er einen heldenmütigen Entschluß und enthauptete seinen „Säugling“, der dann in kleinen Portionen die lange Verwandlungsprozedur des Kautabaks durchmachen mußte.

Mit der Zeit vergaß ich ganz und gar, daß er etwas gäbe, das Tabak heißt, und nur ganz vereinzelt kamen mir die Gedanken, daß eine Zigarre trefflich schmecken müßte.

Unsere Vorbereitungen zur Fahrt wurden mit so großer Eile erledigt, als es unsere dürftigen Mittel gestatteten. Es waren jedoch nicht bloß diese Arbeiten, die unsere Zeit wegnahmen. Mitunter hatten wir recht viel Sorgen im Kampfe ums jeweilige Dasein. Man hatte seine unabweislichen Pflichten zum allgemeinen Besten zu erfüllen und entzog sich dieser durchaus nicht. So war es ein eigentümlicher Zufall, daß ich an meinem 30. Geburtstage, am 2. August, ohne die Denkwürdigkeit des Tages zu ahnen, mit der Reinigung des Departements Nr. 5 (siehe Bild 57) beschäftigt war, währenddessen die Kameraden draußen auf Fischfang aus waren. Aus leicht verständlichem Grunde will ich hier auf keine nähere Beschreibung dieser dem Leser sicher gänzlich fremden Operation eingehen. Es genüge zu sagen, angenehm war dies in dieser Winterkälte, und da man in Ermangelung von Gerätschaften auch die Hände anwenden mußte, nicht. Es wäre mir nicht angenehm gewesen, wenn meine Freunde oder Verwandten, die gerade anläßlich dieses Tages vielleicht an mich dachten, mich bei dieser eigenartigen Beschäftigung gesehen hätten, — gewiß wären damals ihre mir zubedachten Gratulationen auf den Lippen erstorben.

Manchmal passierte es auch, daß einer der Kameraden die anderen durch das Ausführen einer Extraarbeit überraschte, worum wir eigentlich hätten losen sollen. So überraschte uns eines Tages Andersson dadurch, daß er eine fast fußhohe, gefrorene Pampe aufgehauen hatte, die den Boden im Flur bedeckt und uns gehindert hatte, dort aufrecht zu stehen. Lange hatten wir diese Unannehmlichkeit schon weggewünscht, doch wohl wissend, was für eine ekelhafte Nässe sich da angesammelt hatte, drückte man sich so viel wie möglich davor, sie zu zerteilen. Schließlich nahm sich ihrer Andersson mit wahrer Todesverachtung an, verbreitete aber auch eine Zeit danach einen selbst für unsere abgestumpften Geruchsorgane äußerst nahegehenden Duft.

Eine sehr schwere Arbeit war es auch manchmal, von den außerhalb des Hauses aufbewahrten Fleisch- oder Speckvorräten das zum Unterhalt Benötigte loszubekommen. Ordentlich im Schweiße unseres Angesichtes arbeiteten wir dann mit Steinen, Tonnenbrettern von den auseinandergenommenen Fässern und dem Universalinstrument, einem abgebrochenen eisernen Zeltpflock. Die ganz durchfrorenen Proviantniederlagen waren hart wie Stein, und wenn wir mitunter nach mehr als Tagesarbeit ein Robbenfell oder eine größere Fleischsammlung los bekamen, war der Triumpf groß.

Bei diesen wirklich anstrengenden Körperarbeiten empfand man im vollsten Maße die Unannehmlichkeit, monatelang ein und dasselbe Hemd auf dem Körper zu haben. Auch unter gewöhnlichen Verhältnissen waren die von Trandämpfen, Ruß und Schweiß durchzogenen Kleidungsstücke ganz klebrig und unbehaglich, kam man aber noch bei körperlichen Anstrengungen in Schweiß, kleisterten sie sich naß und eisig kalt fest. Nach einem solchen Schwitzbad brauchte man nicht lange stillzusitzen, um einen heftigen Fieberschauer zu bekommen, und krochen wir auch, dies zu verhüten, meist in die „Federn", sobald wir nach beschlossenem Tagewerke ins Häuschen kamen.

Schließlich nahte sich auch der Tag, an dem wir die Hemden wechseln konnten. Welch ein wirklicher Genuß es war, ein trockenes und reines Jägerhemd auf den Körper zu bekommen, kann nur derjenige recht begreifen oder nachfühlen, der mehr als acht Monate hindurch ein und dasselbe Kleidungsstück getragen hat. Ich sollte — wie gesagt — das alte Hemd als Innensack zu meinem Schlafsack benutzen, aber eine gewisse Unentschlossenheit befiel mich, als ich es nach dem Ablegen betrachtete. Die ganze Innenseite war glänzend blank und von einer grauweißen Farbe, die eine Folge des Fettes und der Epidermisschicht, welche sich

Grunden. Bodman phot.

Duse. Bodman phot.

Andersson. Bodman phot.

Die Ueberwinternden an der Bucht der Hoffnung.

durch die ständige Friktion gegen die Haut hier abgesetzt hatte. Wo ich auch hinfaßte, klebten meine Finger an der Wolle fest.

Ich hatte jedoch keine Wahl, sondern mußte dieses in des Wortes vollster Bedeutung abgelegte Hemd als Innensack benutzen. Einige Wärme würde es ja auf alle Fälle abgeben, trotzdem es an verschiedenen Stellen zerrissen war.

Es war amüsant, nach so langer Zeit einmal seinen Körper anzuschauen. Die schwarze Farbe der Hände nahm gradweise mit allerlei phantastischen Figuren ab, sodaß gegen den Ellenbogen zu die Haut ganz hell war, wenigstens im Vergleich zu der rahmschwarzen Umgebung. Dasselbe Verhältnis war mit dem Halse. Wir wunderten uns damals darüber, wie so „rein" wir noch am Körper waren, ich befürchte aber, daß diese Reinheit nicht so groß zu rühmen gewesen wäre, wenn wir uns in einem Badehaus zivilisierter Länder so hätten sehen lassen.

Wie wir auch darauflos arbeiteten, um bis zum 1. September fertig zu werden, glückte uns dies doch nicht. Es gab immer wieder etwas Neues zu tun, und auch das Wetter war nicht geeignet, draußen zu arbeiten. An Stelle der Schneebrillen, welche verloren gegangen waren, mußten wir uns Brillen aus Holz schnitzen, Zeltpflöcke mußten angefertigt werden und auch ein kleiner leichter Spaten, um bei Bedarf Schnee wegschippen zu können.

Ferner war das kleine Zelt sehr zerfetzt und seine Reparatur erforderte eine runde Spanne Zeit. Um es gebrauchfertig zu machen, mußten wir das große Zelt im Häuschen angreifen. Aus diesem wurden die besten Stücke herausgeschnitten, und durch Grundens geschickte Hände erhielt unser künftiges Heim einen schwarzen Flicken nach dem anderen. Hübsch wurde es zwar nicht, doch dafür stark genug, um den schwersten Stürmen widerstehen zu können.

Im Laufe des Winters hatte sich der Boden um das Häuschen mit einer mehr als meterdicken Schicht von gefrorenem und festgepacktem Schnee bedeckt, und darunter waren diverse Sachen von uns plaziert. Unter anderem lagen darunter Anderssons und meine Skis und Skistäbe, sowie eine wertvolle Sammlung fossilienreicher Steinblöcke, die Andersson mit Mühe während des Sommers zusammengesammelt hatte.

Die letztgenannten konnten vor dem Aufbruch nicht wiedergefunden werden und liegen sicherlich jetzt noch dort zur Freude eines künftigen Forschers. Die Skis fanden wir dagegen nach langem Suchen und Graben wieder, von den Skistäben anfangs nur ein Paar. Als Andersson daher den Vorschlag zu einer Rekognoszierungstour nach der Anaukesberggegend anregte, konnte diese nur einer von uns vornehmen, und wir kamen überein, daß dieser eine er selbst sein sollte.

Am 2. September unternahm er diese Tour, und als er am Abend zurückkehrte, konnte er berichten, daß das gröbere Koseis in der ersten Bucht, der Dusebucht, genau wie im vorigen Sommer dazuliegen schien. Offenes Wasser hatte er nirgends zu sehen bekommen, aber er hatte auch nicht den östlichsten Teil der Vegainsel observieren können. Obgleich das Resultat dieser Rekognoszierung, wäre es auch minder günstig gewesen, auf den bestimmten Termin unseres Aufbruchs keinen Einfluß hatte, war es doch interessant zu erfahren, wie das Eis im ersten Sunde lag.

Wir beschleunigten unsere Arbeiten bis aufs Äußerste, kamen jedoch erst am 14. September so weit, um den Schlitten von dem Dachgerüst herunternehmen und herrichten zu können. An diesem Tage beschlossen wir auch, innerhalb einer Woche aufzubrechen, es sollte aber doch noch länger währen, ehe wir die Gefangenschaft brechen durften; denn nachdem Alles fertig war, hielt uns eine schwere Rauhwetterperiode eingesperrt.

Erst am 29. September ging der Aufbruch vor sich. Es wurde ein sehr anstrengender Tag, nächst dem Tage, an dem wir in das Häuschen zogen, der arbeitreichste, den wir während des ganzen Winters gehabt. Der Morgen war wolkig und luftdick und kündigte kein gutes Wetter an, trotzdem aber brachen wir auf. Die Fossilienkisten, die den Eingang gebildet hatten, sowie eine Gewehr und andere Kleinigkeiten enthaltende Tonne wurden zusammen an einen geschützten Platz geschafft. Von den zwei rotbemalten, dreieckigen Brettschirmen wurde auf einer der Landspitzen ein Signal hergestellt. Alle unsere Bagage wurde zusammengelesen und auf den Schlitten gebunden und schließlich gegen 7 Uhr nachmittags waren wir fertig zum Antritt des Marsches.

In das Schornsteingehäuse des Steinhäuschens keilten wir eine Stange mit einer Flasche fest, in welche letztere wir eine schriftliche Mitteilung gelegt hatten. Oberhalb dieser war ein Brettchen festgenagelt mit der eingeritzten Inschrift:

„J. G. Andersson, S. Duse, T. Grunden,
from s. s. „Antarctic"
wintered here 11/3—28/9 1903."

Als ich am letzten Tage im Häuschen diese Worte mit einem kleinen Messer, von dessen Klinge nur noch ein halber Zentimeter übriggeblieben war, einkratzte, verursachte es mir recht große Mühe, mich an das Aussehen der Buchstaben zu erinnern, und wiewohl wir unsere klugen Köpfe gemeinsam anstrengten, wurden die wenigen Worte in dieser Hinsicht nicht ohne Fehler.

Alle Bretteile und anderen Kleinigkeiten, die wir nicht mitnahmen und welche vielleicht zur Verwendung kommen konnten, falls wir umkehren mußten, wurden ins Häuschen geworfen. Hier innen sah es bei Tageslicht nichts weniger als einladend aus, und erst jetzt, wo die Dachpersenning weg war, merkten wir, wie schwarz und schmutzig es wirklich gewesen war und in welchem unglaublichen Dreck wir so lange gelebt hatten.

Mit einem Seufzer der Erleichterung wandten wir schließlich dem Platze den Rücken, um einen Zug gegen unbekannte Erlebnisse zu beginnen.

Bei unserer Abfahrt ließ sich ein Riesenpétrel unweit des Häuschens nieder und schien mit großem Interesse unser Vorhaben zu betrachten, und als wir den Gletscherabhang ein Stückchen hinangekommen waren, wurden wir umschwärmt von großen Scharen weißer Eissturmvögel (Pagodroma), deren schmächtige Gestalten sich scharf gegen den dunklen und wolkenschweren Dämmerungshimmel abzeichneten.

Es war eine schwere Arbeit, die Last den steilen Abhang hinaufzuziehen. Der Gletscher war jetzt nicht so flach und eben wie im vorigen Sommer, sondern zum größten Teil mit hartem Schnee bedeckt, der von den Stürmen zu scharfen Furchen und Kämmen ausgemeißelt worden. Ungeachtet dessen, daß wir vorher recht viel von der Last hinauf zu einer kleinen Moränehöhe nahe dem Gipfel getragen hatten, konnten wir nur äußerst langsam vorwärts kommen.

Schließlich erreichten wir den Platz, und von hier aus sahen wir in der Abenddämmerung unter uns das umschneite Häuschen wie ein schwarzes Loch am Boden, und wir grüßten mit einem stummen Lebewohl die Bucht der Hoffnung und das kleine Häuschen, das uns gegen Sturm und Kälte geschützt und uns während des langen Winters beherbergt hatte.

Nun hatten wir also unsere letzte Schlittenfahrt angetreten, sie, die so reich an Gefahren und Mißgeschick, reich an spannenden Situationen und abwechselnden Eindrücken und mit einer ans Sagenhafte grenzenden glücklichen Lösung just da, als es am drohendsten aussah, werden sollte.

So recht auf einen längeren und schwereren Marsch war keiner von uns trainiert. Die lange Gefangenschaft und die aufgezwungene Untätigkeit hatten die Muskeln erschlafft, und obwohl wir vornehmlich in der letzten Zeit jede Möglichkeit, uns zu bewegen, ausgenutzt hatten, fehlte uns doch die wünschenswert gewesene Spannkraft.

Wir griffen gleichwohl mit frischem Mut an, und das angenehme Empfinden, wieder in Tätigkeit zu sein, machte, daß man, wenn auch ermüdet, nahezu mit Wohlbehagen wieder „im Geschirr lag."

Während des letzten Teiles der Auffahrt hatte es sehr reichlich geschneit, und als wir gegen 7 Uhr abends Lager schlugen, erhob sich ein leichter südlicher Wind, der uns verstehen ließ, daß einer der gewöhnlichen Orkane nachzufolgen gedachte. Es dauerte auch nicht lange und der Sturm war in vollem Gange. Die Kälte steigerte sich schnell, und ich, der für diese Schlittentour die Kochangelegenheiten auf mich genommen hatte, erfror mir die Fingerspitzen der linken Hand, als ich eine Konservenbüchse öffnen sollte.

Nach Einnahme einer bastanten Mahlzeit sollten wir uns für die Nacht herrichten. Aber das war leichter gesagt, als getan. Ich lag wie früher in der Mitte und hatte den Kopf neben dem Eingang. Nun waren jedoch die Schlafsäcke mit Flicken und Zubehör, Außen- und Innenfutteralen bedeutend weiter als sonst geworden und hierzu kam, daß das Zelt durch das Festnähen der Bodenpersenning an die Zeltwand noch kleiner geworden war. Hatten wir schon während der ersten Schlittenfahrt mit dem Platzfinden Mühe gehabt, so war dies jetzt noch bedeutend schlimmer. Wir lagen förmlich wie Sardinen gepackt, und die Zeremonie, da man sich in den Schlafsack hineinpraktisierte und umsichtig jeden Zipfel umwickelte, war äußerst feierlich.

Erst nachdem meine Kameraden, die zu äußerst lagen, sich zurecht gelegt und sich so weit als nur möglich an die Zeltwand gepreßt hatten, konnte ich meine „Arbeit" beginnen. Dieser ganze Vorgang nahm, glaube ich, mitunter mehr als eine Stunde in Anspruch und wurde selten ohne ein ungeduldiges Gebrumm von einer Seite her ausgeführt. Nachdem man einmal seine „Nachtposition" im Schlafsack eingenommen hatte, war eine Änderung derselben ohne Erwecken der Schlafkameraden unmöglich.

Das Herauskriechen ging leichter, aber ehe man den Sack öffnen und den Kopf herausführen konnte, hatte man häufig die wenig angenehme Beschäftigung vorzunehmen, den Schnauz- und Backenbart vorsichtig loszulösen, da er während der Nacht am Rande des kleinen Luftloches festgefroren war.

Die ersten Tage und Nächte während dieser denkwürdigen Schlittentour waren in gewissen Hinsichten die schwersten. Der Sturm ging in einen Orkan über und hielt uns in unserem kleinen Zelte nahezu drei Tage hindurch eingesperrt. Die erste Nacht war nicht so schlimm, doch in Proportion mit der Windstärke steigerte sich auch die Kälte, und mehr als ich die beiden letzten Nächte hindurch gefroren habe, fror ich nie in meinem Leben.

Das Tagebuch, in das ich seit Beginn der Schlittentour weitläufigere Anzeichnungen als während der Überwinterung machte, zeugt davon in beredter Sprache. Am 30. September schreibe ich:

„Soll dieses Wetter so fortwähren, wird das nicht gerade ergötzlich. Habe in dieser Nacht nicht weiter sehr gefroren, aber die schmerzenden Fingerspitzen meiner linken Hand haben mich wach gehalten. Am Tage habe ich kein Gefühl in ihnen. Andersson liegt noch im Schlafsack, während Grunden und ich Grütze kochen. Es ist das langsamste Grützekochen, dem ich je beigewohnt habe, aber vielleicht beruht das darauf, daß ich beim Stillsitzen so unheimlich friere. Ist es morgen ebensolches Wetter, wird's mit der ganzen Kocherei nichts werden."

Vor dem folgenden Tage finde ich in dem Tagebuche folgende Zeilen:

„Kälterer, orkanartiger Sturm. In der Nacht hat mich schrecklich gefroren. Wir blieben in den Schlafsäcken liegen und aßen nur fünf Schiffszwiebacke pro Mann. Es war etwas trocken, da man nichts zu trinken dazu hatte, aber es schmeckt Alles, wenn man hungrig ist."

Am 2. Oktober:

„Es war eine sehr schwere Nacht und ich habe kaum ein Auge geschlossen. Mein ganzer Körper hat vor Kälte geschmerzt. Eines der luwärts befindlichen Zeltstage löste sich, wodurch das Zelttuch an dieser Seite über Andersson gepreßt wurde, sodaß er förmlich eingeklemmt liegen mußte. Ich erwartete jeden Augenblick, daß das Zelt in Stücke oder fortgerissen würde und wir den Gletscher hinuntersausen müßten. Am Morgen beruhigte sich der Sturm etwas und gegen 8 Uhr krochen Grunden und ich aus den Schlafsäcken, sodaß Andersson besser Platz erhielt. Nach dem Frühstück gingen wir hinaus. Das Wetter war klar und die Sonne strahlte, aber es war sehr kalt, sodaß wir nicht lange draußen blieben."

Vielleicht setzt es manchen kritischen Leser in Verwunderung, wie es mit Rücksicht auf gewisse unabweisliche körperliche Bedürfnisse möglich für uns gewesen, so lange Zeit in dem kleinen

Floraberge.

Skizze vom Verf.

Zelt eingesperrt gewesen zu sein. Auf diese Frage will ich mich jedoch nicht hier weiter einlassen, — manchem anderen mehr prüde gearteten Leser wird es vielleicht schon vorgekommen sein, daß ich im Zusammenhang mit der Überwinterung einen Teil natürlicher Fragen allzu offenherzig behandelt habe, — sondern die Lösung dieses Rätsels dem Scharfsinn derjenigen, die es gern wissen möchten, überlassen.

Am 3. Oktober konnten wir den Marsch fortsetzen, aber weit kamen wir an diesem Tage nicht. Es schneite den ganzen Vormittag über und es herrschte ein so dichter Nebel, daß man nicht einen Meter weit vor sich sehen konnte. Erst am Nachmittag lichtete sich der Nebel etwas, sodaß wir aufbrechen konnten, doch nach einer kurzen Zeit mußten wir wieder das Zelt aufschlagen. Sollte der Marsch mit dieser Schnelligkeit fortgesetzt werden, war es nicht sehr wahrscheinlich, daß wir irgendein Ziel erreichten.

Am Tage darauf klärte es sich auf, daß wir gegen Mittag aufbrechen konnten. Zuerst schlugen wir nun einen mehr östlichen Kurs ein, um über dem Landeise dem Platze unseres eingeschneiten Vorrates, dem „Teufelsdepot", nahezukommen, aber weit waren wir nicht gelangt, als wir auf den einen Gletscherriß nach dem anderen stießen. Dank unserer Skis gelangten wir glücklich hinüber, aber als schließlich an einer Stelle eines Spaltrisses die dünne Eisbrücke unter der schweren Last des Schlittens barst und und es nahe daran war, daß Alles in die Tiefe stürzte, beschlossen wir die Wahl eines anderen Weges.

Wir wanderten an sieben Stunden und schlugen mit dem Eintreten der Dunkelheit in der Nähe des Anankesberges das Lager auf. Als wir so gerade in unseren Schlafsäcken lagen, fertig zum Einschlafen, vernahmen wir plötzlich auf dem Zelttuche ein verdächtiges Geräusch, und bald wurde es uns klar, daß es sehr heftig regnete. Dieses Wetter währte so die ganze Nacht durch fort. Der harte Nordweststurm machte das Zelt flattern, wodurch mir das steife, nasse Zelttuch die ganze Nacht über ununterbrochen an den Kopf gepeitscht wurde, sodaß mir nur wenige Augenblicke Schlaf beschert ward. Es ist merkwürdig, wie wenigen Schlaf wir während des ersten Teils dieser Schlittentour benötigten.

Am 5. Oktober hatten wir fortdauernd Tauwetter mit Abwechslung von Regen- und Schneeschauern, sodaß wir uns still verhalten mußten. Der Schnee klotzte nämlich an den Skis, und ohne diese sanken wir bis über die Kniee ein.

Erst am Tage darauf änderte sich das Wetter derartig, daß wir einen ordentlichen Tagemarsch machen konnten. Schon bei Morgengrauen krochen wir aus unseren Schlafsäcken. Das durchnäßte Zelt war ganz hartgefroren, beim Frühstückkochen taute es aber auf, daß wir es einpacken konnten. Nach diesem Tauwetter hatten wir sehr harte und gute Bahn, und auch auf der Bucht, auf der es uns so schwer gewesen, uns zwischen Eisbergen und Kosen vorwärtszuarbeiten, ging es jetzt relativ leicht.

Wir folgten dem Strande nach dem Osten und schlugen gegen 7 Uhr auf dem Meereseise das Zelt auf. Es war gut, daß wir die kleinen Lichte noch hatten, denn es bedurfte wahrlich im Zelte einer Beleuchtung an diesen pechschwarzen Abenden. Das Licht wurde ungefähr in der Mitte des Zeltes in einem primitiven Halter aufgehängt und von dem ausgelöscht, der zuletzt in seinem Schlafsack in Ordnung kam.

An diesem Abend hatte Andersson einen Abstecher nach dem Strande einiger Bergartenproben halber gemacht und bei dieser Gelegenheit ein paar Weddellrobben friedlich auf dem Eise liegend vorgefunden. Das war eine frohe Nachricht, denn nun konnten wir auf frisches Fleisch zur wohlbenötigten Abwechslung in der Kost rechnen.

Zwar war das Essen bei Beginn der Schlittenfahrt einer großen Veränderung unterzogen worden und hatte sich bedeutend dem der Zivilisation genähert, aber die Robbenbeaffsteaks eigener Fabrikation wären für einen gewöhnlichen Gaumen alles andere als genießbar gewesen. Sie hatten sich auf eigentümliche Weise verändert. Das Salzgehaltige, das ihnen vom Meerwasser gegeben, war nicht mehr zu verspüren, an Stelle dessen aber hatten sie einen sonderlichen scharfen Mandelgeschmack erhalten, dessen

Vorhandensein wir uns nicht erklären konnten. Unsere Frühstücke und die knappbemessenen Mahlzeiten, die wir unterwegs zu uns nahmen, bestanden hauptsächlich aus dieser Kost. Des Tages letzte Mahlzeit wurde wieder von den Konserven genommen.

Nun bekamen wir auch wieder ordentlichen Kaffee mit Zucker zu schmecken und ein paarmal auch Kakao. Wenn wir nach einem ordentlichen Tagesmarsch des Tages Arbeit beschlossen, nahmen wir auch zur Abendmahlzeit ein kleines „Schnäpschen."

Herrschte schon im Steinhäuschen dem Koch gegenüber eine gewisse Etikette, war dies hier nicht weniger der Fall. Wenn wir nach einem harten und arbeitreichen Marschtage zusammengekrochen um den baumelnden Lichtstump im Zelte saßen und das „Schnäpschen" wurde herumgereicht, kam ein Hauch von Wärme und Ruhe über das Ganze und jeder sagte seinen „Dank fürs Essen!" fast mit Andacht.

Wie verdammenswert der Spritgebrauch im täglichen Leben mitunter auch sein mag und wie schädlich auch ein übertriebenes Anwenden von Sprit einwirkt, bin ich doch überzeugt, daß die wenigen Tropfen, die wir während dieser letzten Tage Quälens und Mühens nach getaner Arbeit genossen, nicht in nennenswertem Grade unsere Kräfte herabsetzen konnten. Wenigstens merkte ich nie eine Spur von physischer Ermattung oder Erschlaffung danach.

Viel zu lachen und uns zu freuen hatten wir während dieser Schlittentour, die mit der Geschwindigkeit einer Schnecke vorwärts ging, und da wir nicht wußten, was der nächste Tag bringen mochte, nicht. Aber diese Abendstunden, an denen wir ganz vertraulich den Becher mit dem dünnen „Bettbeschwerer" die Runde machen ließen und wobei ein jeder ganz froh sein „Prost" zunickte, diese Stunden, da einem die Wärme in den ausgefrorenen Körper strömte und auch die Sinne auftauten, waren wirkliche Lichtmomente in einem elenden Dasein. Man kroch nach einem solchen Feste mit mehr Zuversicht in den feuchten, kalten Schlafsack und erwachte dann am Morgen wieder kräftig und fertig zu neuen Anstrengungen.

Zu dem, der uns trotzdem voreingenommen wegen dieses minimalen Spritgenusses tadelt, sage ich: Komme selbst einmal mit auf eine solche Fahrt, vertausche deine warmen Zimmer mit einer Eiswüste und sei nur einen Tag dabei, wenn die kalten Stürme die Glieder schmerzen machen und man friert, daß sich der ganze Körper schüttelt, und du wirst — vielleicht zu deiner eigenen Bestürzung — finden, daß du Wert auf einen wärmenden Tropfen setzest, wenn es selbst der verketzerte Schnaps ist!

Am 7. Oktober hatten wir wieder mildes Wetter. Wir quälten uns den Strand entlang und gelangten um 11 Uhr an den Moränenabhang, wo irgendwo unser unfreiwilliges Depot zu finden sein mußte. Spaten, Tonnenleisten ꝛc. wurden hervorgesucht, und so wanderten wir voller Hoffnung die Höhe hinan, um zu suchen. Welcher Reichtum lag hier begraben! Was bedeutete dieser Vorrat für uns in unserer jetzigen Armut! Ich dachte bloß an meine warmen Strümpfe und Handschuhe, die sich hier befanden, an alle die Nahrungsdinge und die vielen Pakete mit der nährenden Schokolade.

Je näher wir dem Platze kamen, desto mehr sank unsere Hoffnung. Der Schnee lag noch in gewaltigen, harten Wehen aufgehäuft, und fortgesetzt erhielten wir keinen Anhaltspunkt, wo wir graben sollten. In dumpfer Raserei arbeiteten wir ein paar Stunden hindurch mit unsinniger Anstrengung. Wir merkten es kaum, daß wir in dem regendurchmischten Schneeschauer durchnäßt wurden. Endlich mußten wir den Versuch aufgeben, und schweigend gingen wir wieder hinunter nach dem Schlitten, um mit ihm die Wanderung fortzusetzen.

Hatte uns das mißglückte Graben schon verzagt gemacht, kam hierzu noch ein anderer Umstand, der dazu beitrug, unsere Stimmung nicht leichter zu machen. Von dem Gletschergipfel hatten wir deutlich erkennen können, daß das Meereseis bis hinunter zum Kap Gordon aufgebrochen war. Eine breite eisfreie Wasserfläche erstreckte sich bis zur Begainsel, und war uns also dieser Weg versperrt. Noch wußten wir nicht mit Sicherheit, ob eine Verbindung zwischen dem Sunde, woselbst

Der Nordgletscher an der Bucht der Hoffnung mit dem Mount Bransfield im Hintergrunde. Skizze v. Verf.

Weddellrobbe. Ekelöf phot.

wir uns jetzt befanden, und der Sidney Herbertbai bestand, und gelangten wir daher zu der Überzeugung, daß uns nichts anderes überblieb, als unsere Last über das hohe und rissige Landeis der Begainsel zu schleppen.

Während wir uns zur Fortsetzung des Marsches anschickten, trat einer der hier unten so gewohnten schnellen Witterungsumschläge ein. Der Nordwestwind und der Schneefall hatten ihr Ende erreicht, und plötzlich verspürte man, obgleich bei nur schwachem Südwestwinde, eine schneidende Kälte. Nach Verlauf einiger Minuten wollte ich die nassen Handschuhe, die ich aufs Eis gelegt hatte, wieder anziehen. Sie waren jedoch in der kurzen Zeit steifgefroren, sodaß ich sie erst gründlich bearbeiten mußte, ehe ich sie auf die Finger zu ziehen vermochte. Es währte nicht lange und all das Nasse an uns war gefroren. Windjacken und Beinkleider fühlten sich wie Panzer an und die durchnäßten Füße wurden zu Eisklumpen.

Schließlich kamen wir der Robbenfamilie so nahe, daß wir anhalten konnten. Es waren zwei Alte und ein Junges, welch letzteres sichtlich das Tageslicht noch nicht allzu lange erblickt hatte. Die Mauserpistole mußte heraus, wiewohl mir die Finger so steifgefroren waren, daß ich sie kaum halten konnte. Die beiden Alten gingen, als ich mich ihnen näherte, ins Wasser, und ich war unbarmherzig genug, dem Jungen eine Kugel in den Kopf zu jagen.

Während wir noch beim Abhäuten und Zerstückeln des Wildprets waren, trat ganz unerwartet eines der Eltern auf den Schauplatz und näherte sich uns mit sichtlich feindlichen Absichten. Der Augenblick war zu ernst, die schneidende Kälte zu peinigend und unsere schmerzenden Glieder pochten darauf, bald Schutz vor dem Sturme zu erhalten; sonst hätten wir uns gewiß Zeit genommen, auf schickliche Art den dreuenden Herkules zu verscheuchen. Jetzt gab es keinen anderen Ausweg, als auch ihn mit einem Schusse niederzustrecken.

Endlich waren wir im Zelte. Es schien uns, als habe es eine ganze Ewigkeit gedauert, ehe wir mit dem Lager in Ordnung gekommen waren, doch die durch die Kälte betäubten Finger waren auch steif wie Holzpflöcke.

Nie hatten wir den Mangel an ordentlicher Bekleidung so schwer empfunden, wie an diesem Tage. Ich für meinen Teil kann nicht sagen, daß ich eigentlich während des Marsches gefroren habe, — die Körperbewegung hielt mich relativ warm, — nur schmerzten mich meine Füße und Hände die ganze Zeit hindurch unbarmherzig. Die vorher durchweicht gewesenen Lappenschuhe waren, eingeengt von der Skibindung, festgefroren.

Grunden war jedoch schlimmer daran als ich. Seine Schuhe konnten kaum dem Namen nach als solche gelten, denn während des Tauwetters lief das Schmelzwasser ziemlich ungehindert durch alle deren Löcher ein und aus. Im Zelte angelangt, begann Grunden mit bedenklichem Gesicht die Bänder seines linken Schuhes zu lösen. Als er den Schuh herunter hatte, stellte sich heraus, daß die beiden in ihm getragenen Strümpfe ordentlich festgefroren festsitzen blieben. Die große Zehe war sichtlich erfroren, ohne Gefühl und Blutzirkulation.

Das war eine schlimme Unglücksbotschaft. Noch hatten wir nicht mehr als ein Viertel des Weges zurückgelegt. Wie sollte es werden, wenn man sich mit einem erfrorenen Fuße den ganzen übrigen Teil des Marsches fortschleppen mußte? Das war eine Frage, die sich uns anderen augenblicklich aufdrängte und so auch sicher Grunden, obgleich dieser, der es gewohnt war, weit größeren Gefahren ins Auge zu sehen, keine Miene veränderte, als er mit seiner festen, ruhigen Stimme — wohl etwas grimmig — sagte:

„Nun glaube ich, — hol's der Teufel! — daß es mit dem Fuße vorbei ist!"

Ich konnte meine Küchenarbeiten nicht aufgeben, — die frische Robbensuppe dampfte bereits über dem Primus, — Andersson aber ging sogleich daran, die erfrorene Zehe mit Schnee zu frottieren, und nach harter Arbeit glückte es ihm auch, wieder Weichheit und Wärme hineinzubekommen.

Die schlimmste Gefahr war also diesmal beseitigt. An diesem Abend bot ich denn auch die Gerichte mit größerer Befriedigung als gewöhnlich herum, und wir nahmen unser „Schnäpschen“ mit weit größerer Andacht zu uns.

Ich hatte meine eigenen schmerzenden Füße, die jetzt übrigens um vieles gebessert waren, vergessen und kroch wie gewöhnlich in meinen Schlafsack, ohne Schuhe und Strümpfe abzulegen. An diese Weise zu schlafen hatte ich mich gewöhnt, denn behielt ich während der Nacht einmal meine Schuhe nicht an, war für sie im Schlafsack kein Platz und fand ich sie dann am anderen Morgen so hartgefroren vor, daß ich sie nicht ohne vorheriges Auftauen in der Weste oder Hose anziehen konnte. Dieses Auftauen war doch wenig behaglich und nahm mir überdies eine lange Zeit weg, mir, der ich in meiner Eigenschaft als Koch vor den anderen aufstehen mußte.

Getrost und froh, daß der Tag so ziemlich glücklich abgelaufen war, schlief ich ein, erwachte aber nach einer Weile durch ein rein unerträgliches Schmerzen in meinem rechten Fuße. Es wurde eine peinvolle Nacht. Ich wollte die Kameraden nicht wecken und mußte daher still liegen bleiben, mich auf ein nur unbedeutendes Regen meines Fußes beschränkend. Erst spät gegen Morgen ließen die Schmerzen etwas nach, daß ich einschlummern konnte.

Am Tage darauf empfand ich anfangs keine Schmerzen. Wir setzten den Marsch fort und erreichten gegen Mittag die Vegainsel. Andersson wanderte sofort den Strand hinauf, um den Platz zu erspähen, wo das Depot errichtet worden. Die früher gehegte Hoffnung, dieses Depot in unbeschädigtem Zustande wiederzufinden, war nach dem unlängs beschriebenen mißglückten Ausgrabungsversuch bedenklich erschüttert.

Andersson war dagegen ganz siegessicher. Während seines Rekognoszierungsmarsches gingen Grunden und ich auf die Seehundjagd, und als wir mit unserer Beute heimkehrten, saß er schon aufs äußerste niedergeschlagen auf dem Schlitten. Da wir vermuteten, daß er nichts gefunden hatte und nun zurückgekehrt war, um mit uns gemeinsam suchen zu wollen, sagten wir nichts. Da überraschte er uns damit, daß er uns einen völlig ganzen

Schiffszwieback reichte. (In der letzten Zeit hatten wir von diesen nur noch kleine Stückchen über.)

Nun war die Freude eine allgemeine. Er hatte den ganzen Vorrat in bester Ordnung angetroffen. Der Petroleumbehälter und die Flaschen waren ganz und die Schiffszwiebacke trocken.

An diesem Abend schrieb ich ins Tagebuch:

„Nachdem wir gegessen und den Vorrat herbeigeschafft hatten, zogen wir schräg den Gletscher etwas hinan. Es ging mühselig und schwer und wir mußten die Ladung in zwei Gängen nehmen. Hatte große Schmerzen im rechten Fuße. Befürchte, daß auch mir einige Zehen erfroren. Nach der Abendmahlzeit zog ich den Schuh aus und fand, daß die kleine Zehe ganz von einer Frostblase bedeckt war."

Am Tage darauf war es nebelig, sodaß wir Veranlassung zum Stillliegen hatten, wozu wir übrigens auch durch unsere Frostschäden gezwungen waren. Andersson operierte unsere Frostblasen mit der Segelnadel und legte, so gut es sich machen ließ, einen Verband aus unseren schmutzigen Fetzen an. Dieses linderte unsere Schmerzen etwas und wir schliefen in der künftigen Nacht sehr gut. Am nächsten Morgen waren wir wieder bewegungsfähig.

Wenn man sich nun mehr in die Situation hineinversetzte, mußte man sich selbst zugestehen, daß es sehr kritisch stand. Noch hatten wir nicht die Hälfte des Weges zurückgelegt und schon hatten zwei von uns Erfrierungen davongetragen, die uns vielleicht bald an der Fortsetzung hinderten. In jedem Falle ging der Marsch hiernach viel langsamer, denn die Skibänder drückten gerade auf die schmerzende Partie der Füße und die alten zusammengefilzten und trandurchtränkten Strümpfe — keiner kann sich eine Vorstellung davon machen, wie unappetitlich derartige Bekleidungsstücke werden können, — trugen nicht dazu bei, dies angenehmer zu machen.

Glücklicherweise waren jedoch Anderssons Füße noch unbeschädigt, denn dank seinen besseren Schuhen war er bis jetzt relativ fußtrocken gegangen. Dadurch hatten wir ja auch das

Wir suchen vergeblich nach den überschneiten Vorräten. Skizze vom Verf.

Seehundjagd im Schneesturm. Skizze vom Verf.

Weddellrobbe. Larsen phot.

letzte Zufluchtsmittel, daß er, wenn wir gezwungen sein sollten, zurückzubleiben, schnell den letzten Teil zur Station voranrennen konnte, um von dort Hilfe herbeizuschaffen.

Es mußte aber schon sehr hart um uns bestellt sein, ehe wir uns ergeben wollten, darüber kamen Grunden und ich mit einem Handschlag überein. Am 11. Oktober war ich soweit wieder hergestellt, daß ich auf Rekognoszierung über Landeis ausgehen konnte. Andersson machte gleichzeitig eine Tour nach Kap Gordon, um sich des Näheren über die Eisverhältnisse auf der Ostseite zu vergewissern. Zufolge eines unangenehmen Nebels, der sich über das Meer gelagert hatte, konnte er jedoch nichts sehen, aber die Brandungen, die er gegen die Felswände anschlagen hörte, verrieten deutlich, daß sich hier kein wegbares Eis befand.

Meine Rekognoszierung überzeugte mich indessen, daß wir uns auf einer Insel befanden und daß wir auch auf der Westseite wegbares Meereseis hatten. Als wir am Abend ins Lager zurückkehrten, waren sowohl Andersson wie ich zu der Überzeugung gekommen, daß es für uns am besten, diesen Weg zu wählen, anstatt über die 300 m hohe Insel zu ziehen.

Es war ein eigentümlicher Zufall, daß wir unseren Plan just so änderten, ein Glückszufall, der uns in unerwartet glücklicher Weise aus den Schwierigkeiten half und uns schnell dem Ziel entgegenbrachte. Vielleicht wurden auch dadurch zwei von uns vom Untergang errettet. Wenigstens ist es — wie ich im nächsten Kapitel näher dartun werde, — wahrscheinlich, daß bei der langen Zeit, die wir sonst benötigt hätten, unsere erfrorenen Extremitäten nicht mehr zu retten waren.

Der 12. Oktober kam heran. Er sollte uns der für immer große Gedenktag werden, der Tag, an dem wir nach einer Isolierungsfrist von 9½ Monaten endlich einen anderen Menschen zu sehen bekamen.

Wir waren gerade wieder hinunter aufs Meereseis gekommen, wo wir gegen Mittag eine kurze Rast hielten, und saßen ganz ruhig beieinander und spähten das Eisfeld entlang. Ich hatte zuvor meine Füße gewaschen und war gerade dabei, unter Zuhilfenahme von einigen Kompaßbestimmungen die Küsten zu skizzieren. Der Primuskocher war schon angezündet, und wir warteten bloß darauf, den Kaffeetropfen erwärmt zu erhalten.

Da fragte Andersson plötzlich:

„Was ist das da?"

In nördlicher Richtung sah man weit hinten gegen den weißen Schnee sich zwei größere Gestalten und dahinter undeutlich einige kleinere abheben. Da wir an demselben Tage viele Seehunde gesehen hatten, antwortete ich achtlos:

„Es werden wohl einige Robben mit ihren Jungen sein."

In demselben Augenblicke bemerkte ich, daß sich das Ganze mit Seitengliedmassen bewegte. Ich schärfte den Blick. Kein Zweifel. Das bewegte sich sogar sehr schnell.

„Es bewegt sich! Ich bin ganz sicher, daß es sich bewegt!"

Grunden hatte unterdessen das Fernrohr angesetzt und schrie nun:

„Es sind zwei Mann mit Schlitten und Hunden!"

„Menschen! Hunde!"

Es war ein jauchzendes Aufjubeln in diesem Ausrufe. Es war ein Klang von Freude, der drei Herzen zittern machte. Heimlich strich ich mit meiner schmutzigen Hand eine sich ins Auge drängende Träne fort, und ohne ein Wort zu sagen, begann ich mit fieberhaftem Eifer die Skis anzuspannen.

Nun war es vielleicht zu Ende mit unserem aufreibenden, bedrückenden Wildleben! Bald würden wir vielleicht nicht mehr Plagen erdulden und frieren brauchen! Das da vor uns bedeutete doch wohl Hilfe und Rettung für uns? Gewiß doch! Denn derjenige, welcher hier unten Hunde füttern kann, kann wohl selbst keine Not leiden.

Zu etwas Besserem mußten wir also kommen.

Andersson hatte gleichfalls die Skis an die Füße geschnallt. Ehe wir losrannten, schoß ich den restlichen Schuß aus meiner Pistole, und Grunden wurde aufgetragen, unsere besten Konserven zur Ankunft der Fremden aufzuwärmen.

Partie von der Nordseite der Vegainsel. Skizze nach der Photographie.

Nordenskjöld. Anderssen. Duse. Skizze vom Verf.

„Kennst Du uns nicht wieder!"

So ging es den Entdeckten entgegen. Was mich dabei durchströmte, kann ich nicht in Worte kleiden. Ich reflektierte eigentlich nicht, und alle die hunderte von Mutmaßungen, die sich mir fast unbewußt aufdrängten, schlossen mit dem gleichen frohen Gedanken: Wer sie auch sein mögen, für uns bedeutet dies doch etwas Neues!

Als wir näher kamen, war ich ruhig und voller Beherrschung. Die Fremden hatten uns sichtlich bemerkt und richteten ihren Kurs uns entgegen. Bald erkannte ich Nordenskjöld, welcher vor dem Hundegespann herschritt, an seinem Gange wieder. Sein zivilisierter und nichts weniger als polarmäßiger Anzug frappierte mich. Ein Mann, angetan mit einem schwarzen Schlapphut, einem gewöhnlichen dunkelblauen Matrosenkostüm, das eine Hosenbein achtlos in den niedrigen Schnürstiefelschaft gesteckt, und mit einem Spazierstock[1]) in der Hand, mit dem er hin und wieder den allzu eifrigen Hunden warnend zuwinkte, — das ist eine Erscheinung, die man kaum in diesen Gegenden anzutreffen erwartet.

Hinter dem Schlitten ging ein anderer Mann, den ich nicht sogleich wiederzukennen vermochte. Wahrscheinlich war es der Matrose Jonassen, Grundens bester Freund.

Als uns nur noch etwa 100 m von einander trennten, konnte ich einen Hurraruf nicht unterdrücken. Die Hunde trabten frisch weiter, und bald waren wir beieinander.

Aber nun hatte es seine Schwierigkeit mit dem Fuhrwerk. Die Tiere hatten augenscheinlich die Auffassung, daß hier nicht Alles so war, wie es sein sollte, und ihrer Mitbrüder ausgeprägten Unwillen gegen jede Art Dahintrottens teilend, griffen sie bei unserem Anblick zu den Beinen und gingen ein gutes Stück Weges mit dem Gefährt durch. Jonassen, — er war es wirklich, — der plötzlich die geniale Eingebung erhielt, daß wir übelwollende Einwohner sein mochten, ermahnte erfrig seinen Herrn, die Mauserpistole zu ziehen und sich auf das Schlimmste gefaßt zu machen.

[1]) Der mutmaßliche Stock stellte sich später als eine kurze Alpinistenhacke heraus.

Nordenskjöld war ganz verwirrt und erkannte uns nicht wieder, trotzdem wir schwedisch zusammen sprachen.

Nachdem wir gegrüßt und ihm und Jonassen die Hände geschüttelt hatten, fragte ich, ob er den Antarctic gesehen habe und wie es auf der Winterstation stände. Auf die erste Frage antwortete er mit einer gewissen Verwunderung in der Stimme, die ich später sehr wohl verstand: „Nein!" Auf die andere dagegen erhielt ich die ruhige Antwort, daß Alles vortrefflich stände.

Da kam ich plötzlich auf den Gedanken, daß Nordenskjöld uns vielleicht nicht wieder erkannte. Ich hatte vergessen, daß wir unsere schwarzen Gesichter noch mit den selbstgemachten eigenartigen Holzbrillen geschmückt hatten. Und daß man in dieser Verfassung nicht sofort als das genommen wurde, was man war, ist ja verzeihlich.

„Kennst du mich nicht wieder?" fragte ich.

„Nein, das ist nicht gut möglich!" lautete die zögernde Antwort.

„Ich bin Duse und dies ist Gunnar Andersson."

Nun war das Rätsel gelöst, und nachdem wir uns gegenseitig Alles erläutert hatten, schlugen wir gemeinsam Lager auf. Nordenskjöld hißte eine schwedische Flagge mit reinen, schönen Farben und ich, der ich nicht geringer sein wollte, holte meinen kleinen schmutzigen Seidenlappen hervor und befestigte ihn an dem Skistab.

An diesem Tage wurde natürlich nicht weitermarschiert. Ich zog nun in Nordenskjölds Zelt, das viel geräumiger als das unsere war, und stand mich dort ausgezeichnet, kaltblütig die zusammengezogenen Nasen der ursprünglichen Bewohner desselben ignorierend, die mir deutlich bezeigten, daß ich keinen weiter lieblichen Duft um mich verbreitete.

Mir dagegen schien, als roch Nordenskjöld nach Parfüm, und wunderte ich mich sehr darüber, daß er in dieser Wüste noch so kokett war, sich zu parfümieren. Erst nachdem wir zur Winterstation gekommen und ich dort mit einem mir zu jener Zeit fremden Gegenstand, S e i f e genannt, in Berührung kam, verstand ich, daß der Parfümgeruch daher stammte.

Als wir gegen Abend mit Allem in Ordnung waren, erhielten wir eine herrliche Mahlzeit von Nordenskjölds erstklassigem Schlittentourproviant und einem unlängs getöteten kleinen Robbenjungen. Das war etwas anderes, als wir gewohnt waren, Fleisch mit Butter und Zwiebel gebraten! Von dem widrigen Trangeschmack war keine Spur zu verspüren. Etwas Delikateres habe ich nie gegessen. Auch konnte ich mich kaum rühren, als es am Ende angelangt war.

Hier saß man danach in einer angenehmen Betäubung, in einem bis dahin ungeahnten Stadium von Wohlbefinden und ertappte sich selbst mitunter bei einem mit stummer Bewunderung erfüllten Anstarren der reingewaschenen Gesichter der Entdeckten.

Nordenskjöld hatte bei seiner Schlittenfahrt die wichtige geographische Entdeckung gemacht, daß Mount Haddington auf einer großen Insel lag, die von dem Festlande durch den breiten Sund, den er alsdann den „Kronprinz Gustav-Kanal" (Kronprins Gustafs kanal) benannte, abgeschnitten wurde. Es war in der Nähe der östlichen Mündung dieses Kanales, wo wir so unerwartet einander begegneten.

Am Tage danach setzten wir den Marsch gemeinsam fort. Unsere ganze Ladung wurde auf den Hundeschlitten gepackt, die Hunde zogen die doppelte Last, und wir selbst konnten nun lange Strecken hindurch frei und ledig einhergehen.

Unsere schmerzenden Füße waren mit Sublimat gewaschen und ordentlich verbunden worden, aber ungeachtet dessen wurden sie immer schlimmer. An den letzten Marschtagen konnten sich Grunden und ich nur mit genauer Not fortschleppen.

Trotz der Schmerzen schien uns die Schlittenfahrt nach diesem glücklichen Zusammentreffen eine wirkliche Lustfahrt zu sein. Ein neues Leben mit allen Vorzügen der Zivilisation winkte uns bereits, — die Hilfe des Arztes vor allen Dingen, — und wenn wir erst nach dem Snow Hill gekommen, konnten wir der früheren oder späteren Abholung gewiß sein.

Wir nahmen nun den Weg westlich von der Vegainsel zur Sidney Herbertbai, wo wir die Nordostseite der Roßinsel verfolgten. Stellenweise war hier sehr hoher Schnee angehäuft und die Bahn für die armen Hunde eine schwere. Wir suchten ihnen teils durch Ziehen und teils durch Tragen eines Teiles der Last zu helfen.

Die sechs Tiere arbeiteten jedoch tapfer, und die Tagemärsche waren von einer bis dahin von uns ungeahnten Länge. Als wir Nordenskjöld trafen, hatten wir fast den halben Weg zurückgelegt und dazu eine Zeit von 13 Tagen gebraucht. Den Rest des Weges legten wir in 3½ Tagen zurück.

Der Eskimohund ist für den Polarfahrer das, was das Kamel für den Wüstenreisenden. Er ist treu und sklavisch ergeben, wie viel er auch ausstehen muß. Er ist leicht zu nähren und ißt nahezu alles — alte Schuhsohlen sind für ihn ein Leckerbissen — und kann, wenngleich lange Perioden auf halbe Ranzion angewiesen, seine schwere Schlepparbeit mit der gleichen Energie ausführen.

Der Eskimohund ist erstaunlich abgehärtet gegen Kälte und Unwetter. Sämtliche Tiere am Snow Hill wohnten die beiden Winter hindurch im Freien, ohne Schaden zu nehmen. Sie konnten jedoch durch die schnellen Temperaturabwechslungen recht unangenehmen Situationen ausgesetzt sein. So wurde mir erzählt, daß die Stationshausbewohner eines Nachts von einem intensiven Hundegeheul geweckt wurden. Ärgerlich ging einer von ihnen hinaus, um mit einigen Stockschlägen dem Radaumacher die Bedeutung des Nachtfriedens klarzumachen. Er suchte sich in der Dunkelheit bis zu dem Platze hindurch, wo der Lärm herkam, doch zu seiner Verwunderung machte der Delinquent keine Miene, sich der Prügel zu entziehen, sondern heulte nur noch schlimmer. Beim Schein einer Laterne erhielt er schließlich die Erklärung des Rätsels. Der Hinterteil des Hundes war ganz und gar festgefroren. Derselbe war während Tauwetter eingeschlafen und fand beim Erwachen seinen hinteren Körperteil auf dem besten Wege, von der Kälte konserviert zu werden.

Der Eskimohund ist ebenso willig wie stark und ausdauernd. Mit einer rührenden Bereitwilligkeit krochen unsere Hunde morgens in das Geschirr und zogen alsdann die doppelte Last mit einer erstaunlichen Kraft, selbst da, wo der Schnee so hoch stand, daß sie bis zum Bauch in ihm lagen. Die drei Hündinnen in unserem Gespann waren alle trächtig und eine von ihnen warf sogar unterwegs zum Snow Hill Junge. Dieser Umstand hinderte sie jedoch nicht, ebenso ausdauernd wie die anderen zu ziehen und zu schuften.

Es war nicht viel Zeit zu langwierigen Zeremonien, als ihre Abkömmlinge einer nach dem anderen zur Welt kamen. Während das ganze Gespann beim besten Traben war, wurde ein kurzes Geheul vernommen. Das Ganze machte Halt, und ein kleines unförmliches Bündelchen, das ein Hundejunges vorstellen sollte, lag auf dem Eise. Wäre Jonassen nicht zeitig genug herbeigeeilt, um mit der Hacke das Neugeborene zu töten, so hätten darum einige der anderen Hunde bald Sorge getragen. Es war doch immerhin ein warmer Bissen in der Kälte. —.

So ging es weiter, als wäre nichts passiert, bis sich nach einer Weile dieselbe Geschichte wiederholte.

Wir hatten ausgerechnet, daß wir bei der Schnelligkeit, mit der wir zu Anfang weiterkamen, schon am 15. Oktober abends die Winterstation erreichten. Die Schmerzen in unseren verfrorenen Füßen nahmen inzwischen zu, und trotz unseres besten Willens war es weder Grunden noch mir möglich, an diesem Tage so lange auszuhalten.

Das erst recht schwierige Eis wurde besser, je näher wir dem Kap Gage kamen. Es war sichtlich ganz junges Eis mit vielen Rissen. Beim Kap selbst stießen wir auf eine breite Spalte mit zu beiden Seiten hoch aufgeschraubtem Eise. Wir gelangten glücklich über eine Eisbrücke, stießen aber nach einer Weile auf eine neue Spalte, die nicht so leicht zu passieren war. Wo wir sie überschritten, war sie 3 m breit und angefüllt von halbgefrorenem Schneekot, der, wenn man auf Skis stand, trug.

Den Schlitten bekamen wir durch scharfes Antreiben der Hunde hinüber. Jonassen, der keine Skis hatte, trampelte, sich anhängend, mit hindurch, und zwei der Hunde erhielten ein tüchtiges Kaltwasserbad.

Gleichzeitig hatte Andersson ein Abenteuer durchzustehen mit einer Seehündin, die sonderbarer Weise durch seine Nähe ihre gute Laune verlor. Er schaute da ganz friedlich zu, wie sie ihre Jungen säugte, als sie sich ganz plötzlich über ihn warf, sodaß er sich nur mit genauer Not mit dem Skistabe verteidigen konnte.

In Höhe der Cockburninsel schlugen wir an diesem Nachmittag Lager auf und hatten von hier aus eine prächtige Aussicht über den Snow Hillstrand, wo unser neues Heim hinter dem vorschießenden Gletscherberge verborgen lag.

An diesem Abend stand ich lange vor dem Zelte und blickte träumerisch nach der wohlbekannten Küste, wo ich vor nahezu zwei Jahren mit Kameraden, die vielleicht nicht mehr aufzufinden, Brettlasten zu dem werdenden Winterhause trug —.

War es denn Wirklichkeit?

Vor einigen Wochen lagen wir noch in der schwarzen Steinhöhle an der Bucht der Hoffnung, und jetzt befanden wir uns schon in Sicht des Platzes, zu dem alle unsere Gedanken während so vieler einsamer Stunden geflogen. Hatten wir also endlich die lange Prüfungszeit durchkämpft? War es nun wirklich so weit gekommen, daß wir ein Ende machen konnten mit dem elenden Wildnisleben, mit seinem Quälen und Plagen, seinen Leiden und Fehlschlägen?

Es war nahezu unbegreiflich!

Ein gütiges Geschick hatte, nachdem uns Widerwärtigkeiten in eine Wüstenei geschleudert, in wunderbarer Weise unsere Schritte geleitet und uns vor dem Untergang errettet. Und doch war es nicht ohne ein unfreiwilliges Gefühl der Bitterkeit, als ich an diesem Abend mein Tagebuch mit folgenden Worten beschloß:

„Wir kommen nun als Bettler, entblößt von Allem, zu den Menschen, denen wir selbst einmal Hilfe bringen sollten. Wir gingen aus, unsere Pflicht zu tun, — es schlug uns fehl, — und nun sind wir es, die in die Lage versetzt worden, ihnen auf unbestimmte Zeit zur Last liegen zu müssen."

Eine bequemere Art zu wandern. Skizze vom Verf.

Die Hunde werden gefüttert. Ekelöf phot.

11. Der Entsatz.

Endlich am Ziel. — Verwandlung. — Etwas von den Wintern am Snow Hill. — Wieder in Tätigkeit. — Fremde. — Ein wunderbares Zusammentreffen. — Scheiterung des Antarctic. — Unter den Überwinterern auf der Pauletinsel. — An Bord des „Uruguay." — Nach dem Norden.

Am 16. Oktober — dem Jahrestage des Expeditionsstartes von Schweden — kamen wir 11 Uhr vormittags an den Strand des Snow Hills. Eine gewaltige Schneewehe hielt uns das Winterhaus noch verborgen.

Das erste Lebewesen, das ich sah, war ein schwarzer Hund, der zur Eiskante herunterkam, stehen blieb, auf uns blickte, wütend kläffte und seines Weges sprang. Darauf begann ein intensives Hundegeheul, welches den Ansässigen kundtat, daß etwas Außergewöhnliches los war, und bald sahen wir Leute zum Strande heruntergelaufen kommen.

Es waren die vier Männer, die noch hier residierten. Vielleicht glaubten sie, daß wir Entsatzbotschaft brachten. In diesem Falle wurden sie sehr bald enttäuscht, als sie näher herankamen und unsere schwarzen Gesichter und rußigen Hüllen unterscheiden konnten.

Zuvorderst kam Bodman, dessen Antlitz eine unverkennbare Verwunderung darüber, Fremde in solchem Zustande zu erblicken, ausdrückte. Ich konnte in diesem Augenblicke einen kleinen Scherz nicht unterlassen und redete ihn auf Englisch an:

„How do you do, sir?"

Die Antwort kam mit einem gewissen Zögern heraus.

„Thank you, very well."

Da konnte ich die Komödie nicht länger fortsetzen, sondern klopfte ihm auf die Schulter mit einem „Guten Tag, Freund Bodman!" Er erkannte mich sofort wieder und die Freude des Wiedersehens war groß.

Nachdem wir Ekelöf, Sobral und Okerlund die Hände geschüttelt hatten, ließ man uns endlich soviel Luft, daß wir ihnen mit wenigen Worten die Situation erklären konnten. Die Bestürzung der Zuhörer war groß. Fragen und Antworten hagelten und das Ganze war ein wirres Durcheinander.

So allmählich gelangten wir ins Haus, wo wir sodann von allen Seiten gebührend betrachtet wurden, und alle brauchbaren Kameras verewigten unsere zierlichen Gestalten.

Es war ein eigentümliches Gefühl, mit dem ich dieses Haus wieder betrat, welches mir, als ich es das letzte Mal sah, so eng und ungemütlich vorkam. Jetzt war es ein wirklicher Palast mit wahren Wundern an Komfort und Luxus. Alles kam mir so unnatürlich fein vor, so bequem und anheimelnd. Einen ordentlichen Tisch zu sehen, in einem Stuhl zu sitzen —! — Ich fühlte mich wirklich verwirrt. Es war mir, als erwachte ich aus einem langen, langen Traum.

Wir wurden sogleich mit frisch gekochtem Kaffee, frischem, weichem Brot und guter Butter traktiert. Alles war so merkwürdig rein, und der gedeckte Tisch erinnerte an die Heimat. —

Die ansässigen Kameraden empfingen uns mit sichtlichem Wohlwollen. Von ihren kleinen Vorräten überließen sie uns mehr, als sie eigentlich entbehren konnten: Sobral wollene Unterkleider, Bodman Jägerhemden und Strümpfe, Ekelöf Kleider, Schuhzeug und Mütze, ja, sogar der Matrose Okerlund bot seine Beihilfe an, obwohl er selbst Mangel litt.

Einen herzlicheren Empfang konnten wir nicht haben. Keiner dachte auch nur einen Augenblick daran, daß da weitere drei ausgehungerte Kerle zu füttern waren. Sie waren alle so dienstwillig. Bodman beschnitt mir Bart und Haar, doch er mußte sich nachher sofort ordentlich die Hände waschen.

Ich sammelte einige Haarbüsche auf. Sie waren rahmschwarz, anderthalb Dezimeter lang und wie von Pech zusammengeklebt. Diese Haarlocken sind die einzigen Proben meines damaligen Kulturstandpunktes, die ich mit nach Hause genommen habe, und sie erwecken keineswegs Enthusiasmus bei meinen weiblichen Freunden, welche den duftigen Reliquien auf kaum einen Meter Abstand nahe zu kommen wagen.

Dann ging es an die körperliche Waschung, wobei man förmlich die Haut wechselte. Zu meiner Verwunderung fand ich, daß trotz einer mehr skelettartigen Form meine Staubhülle selbst ihre natürliche Farbe beibehalten hatte, und wie ein neuer Mensch stieg ich aus diesem verjüngenden Bade.

Darauf wurden wir gewogen und für „allzu leicht" befunden. Vielleicht war ich von Anbeginn an der umfangreichste gewesen, aber während dieser 9½ Monate hatte ich nicht weniger als 27 kg an Gewicht verloren. Dies kam uns sehr merkwürdig vor; denn Nansen und Johansen hatten beide während ihrer Überwinterung, die hinsichtlich der Nahrung ungefähr derselben Art wie die unsrige gewesen, zugenommen.

Die trockenen und reinen Kleider vervollständigten schließlich das Wohlbefinden, und bald saß man da ganz bequem in einem Stuhl, versunken in eine angenehme Mattigkeit und in Verwunderung, ob nicht das alles, wenn es seinen Kreislauf beendet, doch nur ein Traum war.

Ekelöf legte Hand an unsere erfrorenen Füße, die operiert und ordentlich verbunden wurden.

Alles um mich herum kam mir so neu, so fremd vor.

Bodman bot mir ein Pfeifchen Tabak an, und ich machte einen Versuch, zu rauchen, stand aber bald davon ab. Sie schmeckte mir nicht und ich empfand sogar, daß mir bei einer Fortsetzung übel werden würde.

Mit dem Lesen ging es träge. Ich glaubte, etwas Aufmunterndes zu benötigen, und griff zu einem Jahrgang des „Strix"[1]), der an der Wand des Versammlungszimmers hing und sichtlich fleißig gelesen war. Zu meiner Bestürzung bemerkte ich, daß ich mich teilweise vorwärts buchstabieren mußte. Die Buchstaben muteten mich eigentümlich fremdartig an. Wir hatten ja aber auch in unserer Einöde keine gedruckte Zeile zu lesen gehabt. Die wenigen an einigen Büchsen befindlichen Etiketten waren bald so schwarz geworden, daß es unmöglich war, ihre wenigen Buchstaben zu unterscheiden.

Auch in anderen Dingen war ich sehr entwöhnt. Im Hause war es mir zu warm und des Nachts konnte ich nicht schlafen. Es dauerte auch eine lange Zeit, ehe ich mich daran gewöhnen konnte, zwischen Bettzeug zu liegen.

Das Waschen mit der wohlriechenden Seife war ein solcher Genuß, daß ich es noch ein paarmal vor dem Mittage machen mußte. Mit dem „Genußmittel der oberen Klassen", der Zahnbürste, machten meine Zähne auch Bekanntschaft, und als das Festdiner serviert wurde, fühlte ich mich wieder als zivilisierter Mensch.

Bei diesem Diner, welches delikater war, als man zu träumen gewagt hätte, — nicht einmal Dessert fehlte, — tranken wir auch Wein, und nach dem Kaffee spielten wir Wira und erhielten sogar ein Glas Punsch. Die Gedanken in erforderlichem Maße auf die Karten zu fesseln, war mir unmöglich. Schließlich bot uns der Phonograph Gesang und Musik, und der Abend verging wie in einem wunderbaren Traum. — — —

Sobral, der wackere Junge, war so liebenswürdig, mir seine Koje abzutreten und sie sogar mit reinem Bettzeug zu versehen,

---

[1]) Ein in Schweden vielgelesenes Witzblatt, herausgegeben von Albert Engström, Stockholm.

Die Winterstation am Snow Hill. Ekelöf phot.

worauf ich jedoch — wie gesagt — anfangs keinen Wert zu setzen wußte. Er gab mir auch ein Merkbuch, in das ich während der nächsten Tage meine schwarzen, nahezu unleserlichen Tagebuchnotizen des Winters in Reinschrift zu übertragen bemüht war.

Grunden und ich, die beiden Invaliden in der Gesellschaft, mußten uns einige Wochen im Hause aufhalten, bis unsere Frostwunden geheilt waren. Es war sehr quälend, gerade jetzt zur Untätigkeit gezwungen zu sein, wo der Frühling seine Ankunft anzeigte und es hier so viel zu tun gab.

Froh und glücklich waren wir aber doch, Doktorhilfe erhalten zu haben, denn es war auch gerade die höchste Zeit. Dr. Ekelöf erklärte nämlich, daß es für uns gewiß nicht mehr vieler Tage bedurft hätte, um eine Amputation notwendig zu machen.

Schon 5 Tage nach unserer Ankunft am Snow Hill war das Eis bis zum Kap Gage aufgebrochen. Mit den kurzen Tagemärschen, auf die wir uns unseren Frostschäden zufolge hätten einschränken müssen, wären wir sicher nicht vor dem Aufbrechen des Eises an das Kap gekommen. Wir hätten uns also über das Landeis der Roßinsel oder den Kronprinz Gustavkanal vorwärts arbeiten müssen, was meiner Überzeugung gemäß eine Zeit von mindestens 14 Tagen in Anspruch genommen hätte.

Daß unsere Füße nach diesem Zeitpunkt noch brauchbar gewesen wären, bezweifle ich sehr.

Während wir abwarten mußten, wieder arbeitsfähig zu werden, vergnügten wir uns damit, uns wechselseitig unsere Abenteuer zu erzählen, und bald erhielten wir einen Einblick in das bisherige Leben dieser Winterstation.

Im Vergleich zu uns hatten sie ja zwar ein luxuriöses Leben geführt, waren aber dafür an 20 Monate isoliert gewesen. Die Fehlrechnung war groß, als sich im vorigen Sommer kein Schiff sehen ließ und das Eis nicht einmal im Admiralitätssunde aufbrach. Sie waren sich so gewiß gewesen, abgeholt zu werden, daß sie schon ihre Sachen zur Heimfahrt zu packen angefangen hatten.

An Stelle dessen mußten sie sich auf eine neue Überwinterung unter anderen und schwierigeren Verhältnissen als den früheren vorbereiten. In gewissen Hinsichten war der Proviant von Anfang an zu knapp berechnet gewesen — so gepökeltes Fleisch und Schiffsbrot, — und auch das Brennmaterial fing an auszugehen. Sie mußten wie wir Robben erlegen, um sowohl Speise wie Feuerung zu erhalten.

Den Robbenspeck brannten sie im Küchenherd und entgingen dadurch dem unangenehmen Ruß. Sonderbarerweise waren sie nie auf die Idee gekommen, in Robbenöl zu braten, und sie bezeigten auch jetzt einen intensiven Widerwillen gegen dieses Surrogat für Butter. Endlich glückte es uns, sie zu überreden, mit frischem Speck eines Robbenjungen zu versuchen, — nebenbei gesagt: eine Delikatesse! — was nach einigem Zögern denn auch getan wurde.

Ihr erster Winter war etwas kälter als der letzte, aber dieser auch dafür bedeutend stürmischer gewesen. Und alle stimmten sie darin überein, daß diese ständigen Stürme und Orkane unerhört angreifend waren. Jonassen, der früher eine arktische Überwinterung nördlich vom Polarzirkel mitgemacht hatte, behauptete bestimmt, daß er die ständige Polarnacht den Orkanen des vergangenen Winters vorzöge.

Im Hause hatten sie es verhältnismäßig bequem gehabt, ihre Annehmlichkeit wurde jedoch viel von einer intensiven Feuchtigkeit gestört. Eine sehr reichhaltige, sowohl belletristische wie wissenschaftliche Bibliothek stand ihnen zur Verfügung, und bei unserer Ankunft war sie noch nicht völlig durchgelesen. Außerdem hatten sie zum Zeitvertreib Spielkarten, den Phonograph und auch Tabak gehabt. Von letzterem existierte noch bei unserer Ankunft, wie ich schon erwähnte, eine Unbedeutenheit.

Große Gesellschaft leisteten ihnen auch die Hunde. Viele ergötzliche Episoden aus dem Leben dieser Tiere wurden mir erzählt.

Als sie sich nach dem ersten Winter zur Abholung bereit gemacht hatten und das Eis unbeweglich liegen blieb und den Weg versperrte, glaubten sie schließlich, daß der Antarctic gezwungen gewesen, nach Norden zurückzukehren, und das wir in

Ermangelung einer Schlittenausrüstung keinen Versuch über Eis machen konnten. Bei dem Gedanken, daß die Schiffsexpedition den letzten Winter in einem bevölkerten Weltteile — vielleicht in Buenos Aires — zubrachte, hatten sie sich natürlich noch mehr verlassen gefühlt und sich als die vom Schicksal ausersehenen Stiefkinder der Expedition betrachtet.

Als dann schließlich wir drei unvermutet auf dem Schauplatz erschienen wie verwilderte und heruntergekommene Strolche und priesen, was sie selbst fast als Armut betrachteten, als wäre dies der Höchstpunkt an Luxus und Komfort, da erhielten sie einen anderen Einblick in die Situation.

Es verschaffte ihnen auch einige Abwechslung, neue Elemente in ihr einförmiges Leben gesetzt zu sehen, und überdies brachten wir ihnen ja recht beruhigende Nachrichten sowohl hinsichtlich der günstigen Eisverhältnisse weit vorn im Norden, sowie auch in Betreff der Wahrscheinlichkeit des Eintreffens einer schwedischen Entsatzexpedition.

Anfang November war ich soweit wieder hergestellt, um meine Tätigkeit aufnehmen zu können. Nachdem ich den auf der Station befindlichen Distanztubus justiert und eine passende Stange zu demselben gradiert hatte, begann ich mit der Abmessung einer Hilfsbasis auf dem Snow Hillplateau.

Am 4. November trat ich mit dem Ziele Lockeyerinsel auf dem Admiralitätssund eine Schlittenfahrt an. Ekelöf und Jonassen leisteten mir Gesellschaft.

Ein unbeschreibliches Gefühl der Freiheit und Erleichterung durchrieselte mich, als ich mich wieder draußen bei der Arbeit wußte. Die Hunde zogen den leichten Schlitten ohne Anstrengung, und die Fahrt war eine in jeder Hinsicht äußerst angenehme. Am ersten Tage machten wir einen Versuch, eine erwachsene Robbe ohne Schuß zu töten. Jonassen, ein altgewohnter Robbenfänger, sollte mit einem Messer den Todesstreich ausführen, doch es wurde ein richtiger Kampf, ehe die Robbe erlegt war. Der Skistab, womit ich des Tieres kräftig unternommene Bißversuche abwehrte, wurde böse ramponiert.

Das Ergebnis dieses Streits ward hernach ein in Tran gebackener Blutpfannkuchen und für mich eine so heftige innere Revolution in meinen Verdauungsorganen, daß ich meine letzte Stunde für gekommen glaubte. Dieses sonst sehr bescheidene Gericht hatte uns während des ganzen Winters als die größte Leckerheit vorgeschwebt, (Mehl fehlte uns ja gänzlich,) und selten habe ich so unbedenklich des „Tisches Gabe" ausgekostet, als da ich die daumendicken schwarzbraunen Pfannkuchen verzehrte.

Die Lockeyerinsel, die inmitten des schmalsten Teiles des Admiralitätssundes belegen ist, ist ungefähr desselben Typs wie die Rosamel-, Paulet- und Cockburninsel. Sie ist jedoch bedeutend größer als eine von diesen, und ihre obere Fläche wird von einer Eiskuppel bedeckt, die — mit einigen plateauartigen Absätzen — im nordöstlichen Teil eine Höhe von etwa 450 m erreicht. Leider konnte ich zu ihrer Höhebestimmung nicht die notwendige Zeit opfern, sondern mußte mich damit begnügen, von dem nächsten höchsten Eisplateau, das der Barometerbestimmung zufolge 390 m Höhe erreichte, den Rest zu tarieren.

Von dieser meiner letzten Station aus hatte ich eine unermeßliche Aussicht in südwestlicher Richtung. Hier erblickte man die Ostküste des Grahamlandes, die dieselbe abwechslungsreiche Alpentopographie wie das übrige Land, das ich gesehen hatte, aufwies, und tiefer im Süden, weit entlegen von der runden Eiskalotte des Snow Hills, bemerkte ich einige dunkle Umrisse der Robbeninseln. Zu meiner Freude entdeckte ich auch, daß das Wasser bis weit zu diesen Inseln hin offen war.

Am Tage darauf traten wir die Rückfahrt an und erreichten die Winterstation gegen 11 Uhr abends. Diese letzte Wanderung war nicht von ungetrübter Annehmlichkeit; denn ich bekam wieder einen Anfall von Schneeblindheit, obschon diesmal gelinder.

Andersson war schon lange vor mir tätig gewesen. Bereits am 21. Oktober hatte er mit Bodman einen Ausflug nach der Cockburninsel gemacht, welche von Nordenskjöld noch nicht untersucht worden in der Überzeugung, daß sie nur aus Eruptivbergarten bestand. Andersson machte in den sedimentären Ablagerungen

Grunden. Andersson. Duse. Bodman phot.

Nach der Ankunft auf der Winterstation.

Das Stationshaus. Ekelöf phot.

Siesta im Sonnenschein. Ekelöf phot.

der Insel äußerst wertvolle Fossilienfunde, die teils die Fossilflauna am Snow Hill komplettierten und teils von einer ganz anderen geologischen Formation waren.

Hiernach war er während unseres ganzen Aufenthaltes eifrig mit Studien der verschiedenen Fossillokalien am Snow Hill und auf der Seymourinsel beschäftigt, und die in diesen Wochen gemachten Einsammlungen komplettierten in wesentlichem Grade das schon Vorhandene.

Als ich von der Lockeyerinsel zurückkehrte, begegneten mir Nordenskjöld und Andersson. Letzter war durch ein Malheur mit dem Primuskocher gezwungen worden, von seinen geologischen Studien auf der Seymourinsel abzulassen. Bodman und Okerlund hatten sich dagegen auf dieselbe Insel begeben, um mit der Einsammlung von Pinguineneiern zu beginnen.

Am 8. November stand ich mit Jonassen morgens da und spähte wie gewöhnlich übers Eis. Zu meiner Verwunderung glaubte ich, ganz deutlich vier kleine menschenartige Gestalten zu sehen und zwar in der Richtung der Seymourinsel. Es konnten ja doch nur Pinguinen sein, — oftmals hatten uns diese Tiere infolge ihrer seltsamen Menschenähnlichkeit getäuscht, — und der Sicherheit halber ging ich, ohne den anderen ein Wort zu sagen, nach meinem Fernrohr.

Menschen waren es! Ich sah deutlich v i e r Menschen, die sich der Station näherten. Da nur zwei von uns fort waren, mußten es wenigstens zwei Fremde sein.

Nun kehrte ich wieder ins Winterhaus zurück und teilte den anderen mit so ruhiger Stimme, als es mir möglich war, mit, daß etwas Neues eintreffen würde und wir Nachrichten von der Außenwelt zu erwarten hätten. Das glaubte mir natürlich keiner. „Es sind nur Kaiserpinguinen!“ hörte ich äußern, als ich wieder hinausging.

Jonassen und ich lenkten indessen den Kurs den Sund hinunter, um den „Kaiserpinguinen“ zu begegnen, und bald kamen Nordenskjöld und Sobral, die sich von dem wirklichen Verhältnis überzeugt hatten, uns nachgeeilt.

Es waren Minuten der Spannung, während wir uns den auf uns zukommenden Männern näherten. Einer von ihnen ging zuvorderst und die übrigen kamen gemeinsam weiter hinter ihm. Bis auf den letzten Augenblick hofften wir, daß wir einem Gruße von unserem eigenen alten Schiffe begegnen würden, und wir vermeinten sogar aus der Ferne in dem Vordersten die joviale Gestalt Larsens wiederzuerkennen.

Voll freudiger Hoffnungen wanderten wir weiter, bis wir sonahe gekommen waren, um die Gestalt wiederzuerkennen in — Okerlund!

Die Fehlrechnung war groß und wurde noch größer, als wir von ihm, der vorausgeschickt war, erfuhren, daß ein argentinisches Schiff uns zu holen gekommen war, sowie, daß man in der bevölkerten Welt nichts von dem Verbleib des Antarctic gehört hatte.

Das war ein harter Schlag.

Die bis zu diesem Augenblicke genährten Hoffnungen, die Kameraden des Antarctic wiederzusehen, waren mit einem Schlage dahin. Jetzt, erst jetzt war die Gewißheit da, daß dem Schiffe ein schweres Unglück zugestoßen sein mußte und es vielleicht in der Tiefe begraben war, ein Unglück, das es in jedem Falle verhindert hatte, einen Hafen zivilisierter Länder aufzusuchen.

Stumm stand ich da und lauschte dem Berichte Okerlunds. Alle Freude, die Rettung vor Augen zu haben, war dahin, und ein niederdrückendes Gefühl bitterer Betrübnis bemächtigte sich meiner.

Dieses sollte also das Ende allen Strebens, all der Arbeit sein! Wir drei, die in der Bucht der Hoffnung den Antarctic verließen, um in Erfüllung unserer Pflicht nach unserer eigenen Meinung größeren Gefahren und Abenteuern entgegen zu gehen, wir sollten nun aller Wahrscheinlichkeit nach die einzigen Überlebenden der Schiffsexpedition sein!

Die Fremdlinge näherten sich, und wir mußten ihnen mit nicht allzu betrübten Gesichtern begegnen.

Nachdem die ersten Begrüßungen ausgetauscht waren und Sobral von seinen Landsleuten und Waffenbrüdern umarmt

Anderſſon. Bodman phot.

Nach dem Waſchen.

Partie der Klippenwand in der Nähe der Winterſtation. Ekelöf phot.

worden, gingen wir zurück zur Winterstation, darüber diskutierend, was nun für uns zunächst zu tun war, und eifrigst jede Nachricht aus der uns so lange verschlossenen Außenwelt aufsaugend. Viel erfuhren wir jedoch nicht und am allerwenigsten von unserem Vaterlande.

Die Argentinier brachten nämlich keine Post und auch keine schwedischen Zeitungen mit. Daß eine schwedische Entsatzexpedition geplant worden, teilte man uns mit, und gemäß dem Berichte des Chefs der argentinischen Expedition war man von Anfang an übereingekommen, daß beide Entsatzexpeditionen bei unserer Aufsuchung zusammenwirken sollten. Da jedoch die schwedische nichts von sich hören ließ, hatten die Argentinier an Bord des zu diesem Zwecke umgeänderten Kanonenbootes „Uruguay" am 8. Oktober Buenos Aires verlassen.

In Ushuaia warteten sie bis zum 1. November, und da fortgesetzt keine Nachricht von Schweden einlief, mußten sie sich allein durchs Eis kämpfen.

Günstigere Eisverhältnisse hätten sie nicht antreffen können Ohne auf ein hinderndes Eisband zu stoßen, waren sie von Kap Horn bis herunter zum Snow Hill gelangt. Und dies war auch eine bedingte Notwendigkeit, um ihr Ziel zu erreichen; denn mit dem Dampfer, über den sie disponierten, war etwas dickeres Eis unmöglich zu verdrängen.

Es war kühn von ihnen, sich mit diesem Eisenschiff so weit hineinzuwagen in die Antarktis, in der so viele Gefahren lauern, gegen welche ihr Fahrzeug nicht geschützt war. Sie taten es mit vollem Bewußtsein des Risikos, und diese Männer waren es wert, Glück in ihrem Unternehmen gehabt zu haben.

Ihr Schiff lag auf der Südseite der Seymourinsel. Der Chef, Kapitän z. S. Irizar, und ein anderer Offizier, Leutnant Jalour, waren früh am Morgen an Land genannter Insel gestiegen und hatten dort Bodman und Okerlund, die noch schliefen, überrascht.

Als wir zum Winterhause kamen, hatte Okerlund den zu Hause Befindlichen schon mitgeteilt, was sich ereignet hatte. Die schwedische Flagge wehte an der Stange und der Kaffeekessel summte auf dem Herde.

Die Fremden wurden so gut, wie es sich machen ließ, bewirtet, und sie verweilten auf der Station bis zum Abend. Verzagt machten wir uns sofort an das Einpacken der Instrumente und Sammlungen. Man wußte ja nicht, wielange das Eis die Passage freiließ, und war es daher von großer Wichtigkeit, so schnell wie möglich an Bord zu kommen. Danach wollten wir, soweit es die Eisverhältnisse gestatteten, zwischen den kleinen Inseln um die Joinvilleinsel nach einer Spur des Antarctic oder der Schiffbrüchigen suchen, obgleich es wenig wahrscheinlich war, von ihnen etwas aufzufinden.

Es war jedoch nicht bloß die Betrübnis über das Verschwinden des Antarctic, die die Freude schmälerte, welche man sonst bei dem Bewußtsein, die Befreiung so nahe zu wissen, völlig empfunden hätte. Die jetzt notwendig gewordene Abreise Hals über Kopf machte nämlich viele Pläne zu nichte und setzte allen weiteren Arbeiten unerbittlich ein Ziel.

Noch gab es nämlich innerhalb des Gebietes nächst um den Snow Hill unglaublich viel zu tun. So hatte während unserer letzten Schlittenfahrt Andersson im engsten Teile der Sidney Herbertbai eine Fossilienerscheinung gefunden, zwei verschiedene geologische Formationen enthaltend, von denen er bei dem Marsche nur ganz oberflächlich Notiz nehmen konnte. Auch auf der Seymourinsel hatte er — obgleich er sofort nach seiner Ankunft auf der Station mit ungeschwächter Energie sich in die Arbeit stürzte, — die Fossillokalien nicht vollständig untersuchen und die Einsammlungen, die ihm zufriedenstellend dünkten, machen können.

Auch im Kartographischen war noch soviel zu erledigen, besonders was den Admiralitätssund und die Umgebung des Snow Hills angeht. Zu diesem Zwecke hatte ich für diesen Zeitpunkt eine Fahrt nach der Seymourinsel geplant, um teils diese Insel selbst aufzunehmen und teils die Kartierung der Südseite der Roßinsel abzuschließen.

Alle diese geplanten Arbeiten mußten nun jedoch unausgeführt gelassen werden. Es blieb uns nur noch übrig, so hurtig wie möglich all das Geringe, was wir besaßen, zusammenzuraffen und uns einzuschiffen.

Noch hegte ich jedoch die schwache Hoffnung, auf der Seymourinsel wenigstens noch eine Zielstation zu erhalten, da ich sie notwendig brauchte, um eine Karte über die östliche Mündung des Admiralitätssundes herzustellen. Aus diesem Grunde nahm ich später am Abend Grunden mit mir und begleitete die Argentinier zurück zu ihrem Landungsplatz, wo ich in Bodmans zurückgelassenem Zelte zu übernachten gedachte, um mit Anbruch des Tages die Arbeit auszuführen.

Während wir nun gemeinsam unserem Ziele zusteuerten, sprach ich mit Irizar über Alles und erhielt dabei den klaren Eindruck, daß er vor Allem so schnell wie möglich von hier fortzukommen wünschte. Der „Uruguay" lag unbestritten an einem sehr gewagten Platze und konnte von einem Eis zuführenden östlichen Winde leicht eingeschlossen werden.

Ich sah den vollen Ernst der Situation ein und mußte, wenn auch mit schwerem Herzen, den Gedanken, etwas Weiteres auszurichten, aufgeben. Sowohl meine Privateffekten, wie die Instrumente und das unbedeutende Kartenmaterial, das mir noch übriggeblieben war, wurde darum während der Nacht an Bord geschafft. Wir krochen auf ein Weilchen ins Zelt und kochten uns dort ein Tröpfchen Kaffee, ehe wir den Rückmarsch zur Station antreten wollten.

Neben dem Zelte lag ein Haufen Pinguineneier, die schon vor einem Tage hier angesammelt worden. Sie brauchten wir jetzt nicht mehr und sollten nur hernach den Raubvögeln zu willkommenen Leckerbissen dienen.

Während wir so dasaßen und dem eintönigen Singen des „Primus" lauschten, erhielten wir neuen Besuch von dem „Uruguay." Es war Leutnant Fließ, der Zigaretten, Obst und andere Delikatessen mitbrachte. Schon jetzt empfanden wir es, welches Wohlwollen und welche Herzlichkeit uns von argentinischer Seite entgegengebracht wurde.

So begaben wir uns in der klaren und lichten Nacht wieder auf den Heimweg zur Station. Streckenweise war die Bahn so prächtig, daß wir auf dem leeren Schlitten dahinfahren konnten. Die Hunde drängte es auch nach Hause und sie trabten in scharfem Tempo vorwärts.

Um 3 Uhr nachts langte ich an der Strandkante zur Station an. Hier traf ich auf Sobral, der schon von Weitem mit den Armen winkte und mir bei näherem Herankommen zurief:

„Larsen liegt oben und schläft!"

Larsen! Nachricht vom Antarctic also! Alles wirbelte in diesem Augenblicke in meinem Kopfe. Wäre es denn möglich, daß Sobral mich foppte, oder wäre er in der Freude darüber, daß Entsatz gekommen, wahnsinnig geworden? Diese Fragen drängten sich mir unwillkürlich auf, doch bald sollte ich von ihm nähere Aufklärung erhalten.

Er erzählte, daß während meiner Abwesenheit gegen ½11 Uhr die Hunde ganz plötzlich zu heulen und zu kläffen angefangen hätten. Einige der Ansässigen blickten hinaus und sahen unten auf dem Eise mehrere Männer, doch in der Meinung, daß wir zurückkehrten oder auch einige Matrosen kamen, die zur Unterstützung beim Transport geschickt wurden, beeilte man sich nicht mit dem Hinausgehen.

Da Niemand hereinzukommen schien, ging schließlich Bodman hinaus, um sich näher zu vergewissern, wer die Ankömmlinge wären. Er gewahrte da 5 Männer, die sichtlich im Zweifel waren, welchen Weg sie zu wählen hatten.

Er geht näher. Was ist das? Das sind keine argentinischen Matrosenuniformen! Wer konnten sie sein?

Einer von ihnen nähert sich. Das ist ja Larsen! Larsen wie er leibt und lebt!

Und der da neben ihm ist Karl Andreas Andersson, der dritte Steuermann, und da der alte Bootsmann, der Koch und zweite Maschinist.

Bodman bricht in jubelnde Hurrarufe aus und weist den verblüfften Gästen die Anwesenheit eines außerhalb der Seymourinsel wartenden Schiffes. Jetzt kommen auch die übrigen Bewohner heraus und es folgen Umarmungen in Unendlichkeit.

Erst nachdem sich alle einigermaßen beruhigt haben, erzählt Larsen den verstummten Zuhörern von der Scheiterung des Antarctic und den Abenteuern der Schiffsbrüchigen, auf deren Nacherzählung ich später zurückkommen werde.

Wie soll ich es beschreiben, was mich durchfuhr, nachdem ich endlich begriffen, daß dies alles Wahrheit? Den ganzen Tag hatte ich in der schmerzlichen Überzeugung gelebt, nie den Antarctic wiederzusehen, und hieran schloß sich auch die düstere Wahrscheinlichkeit, alle die Freunde verloren zu haben, mit denen ich solange Mühen und Gefahren geteilt hatte.

Und jetzt in der letzten Minute waren sie wie durch einen Zauberschlag erschienen, um davon zu zeugen, daß sie noch lebten!

Hunde und Schlitten im Stich lassend, eilte ich ins Häuschen, um sie auch meinerseits zu umarmen und ihnen die Hände zu drücken.

Sie waren sich alle gleich und hatten nichts von den Straßenräuberphysionomien an sich, wie wir bei unserer Ankunft am Snow Hill. Aber sehr abgemagert waren sie; besonders Larsen sah sehr abgezehrt aus. Er hatte ja auch die Verantwortung über das Ganze zu tragen. Während der langen, martervollen Zeit, da der Antarctic als Wrack auf dem Wasser trieb und man in jedem Augenblick erwartete zu sinken, während der schweren und kritischen Tage, als sich die Schiffsbrüchigen über das Treibeis vorwärts arbeiteten, hatte er die schwere Verantwortung über das Leben Aller.

Mit einigen Worten will ich den Verlauf der Scheiterung des Antarctic so wiedererzählen, wie ihn mir Larsen in dieser Nacht erzählte.

Nach unserer Landung in der Bucht der Hoffnung fuhr der Antarctic um die d'Urvilleinsel und es glückte Larsen schließlich, auf der Ostseite der Joinvilleinsel eine Öffnung im Eise aufzufinden. Kaum war das Schiff jedoch in diese zufällige Öffnung eingefahren, als es vom Eise gefangen wurde und reedelos dem

Eistriebe nach dem Süden folgen mußte. Die Schute war glücklich auf die Südseite der ganzen Inselgruppe gekommen, als der südliche Schneesturm, dem auch wir während unserer ersten Schlittenfahrt ausgesetzt waren, ihr den Todesstoß versetzte.

Mit eisernem Griff umarmte sie das Eis, die Pressungen nahmen zu und schraubte sie nicht weniger als 4 Fuß auf. Schließlich kam die Katastrophe, als der Sturm bereits nachgelassen hatte und man das Schlimmste bereits überstanden zu haben glaubte.

Mitten in der Nacht zum 11. Januar vernahm man ein fürchterliches Krachen, das alle Schlafenden an Bord aufschreckte. Das Achter war zermalmt worden und das Wasser strömte in den Maschinenraum. Alle Versuche, die Lecke zu verdichten und den Schaden zu reparieren, erwiesen sich als umsonst, doch mit Hilfe der kräftigen Pumpen hielt man das Schiff doch noch eine Zeitlang flott.

Anspannendere und aufregendere Tage als die, welche nun für die an Bord Befindlichen folgten, kann man sich kaum ausdenken. Ständig zwischen Hangen und Bangen mußten sie jeden Augenblick bereit sein, das Schiff zu verlassen, um sich draußen auf dem launischen Treibeise einen Weg nach dem ungastlichen Eislande zu suchen.

Als das Eis Ende Januar etwas lichter wurde, erhielt man einen besseren Überblick der Schäden. Ein vorstehender Eisfuß, auf dem das Achter nun ruhte, hatte den Kiel zerbrochen. Das Steuer war sehr beschädigt und die Propellerachse verbogen. Der Hintersteven war zersplittert und große Lücken fanden sich zu beiden Seiten der Schiffswand vor.

Immer mehr fand auch bei den meist Sanguinischen die Auffassung Eingang, daß die letzte Stunde der Schute nahe und daß das Einzige, was noch ausgerichtet werden konnte, der Versuch war, sie auf Grund zu bekommen.

Der nächstgelegene Punkt, der einen Aufenthalt für die Schiffsbrüchigen möglich scheinen ließ, war die Pauletinsel. Sie wußten, daß es hier eine ansehnliche Pinguinenkolonie gab und auch einen eisfreien Strandstreifen.

Grunden.

Duse.

Bodman phot.

Nach dem Waschen.

Man wartete nur auf hinreichendes Klarwasser, um den Steven diesem Ziel zuwenden zu können. Schließlich glückte es ihnen am 12. Februar, das Schiff aus dieser Eisfessel zu befreien. Die Segel wurden aufgezogen, aber bald geriet die Schute zwischen Haufen von Eisbergen, sodaß die Maschine zu Hilfe genommen werden mußte. Den hierdurch entstandenen Erschütterungen zufolge nahm die Größe der Lecke zu und das Wasser drängte mit erneuter Gewalt ein.

Die Pumpen konnten den Antarctic nicht länger flott erhalten. Das Wasser fuhr fort zu steigen. Alle Mann wurden an Deck kommandiert und die Schute ward bei einer großen Eisscholle verteit.

Man machte sich fertig, zum letztenmal die alte Heimstätte zu verlassen, sie, in der sie so viele frohe und sorgenvolle Stunden verlebt hatten. Der Proviant und die sonstigen Bedarfsgegenstände wurden hinunter aufs Eis geschafft, und nachdem sich alle noch einmal im Gun-room versammelten, um dem Antarctic noch einen letzten Trunk zu weihen, und schließlich die schwedische Flagge unter der Gaffel gehißt worden, verließ man das Schiff.

Die Ankertaue wurden gekappt und langsam verschwand die Schute in ihrem Grabe.

Die heimlosen Männer standen schweigend an der Eiskante und sahen dem düsteren Schauspiel zu, unwillkürlich von der Tragik dieser Schlußszene tief ergriffen. Keine Klage aber wurde vernommen, nicht einmal ein einziges verzagtes Wort, und bald war man dabei, alle Zugehörigkeiten zusammenzuraffen und sich zu dem harten Kampf gegen das unberechenbare Eis vorzubereiten.

16 Tage hindurch währte dieser Kampf ums Leben. Die unverzagten Männer arbeiteten sich rastlos vorwärts, das winkende Ziel, die Pauletinsel, zu erreichen. Über Schraub- und Packeis, über dünnes Treibeis und durch Wasser ging der Marsch, und nie verloren sie den Mut, wie verzweifelt es auch aussah.

Schließlich standen sie auf festem Boden unter tausenden von Pinguinen und waren wenigstens fürs Erste gerettet. — —

Mit atemloser Spannung lauschte ich zu, wie mir Larsen von dem wunderbaren Schicksal der Kameraden erzählte. Jetzt war jedoch zur Fortsetzung keine Zeit mehr. Bald sollten wir wohl auch nach der Pauletinsel kommen und in der Nähe ihren Überwinterungsplatz schauen.

Ich hatte bei meiner nächtlichen Ankunft Nordenskjöld sofort Irizars Gruß übermittelt und ihm mitgeteilt, daß die Einschiffung so bald als möglich erwünscht sei, und nun arbeiteten wir emsig daran, bald zum Aufbruch fertig zu sein.

Wie schnell hatte sich nicht Alles zum Besten gewendet und just in dem Moment, in dem man im Entferntesten an eine glückliche Lösung dachte. So beseelten uns denn auch ganz andere Gefühle, als wir in dieser Nacht mit dem Einpacken der Bagage fortfuhren. Jetzt war es Freude und Jubel ohne Ende.

Nicht einen Augenblick dachte ich an all das durch den Schiffbruch des Antarctic Verlorene. In die Freude, die Kameraden glücklich gerettet zu sehen, schlich sich wohl ein Gefühl tiefer Dankbarkeit ein bei dem Gedanken, meine meteorologischen und hydrographischen Journale, sowie das Wichtigste des Kartenmaterials geborgen zu wissen.

Trotz rastloser Arbeit, aufbruchsfertig zu werden, nahmen wir uns Zeit, mitten in der Nacht auf das Wohl Larsens und seiner wackeren Kameraden zu trinken. Mit schäumendem Champagner — einem Geschenk des „Uruguay" — wurde das Hoch ausgebracht, und nie war wohl an diesem düsteren Platze ein Glas zum Wohle eines Menschen mit mehr Enthusiasmus geleert worden, als diesmal.

Schon bei Tagesanbruch waren wir mit den ersten Schlittenladungen fertig und 5 Uhr morgens verließ ich die Station — wie ich glaubte — zum letztenmal. Wir waren drei um einen belasteten Schlitten — die Hunde wurden ein anderes Mal gebraucht — und nahten erst um 10 Uhr dem Strande, wo die Einschiffung vor sich gehen sollte.

Während des Marsches stießen wir auf des „Uruguays" zweiten Kapitän Hermelo, der auf dem Wege zu Nordenskjöld war, um mit ihm des Näheren über die Aussichten einer Spur-auffindung des Antarctic zu diskutieren. Bei der unerwarteten Mitteilung, daß bereits alle wiedergefunden waren, zeigte sich seine Bestürzung ebenso groß wie seine Freude. Ich glaube jedoch nicht, daß er in der Erregung den vollen Inhalt meiner kurzen, in englischer Sprache abgegebenen Erklärung verstanden hat.

Vor uns war Larsen bereits am Strande angekommen und glücklich an Bord gelangt. Kaum hatte er indessen ein paar Schritte auf Deck getan, als er auf Irizar stieß, der mit sichtlich großer Bestürzung ausrief: „Kapitän Larsen!"

Er hatte nämlich den unerwarteten Gast nach einigen anläßlich der Bankette in Ushuaia aufgenommenen Photographieen, die er bei seinem kurzen Aufenthalte dort gesehen hatte, wiedererkannt.

Schlittenladung auf Schlittenladung sammelte sich nach und nach am Strande an, doch sollten wir an diesem Tage nicht an Bord kommen. Es herrschte nämlich ein ganz heftiger Sturm, und da der „Uruguay" gleich nach unserer Ankunft versucht hatte, sich dem Strande zu nähern, saß er ganz unvermutet auf Grund. Es war Ebbe, sodaß das Schiff nicht wieder vor Hochwasser loskommen konnte.

Der Sturm nahm zu und eine Eisscholle nach der anderen riß los und setzte sich in Bewegung. Einige von ihnen nahmen ganz bedrohlich ihre Richtung nach dem Schiff zu, welches schließlich sehr heftig betroffen wurde, sodaß bedeutende Schlagseite entstand. Es sah eine Weile ganz kritisch aus, aber bald stand der „Uruguay" wieder auf rechtem Kiel.

Wir, die wir am Strande versammelt waren, warteten mit großer Gespanntheit auf das wieder Flottwerden, um an Bord gehen zu können. Die meisten von uns hatten während der vergangenen Nacht keine Minute geschlafen, und auch der in Eile verzehrte Morgenimbiß war nicht sehr inhaltreich gewesen. Müde und hungrig saß man da auf den Stranderhöhungen oder wanderte umher, um sich warm zu halten, während man mit steigender Ungeduld Zigarette auf Zigarette aufrauchte.

Gegen Abend schließlich fing der „Uruguay“ sich wirklich zu bewegen an, — zu unserer Fehlrechnung jedoch nur, um ein Stück weiter draußen vor Anker zu gehen.

Es blieb uns also nur übrig, zur Station zurückzukehren, und mit nichts weniger als molligen Gefühlen machten wir diese Abendwanderung in dem harten, eisigen Gegenwind. Meine erfrorenen Füße hatten wieder infolge der großen Anstrengungen der letzten 24 Stunden zu schmerzen angefangen und nicht ohne Schwierigkeit arbeitete ich mich diesmal auf dem Snow Hillplateau vorwärts.

Kapitän Hermelo war diesem Mißgeschick zufolge gleichfalls gezwungen, im Winterhause zu übernachten, wo es nach unserem ersten Ausräumen nichts weniger als bequem war. Nach einer bastanten Mahlzeit legten wir uns zur Ruhe, wo wir Platz finden konnten, und keiner murrte über seine harte Lagerstätte.

Am Morgen darauf hatte der Wind sich bedeutend beruhigt und das Wetter schien unserer Einschiffung günstig. Wir verließen die Station sehr zeitig, die letzten von uns folgten, nachdem sie noch auf die schmutzige Tischdecke, die später von Baron Klinckowström nach Schweden gebracht wurde, unsere Namen geschmiert hatten.

Vor der Hausecke lag einer der Grönlandshunde mit durchschossenem Kopfe. Das arme Geschöpf hatte gelahmt und konnte daher den anderen nicht folgen.

Ich war jetzt ungefähr ebenso lahm, wie es der Hund gewesen, — mein Fuß war in der Nacht angeschwollen und schmerzte sehr, — und hätte es nicht einem Befreiungsmarsche gegolten, vermochte mich an diesem Tage sicher nichts von der Stelle zu rühren.

Ich schleppte mich so gut es ging neben den anderen her, und als wir endlich zum Strande kamen, war die Einschiffung fast nahezu abgeschlossen. Wir nahmen im letzten Boote neben Nordenskjöld Platz. Es war eine herrliche Empfindung, sich nach so langer Zeit wieder in einem schaukelnden Boote zu befinden, und diese Rudertour, die uns von dem ungastlichen öden Lande

Der „Uruguay“ in einem der Docks von Buenos Aires.

der wirklichen Zivilisation, der verfeinerten Kultur, die wir bereits innerhalb der Relings des „Uruguay" antreffen sollten, entgegenfühlte, werde ich nie vergessen.

Langsam näherten wir uns dem stattlichen Dampfschiff. Als wir an der Fallreepstreppe beilegten, flog die schwedische Flagge in die Höhe, und in demselben Augenblick, da wir an Bord enterten, schallte uns ein donnerndes Hurra von den Fremden als Begrüßung entgegen.

Nachdem wir von der Seymourinsel Dozent Andersson abgeholt hatten, der dort geblieben war, um die ordentliche Verpackung der Arbeiten letzter Wochen — seine teuren Fossiliensammlungen — zu überwachen, wandten wir den Steven nach der Pauletinsel, wo unsere schiffbrüchigen Kameraden, ohne die Nähe der Rettung zu ahnen, wahrscheinlich mit ihren täglichen, traurigen Arbeiten zur Fristung des Daseins beschäftigt waren.

Um 3 Uhr nachts sind wir bei der Insel. Dreimal kräftiges Tuten der Dampfbootpfeife weckt die schlummernden Einwohner aus ihrem tiefen Schlafe. Während wir uns mit einem Ruderboote nähern, sehen wir einen nach dem anderen zur Eiskante vorkommen, wo sie sich aneinanderstellen, so daß sie in der magischen Nachtbeleuchtung von Weitem wie eine Gruppe Pinguinen aussehen.

Wir legen an. Ich, der ich vorn sitze, springe zuerst an Land und werde von winkenden Mützen, lauten Hurrarufen begrüßt, und die herzlichst entgegengestreckten Hände drücke ich mit mehr Wärme, als bei unserem letzten Abschied an Deck des Antarctic.

Sie haben sich alle so verändert. Mager und eingefallen und mit sichtlichen Spuren wirklicher Not in den abgezehrten Gesichtern! Sie sind ja aber auch knapper mit Nahrungsmitteln daran gewesen als wir in der Bucht der Hoffnung.

Jetzt blickt jedoch überall ein Glanz der Freude durch und manchem von ihnen drängt sich eine Träne ins Auge, wie er uns so seine schmutzige Hand zum Gruße entgegenstreckt.

Für sie sollte der Übergang zu einem zivilisierten Leben ein bedeutend krasserer als für uns sein. Einige Stunden nur, und sie haben ihr unsauberes Steinhäuschen gegen den Komfort auf dem Uruguay ausgetauscht.

Einige Schiffsoffiziere sind auch an Land gekommen und beschauen nun vorsichtig, fast mit Andacht, im Morgengrauen die kellerartige Höhle, die dieser Männer einziger Schutz und Aufenthalt während des vergangenen Winters gewesen.

Für uns, die wir ein etwa gleiches Leben während unserer Überwinterung geführt hatten, war es von noch größerem Interesse, zu sehen, wie sie es an diesem Platze gehabt hatten. Die merkwürdig unbedeutende Verrußung innen fiel mir zuerst auf, und dieses Verhältnis machte vielleicht die größte Verschiedenheit unserer zwei Winterbauten aus.

Hier lagen ihre Schlafsäcke — auch den Tag über ausgebreitet — auf niedrigen Steinpritschen in zwei Reihen mit einem Gange zwischen sich. An der Wand hing eine — des ersten Steuermanns — geplatzte Geige mit zerrissenen Saiten; an einer anderen Stelle sah ich etwas, das ein Handklavier gewesen, und hier und da lagen Bücher umhergestreut. In einer Ecke fand ich sogar einen Beweis von Kultur, den ich nicht erwartet hatte, nämlich Spielkarten, aber von einem Aussehen, das wohl kaum einen eingefressenen Berufsspieler gereizt hätte, sein Glück zu versuchen.

Aber was ist das, das sich da zwischen den Schlafsäcken hinschmiegt? Eine Katze! Es ist doch wohl nicht die alte Freundin, die ich eines Tages in meiner Koje sah? Ja, gewiß doch. Aber jetzt ist sie magerer als je. An diesem Tiere kann man deutlich ersehen, daß auch eine Katze bei einer solchen Überwinterung viel ausstehen muß. Man erzählte mir, daß beide Schiffskatzen geborgen wurden, daß die ältere aber bald so schwer von Rheumatismus befallen wurde, sodaß man sie erschießen mußte.

Draußen in einer äußeren Abteilung des Häuschens, der Küche, stand die alte wohlbekannte Schmiedeesse des Antarctic. In dieser hatte man den Winter über Robbenspeck gebrannt, und dies erklärte es, wieso weder das Häuschen noch deren Bewohner schwarz waren.

In Friede und Eintracht hatten die Schiffbrüchigen — von Anfang an 20 Mann — in diesem Steinhäuschen unter Verhältnissen und Entbehrungen, die den unsrigen glichen, gelebt.

Allerdings hatten sich ihnen mehr Gelegenheiten zum Zeitvertreib geboten als uns, und hätten wir sie damals gesehen, wenn sie des Abends mit der qualmenden Pfeife im Munde oder ihren „Stift" kauend in abgeschiedenen Reihen ihren Pik spielten, wir hätten sie als beneidenswerte Menschen betrachtet. Ihre große Anzahl trug auch dazu bei, die Zeit zu verkürzen, und sowohl aus den mitgenommenen Büchern wie aus dem wechselreichen Leben der Seeleute gab es soviel zu erzählen. Aber es war auch schwer, für soviele Munde Nahrung heranzuschaffen. Abgesehen von den Pinguinen und Seehunden, die sie während des Winters mit Beschlag belegten, hatten sie das große Glück gehabt, dank der mitgenommenen Fischgerätschaft einen besonders glücklichen Fischfang zu machen. Dieser brachte ihnen die Überwinterung hindurch ca. 14 000 Fische von ungefähr gleicher Sorte, die wir uns in der Bucht der Hoffnung mit 20 Stück Genüge sein lassen mußten.

Wenn ich mich dessen erinnere, als was für Leckerheit uns in unserer Armut diese wenigen Fische erschienen, kann ich begreifen, wie dankbar sie über ihren reichlichen Fang gewesen sein müssen.

Ihr Winter war nicht ohne Trauerfall verlaufen. Einer der bravsten und tüchtigsten norwegischen Matrosen — Wennersgaard —, der beliebt bei Vorgesetzten und Kameraden gewesen, zehrte nach und nach ab und atmete am 7. Juni seinen letzten Hauch aus, nachdem er zuvor im Bewußtsein des nahenden Todes einen Gruß an Vater und Mutter niedergeschrieben hatte.

Es war herzergreifend, vor dem steinernen Grabhügel stehen zu müssen und das einfache Holzkreuz, das ihm der dritte Steuermann geschnitzt hatte, sich erheben zu sehen.

Lange Zeit durften wir an diesem Platze nicht zubringen. Nachdem ein großes Proviantdepot vom „Uruguay" in dem Winterhäuschen aufgeschichtet worden und jeder der Männer die

Zugehörigkeiten, die er mitnehmen wollte, zusammengerafft hatte, stießen die Boote wieder ab und bald waren wir alle wieder an Bord.

Die Fahrt ging nun weiter nach der Bucht der Hoffnung, wo Andersson seine Fossilienkisten bergen wollte. Träumerisch betrachtete ich vom Reling des „Uruguay“ herab die wohlbekannte Stätte, wo ich so lange gelebt hatte. Was war nicht alles passiert, seit ich diesen Platz zum letztenmal gesehen hatte, und wie glücklich, wiewohl ganz anders als man gehofft, war doch die Wendung der Situation!

Gegen Abend dampften wir schließlich zum Antarcticsunde hinaus und hatten nun damit das Eisland hinter uns, das unser Mühen und Bestreben, unsere Erfolge und zerstörten Hoffnungen gesehen hatte.

Ehe ich zum Salon hinunterging, warf ich einen letzten Scheideblick auf die verschwindenden eisigen Küsten. Werde ich sie je wiedersehen?

Jetzt waren wir also endlich versammelt, um dem Vaterlande entgegenzufahren, und unsere Expedition war nur eine Erinnerung. Im Norden winkte uns bereits ein anderes Leben in der lange entbehrten Kulturwelt mit allen ihren Herrlichkeiten.

„Antarctic" wird verlassen. Larsen phot.

Die Ankertaue sind gekappt. Larsen phot.

Das Wasser steigt. Larsen phot.

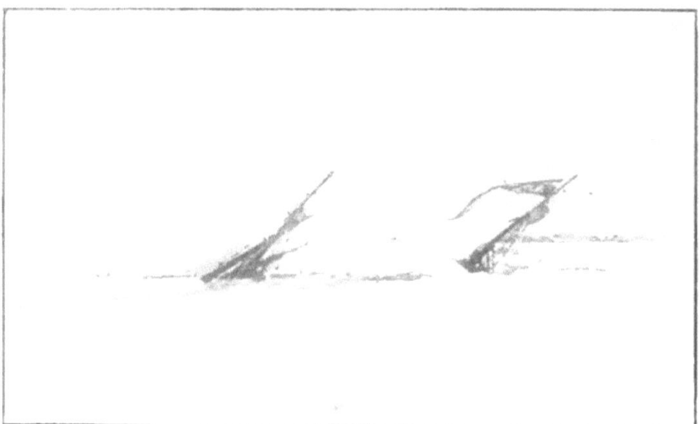

Fahrwohl! Larsen phot.

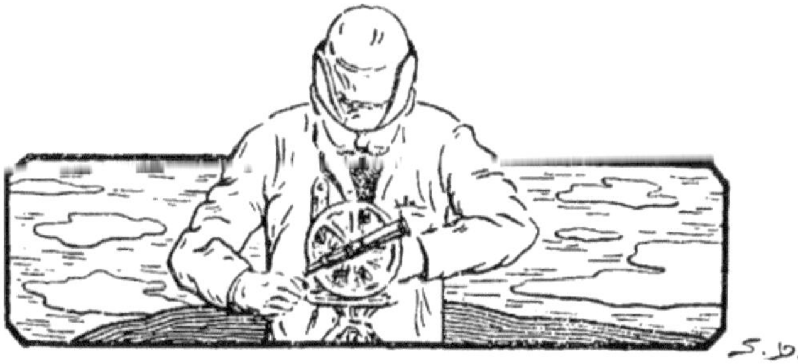

12. Die geographischen Resultate der Expedition.

Terra australis. — Gherritz. — Smith. — Bransfield. — Palmer. — Biscoe. — Grahamland. — Die Namenfrage. — Dumont d'Urville. — Roß. — Dallmann. — de Gerlache. — Larsen. — Der Orléanskanal. — Die Kartenaufnahme. — Die Entdeckungen auf der Ostseite.

Kein Gebiet der Erde ist so lange in ein mystisches Dunkel gehüllt gewesen, wie die Eiskalotte, welche den südlichen Pol umschließt.

Schon auf den ältesten phantastischen Karten findet es sich unter wechselndem Namen und verschiedener Ausbreitung vor und nach der Entdeckung Amerikas sehen wir es auf den meisten Globuskarten in Gestalt einer gewaltigen Kontinentalinsel, deren nördliche Verzweigungen das Feuerland und das südliche Guinea waren. Terra australis incognita wurde dieses Phantasieland von den Geographen des 15. Jahrhunderts genannt. Da mit der Umseglung des Feuerlandes und der Entdeckung von Australien deren Isolierung von der bekannten Welt festgestellt wurde, blieb es doch mit ebenso unwirklichen Landkonturen, nur etwas verringert, bestehen.

Dieser selbständige Weltteil, über dessen Aussehen und Charakter so viele verschiedenartige Sagen im Umlauf waren, stellte sich auch nun zum größten Teile als eine Einbildung heraus, und durch Cooks Weltumseglung 1773—1775 in der Gegend des Südpolarzirkels hört es auf, den bis dahin gehabten hervorragenden Platz einzunehmen und wird ungefähr zu dem Gebiet, das die neuzeitlichen Karten aufweisen, reduziert.

Die Antarktis umfaßt jedoch noch eine unerforschte Fläche, die größer als die Australiens, und man weiß noch nicht einmal, ob sich hinter der unzugängigen Eismauer ein zusammenhängender Kontinent oder hauptsächlich Teile eines Weltmeeres verbergen.

Umgeben auf allen Seiten vom Südlichen Eismeer, welches das Klima ausgeprägt ozeanisch macht, hat die antarktische Region einen selbsteigenen Charakter, weit unterschieden von dem entsprechenden im äußersten Norden. Alles hat hier das Gepräge der toten Eiszeit, ohne einen Schimmer von der prunkenden Vegetation, die im Sommer Teile wie beispielsweise Spitzbergen und Grönland bekleidet, und ohne die reiche Tierwelt auf entsprechenden Stellen im Norden. Die Schneegrenze geht hernieder zur Meeresfläche und dies macht, daß Alles erhabener und düsterer wirkt, entweder bedeckt das dichte Packeis das Wasser, die seit Jahrtausenden wachsende Eisbarriere versperrt einem den Weg, oder die gewaltigen Eisberge schwimmen im Wasser umher; — entweder verbirgt das ewige Eis jede Spur von Land, oder dessen Ausbreitung wird hier und da von einem sich erhebenden Nunatak oder einer senkrechten Strandklippe unterbrochen.

Alle die alten Sagen von einem eisfreien, bewachsenen und vielleicht bewohnten Inneren sind seit Langem geschwunden, und hier wie um den Nordpol sind Kälte und Eis allein die Herrschenden. Aber das Eisgebiet ist hier weit größer als auf der entgegengesetzten Seite der Erde, und gerade auf dem Teile, auf dem wir uns mit so geringem Erfolg vorwärtszudrängen versucht hatten,

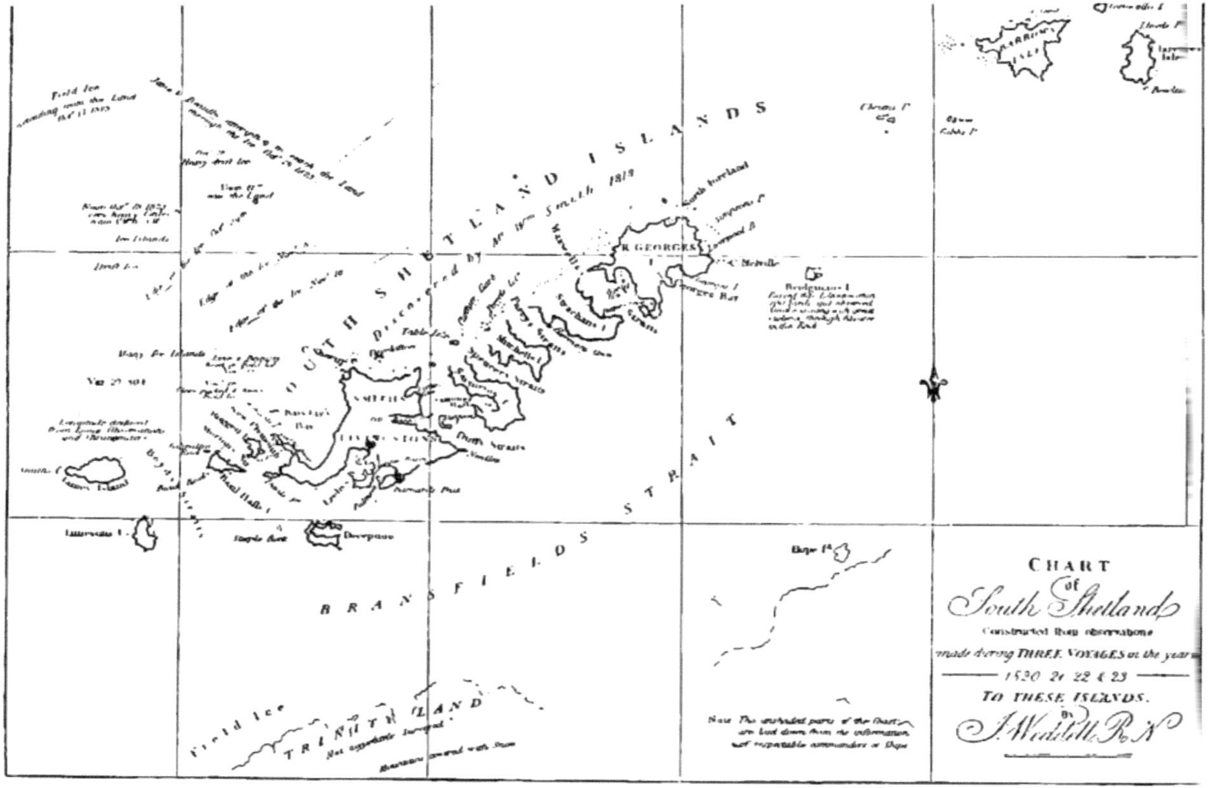

Weddells Karte des Bransfieldsundbereiches.

(Nach den Entdeckungen Smiths, Bransfields und Anderer.)

erstreckt sich die Übereisung am weitesten gen Norden, oder zu einem Breitegrade, der dem Peterburgs entspricht.

Die schlechtest zugängliche Partie der Antarktis ist also die von der schwedischen Expedition aufgesuchte, aber sie ist auch — wie ich bereits dargetan habe, — durch ihren Fossilienreichtum die in wissenschaftlicher Hinsicht am meisten lockende. Hier sind während der letztvergangenen Dezennien die größten geographischen Entdeckungen gemacht worden und in gewissen Hinsichten hat unsere Expedition diese Entdeckungen komplettiert und den geographischen Zusammenhang unter den verschiedenen Teilen der vorgeschobenen Landpartie festgestellt.

Ehe ich zu diesen Arbeiten und Resultaten der schwedischen Expedition übergehe, will ich eine kurzgefaßte Darstellung der Kartenentwicklung nach dem Fortschreiten der vorangegangenen Entdeckungen geben.

Vor mehr als 300 Jahren bekamen Menschen durch einen Zufall die eisumpanzerten Küsten und schneebedeckten Gebirge dieses Teiles der Antarktis zu sehen, und zu Beginn 1800 waren schon mehrere Partieen der vorschießenden Landzunge und der vielen Inseln bekannt. Entdeckung folgte auf Entdeckung und das Kartenbild erfuhr eine immer mehr zuverlässige Änderung, bis schließlich mit unserer Expedition die ganze nördliche Partie des Graham Landes in ihren Hauptzügen vollständig kartiert wurde.

Der erste unfreiwillige Entdecker hier unten war der Holländer Dirk Gherritz, der Befehlshaber einer Jacht, die einem Geschwader, welches 1598 ausgesandt worden, um die spanischen Besitzungen im Stillen Meere anzugreifen, angehörte. Während eines Sturmes wurde am 10. September im Jahre darauf sein Schiff bis zum 64° s. Br. hinuntergeschleudert, wo er ein Land mit hohen eisbedeckten Gebirgen und welches seiner Meinung nach an Norwegen erinnerte, gewahrte.

Ohne seinen Entdeckungen nachzugehen, kehrte Gherritz nach dem Norden zurück, geriet in spanische Gefangenschaft, sandte jedoch später von hier aus briefliche Mitteilungen über seine Entdeckung nach Hause.

Welcher Grad der Glaubwürdigkeit Dirk Gherritz zugemessen werden darf, ist schwer zu bestimmen, und das Gleiche ist sicher auch mit verschiedenen anderen der älteren geographischen Entdecker der Fall, doch ohne Weiteres seine Angabe als reine Erfindung hinzunehmen, dürfte auch ein Übermaß sein. Zwar erwähnt Verhagen in seiner Schilderung der Fahrt des holländischen Geschwaders nichts von einer Entdeckung Gherritz' und findet man von ihr erst etwas wieder in der 1622 herausgekommenen von Van Baerle angefertigten Übersetzung der Arbeit Herreras vor, aber eine hinreichende Erklärung dieses Verzuges kann doch in dem oben erzählten Verhältnisse, daß Gherritz schwer verwundet in spanische Gefangenschaft geriet, gefunden werden.

Einige Übertreibung liegt wohl darin, wenn Gherritz das neuentdeckte Land mit Norwegen vergleicht, doch gewisse Partieen des nördlichen Norwegen dürften zur Winterszeit und auf bedeutende Entfernung große Ähnlichkeiten mit ihm aufweisen.

Vorausgesetzt, daß Gherritz' Angabe des Breitegrades annähernd richtig ist, kann es keinem Zweifel unterworfen sein, daß er die Süd Shetlandgruppe westlich passierte und in Sicht der dicht aneinanderliegenden Inseln, die im Nordwesten den Gerlachesund begrenzen, kam. Dieser Archipel, der eine geographisch völlig selbständige Inselgruppe ausmacht, trägt noch auf einem Teil Karten — auch bei Gerlache — mit Recht den Namen Dirk Gherritz' und einen triftigen Grund, diesen Namen auf einige der östlichen Teile zu übertragen oder ganz von der Karte verschwinden zu lassen, gibt es meiner Auffassung nach nicht.

Es sollten sich mehr als 200 Jahre hinziehen, ehe diese Gegenden aufs Neue und auch da durch eine Zufälligkeit besucht wurden. Der englische Seekapitän William Smith kam bei einer Umseglung des Kap Horns im Februar 1819 zu weit nach dem Süden und sah auf etwa 62° 30′ s. Br. ein von Eis umgebenes Land. Als er im August desselben Jahres von Chile hierher zurückkehrte, konstatierte er, daß das Neuentdeckte eine Inselgruppe war, welche den Namen New South Shetland erhielt. Er machte auch eine Landung auf der Insel, die jetzt den Namen King George Island trägt, und nahm das Land in Besitz Englands.

Wie Gherritz vergleicht auch Smith das neuentdeckte Land mit Norwegen, seine Schilderung der neuentdeckten Gegenden erscheint jedoch bedeutend phantastischer als die seines Vorgängers und die Übertreibungen in seinem Bericht über Tier- und Pflanzenwelt liegen klar zu Tage.

Von Valparaiso wurde im folgenden Sommer dasselbe Schiff unter Befehl des englischen Seeoffiziers Bransfield zur näheren Untersuchung der neuentdeckten Inseln ausgeschickt, die dann auch in ihren Hauptzügen von ihm kartiert wurden.

Eigentümlich muß es erscheinen, daß man während dieser verschiedenen Besuche der Süd Shetlandinseln nicht die südlich belegenen Länder in Sicht bekam. Besonders bei den vielumfassenden Kreuzungen, die eine damalige Kartenaufnahme erforderlich gemacht haben dürfte, mußten wenigstens an klaren Tagen Landumrisse sowohl eines Teiles der Inseln wie auch des Festlandes selbst deutlich hervortreten. Es ist jedoch denkbar, daß auch während der also langen Zeiten, die diese Fahrten in Anspruch nahmen, das Zielvermögen nicht hinreichte, um die in Frage kommenden Küsten bemerken zu können.

Ungefähr gleichzeitig mit Smith war ein amerikanischer Robbenfänger, Sheffield, zu diesem Fahrwasser gesegelt, und in kurzer Frist sammelte sich eine bedeutende Anzahl Fangfahrer um die Süd Shetlandinseln.

Unter diesen befand sich auch eine amerikanische Flottille, deren eines Schiff von Nathaniel Palmer geleitet wurde. Von der Deceptioninsel bemerkten eines Tages diese Amerikaner in südlicher Richtung ein eisbekleidetes bergiges Land, auf dem — wie gesagt wird — ein Vulkan in Tätigkeit war. Palmer wurde zur näheren Erforschung der fremden Küste ausgesandt, doch ein besonderes Resultat scheint mit dieser Fahrt nicht erreicht worden zu sein.

Fanning, welcher die Entdeckung schildert, schlägt für dieses neue Gebiet den Namen Palmer Land vor, doch scheint sein Vorschlag nicht den allgemeinen Beifall gefunden zu haben. Man findet nämlich auf einer englischen Seekarte diesen Namen für das Haddingtongebiet wieder, auf der deutschen Karte nach der Dallmannschen Fahrt für die Inselgruppe, die ich vorher mit Dirk Gherritz'-Archipel bezeichnet habe, und schließlich nennt Gerlache die auf seiner Karte vermerkte Trinityküste Terre de Palmer ou de la Trinity.

Diese letzte Bezeichnungsweise dürfte wohl mit der Kenntnis, die Gerlache nach Abschluß seiner Expedition von dem Aussehen dieser Gegend besaß, die natürliche und richtigste sein, denn wie ich kurz vorher sagte, ist es gerade dieses Gebiet, das von den Amerikanern bemerkt wurde. Gemäß der Feststellung unserer Expedition besteht doch das Trinityland aus einigen wenigen Inseln, und wie ich bei einer Landung auf der Deceptioninsel selbst observiert habe, sieht man von dieser aus an einem klaren Tage nicht bloß diese Inseln, sondern auch Teile von der südlich von ihnen befindlichen Küstenstrecke.

Es ist also wahrscheinlich, daß Palmer, obschon ohne es selbst zu wissen, einen Teil des antarktischen Hauptlandes gesehen hatte, und soll der Name Trinity für eine der Inseln beibehalten werden, dürfte es am richtigsten sein, die von unserer Expedition näher untersuchte Küstenstrecke Palmerland zu benennen.[1])

Auf dem Rückwege von diesen Gegenden trafen die amerikanischen Fangfahrer den Russen Belingshausen, welcher auf der Westseite seine bedeutenden Entdeckungen der Peter I.-Insel und des Alexanderlandes gemacht hatte.

Ich will hier des Amerikaners Morells Entdeckungsgeschichten auf der Ostseite, die als reine Münchhausiaden betrachtet werden müssen, übergehen und auch nicht näher auf die erfolgreiche Forschungsreise des Engländers Weddell in dem Meere, welches

1) Nordenskjöld hat dieser Küste auch den Namen Palmerland gegeben und die größte der Inseln Trinityinsel benannt.

jetzt seinen Namen trägt, eingehen, sondern nur seine auf die Untersuchungen Smiths und Bransfields gestützte Karte vorzeigen. An Stelle dessen werde ich zur ersten Entdeckung des antarktischen Hauptlandes in dieser Gegend übergehen.

Der englische Robbenfangfahrer John Biscoe kam während seiner Weltumseglung im Jahre 1832 in diese Gegenden. Er hatte in der Absicht, neues Land zu finden, einen südlichen Breitegrad aufgesucht und entdeckte am 15. Februar ungefähr 67° 30′ s. Br. und 68° 30′ w. Lg. eine Insel, die hernach Adelaideinsel genannt wurde. Biscoe konstatierte, daß diese die südlichste in einer Inselkette, mit NO—SW:licher Hauptrichtung vor einem hohen zusammenhängenden Lande liegend, welches er selbst als das antarktische Festland („mainland“) ansah. Am 21. Februar unternahm er weiter nördlich eine Landung und nahm das Land für England in Besitz in der Überzeugung, daß auch dieser Teil dem Festlande angehörte. Nach seiner Lagebestimmung des höchsten Berges Mt. William zu urteilen, ist es jedoch keinem Zweifel unterworfen, daß die Landung auf der Insel vor sich ging, der Gerlache später den Namen Ile Anvers gab.

Die von Biscoe entdeckten Inseln werden nunmehr Biscoeinseln und die Küstenstrecke Grahamland genannt.

Das Grahamland ist also der Name des bis jetzt erst bekannten Landes, das nach der eigenen Annahme des Entdeckers einen Teil des Festlandes selbst ausmacht und deshalb von ihm als Festland bezeichnet wurde. Dieses Verhältnis dürfte einen peremtorischen Grund in sich bergen, die ganze südlich vom Bransfieldsunde befindliche Landzunge Grahamland zu benennen, ein Name, der übrigens unter den Geographen ganz natürlich immer mehr angewendet worden und Bürgerrecht erworben hat.

Zwar ist es möglich, daß einige Fangfahrer vor Biscoe einen Teil des Landes gesehen haben, darüber fehlen uns aber bestimmte und zuverlässige Angaben. Es ist auch — wie ich vorher hervorgehoben — wahrscheinlich, daß Palmer oder sein

Gefolge einen Teil der Küste südlich von der Trinitypartie entdeckten, aber einerseits ist es vielleicht nicht Palmer, sondern Pendleton, ein anderer Teilnehmer der Flottille, dem die Priorität zukommt, und andererseits hat sich Palmer im Gegensatz zu Biscoe nicht vergewissert, ob das, was er sah, eine zusammenhängende Küstenstrecke war. Es ist auch möglich, daß das Alexanderland, welches ja früher als das Grahamland gesichtet worden, keine Insel ist, sondern mit dem letzten zusammenhängt, aber die Entscheidung dieser Frage ist die Aufgabe einer künftigen Expedition in diese Gegenden.

Es besteht meiner Auffassung gemäß füglicherweise kein Grund, die Benennung Grahamland mit Palmer- oder Alexanderland zu ersetzen, und dafür schließlich gar den Namen eines der älteren Entdecker wie Gherritz, Smith oder andere, die um die nördlicheren Inseln bemüht waren und nicht einmal das in Frage kommende Eisland gesehen haben, anzunehmen, darf wohl kaum ernstlich in Frage gestellt werden.

Nachdem der Verfasser dieses diese Ansichten in einem Vortrage vor der „Schwedischen Gesellschaft für Antropologie und Geographie" am 24. April 1904 zuerst aussprach, hat Dozent Nordenskjöld seine Ansichten in dieser Namensfrage in der Reiseschilderung „Antarctic" festgelegt. Er akzeptierte in ihr die Benennungen West- und Ostantarktis und demgemäß fällt das von unserer Expedition besuchte Gebiet in die Westantarktis. Die Westantarktis muß also natürlicherweise ungefähr eine Hälfte des Südpolargebietes umfassen, aber dies hindert offenbar nicht, daß sowohl die oben umsprochene hervorragende Landzunge, welche ja nur einen unbedeutenden Teil ausmacht, wie auch die um dieselbe belegenen Inselgruppen ihre respektiven Namen beibehalten. Meines Dafürhaltens gemäß vermindert sich durch die Einführung des Begriffes Westantarktis auch nicht die Notwendigkeit, einen bestimmten, gemeinsamen Namen für die verschiedenen Teile dieser markierten Landzunge zu haben.

Wirft man einen Blick auf die in der Einleitung zum „Antarctic" Seite XIII publizierte Skizze über die Gebiete um den

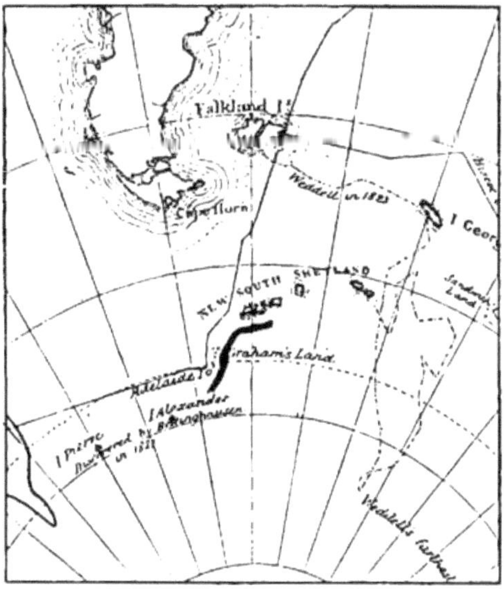

Biscoes Karte von dem zuerst entdeckten Teil des Grahamlandes.

Karte über die von Dumont d'Urville entdeckten Teile des Grahamlandes und umliegenden Inseln.

Kartiert Februar bis März 1838 von V. Dumoulin. Faksimile in etwa der Hälfte der Originalkarte.

südlichen Pol, frappiert einen unwillkürlich die Inkonsequenz der Namenangabe. Innerhalb der Ostantarktis sind die mehr bekannten Küstenpartieen wie Viktoria-, Wilkes- und Enderbyland mit ihren richtigen Namen angegeben, doch innerhalb der Westantarktis findet man nur Alexander I.-Land und den Snow Hill wieder.

Eigentümlicherweise scheint Nordenskjöld mithin die Westantarktis just zu dem Teile begrenzen zu wollen, den ich Grahamland bezeichnet habe. Auf der einzigen von ihm publizierten Karte, — von der eben genannten Skizze abgesehen, — wo sich der Name vorfindet, nämlich der präliminären Übersichtskarte, die den Kurs des Antarctic angibt, plazierte er es über und längs der halbinselförmigen Landspitze vom Alexanderland im Süden zum Ludwig Philippland im Norden. Füglicherweise sollte die Westantarktis die Süd Shetlandinseln nicht umfassen und auch nicht den Dirk Gherritzarchipel, die Trinityinseln oder die Inseln auf der Ostseite. Daß Nordenskjöld die Süd Shetlandinseln nicht zur Westantarktis rechnen will, geht überdies deutlich daraus hervor, daß er der von ihm und mir gemeinsam publizierten Karte — auf der er die Namen allein bestimmte, — die Rubrik „Karte über den nördlichen[1]) Teil des westantarktischen Landgebietes" gab, ungeachtet dessen, daß sich diese Karte nicht weiter nördlich als bis zum 62° 40′ s. Br. erstreckt.

Im Streit mit seinen eigenen Ansichten, daß mit Grahamland nur die östlich von den Biscoeinseln belegene Küste benannt ist, bezeichnet Nordenskjöld zu Anfang der obenerwähnten Reiseschilderung das ganze Land mit Ausnahme des Ludwig Philipplandes also und in der Einleitung scheint er mit Ausnahme des Oscar II.-Landes alles damit umfassen zu wollen.

Dozent Joh. Gunnar Andersson wieder hat in dem von ihm verfaßten Teile gesagter Publikation dem Grahamland konsequent die Begrenzung gegeben, die ich in obenerwähntem Vortrag geltend zu machen gesucht hatte.

---

[1]) Der Sperrdruck ist auf Veranlassung des Verfassers geschehen.

Die wissenschaftlichen Expeditionen von 1838—43 und deren geographische Resultate sind bereits allgemein bekannt. Dumont d'Urville gab durch seine Entdeckung des Ludwig Philipplandes und der Joinvilleinsel dieser Landpartie ihre N.-O.-Begrenzung. Westlich vom Ludwig Philipplande vermeinte er die Mündung eines Kanals zu sehen, welchen er Orléanskanal benannte.

Von der Expedition d'Urvilles stammt auch die erste eigentliche Karte über dieses Gebiet her. Er wurde nämlich von einem Ingenieur Dumoulin begleitet, welcher ihm eine solche von dem neuentdeckten Gebiete ausarbeitete.

Roß komplettierte auf der Karte die Ausstreckung östlich von dem Ludwig Philippland und der Joinvilleinsel, konnte aber schwerer Eisverhältnisse zufolge das Land nicht näher untersuchen. Obgleich zum großen Teil an Deck eines mit dem Eise treibenden Schiffes ausgeführt, ist die Kartenaufnahme des Roß doch wertvoll und gibt ein klares Bild von den wichtigsten äußeren Küstenkonturen, sowie auch ein annähernd richtiges topographisches Bild eines Teiles des Landes wie Mt. Haddington 2c.

In den Jahren 1873—74 besuchte die Nordwestseite des Grahamlandes der deutsche Eismeerbefahrer Dallmann. Gemäß der nach Dallmanns Heimkehr auf Grund seiner Anweisungen angefertigten Karte sollte das hierauf als Palmerland (Dirk Gherritz-Archipel) Bezeichnete von dem Grahamlande durch eine Straße — Bismarckstraße —, in deren westlichen Mündung sich verschiedene Inseln befinden, getrennt sein. Er will ferner festgestellt haben, daß die Lage der Insel Two Hummocks eine fehlerhafte war, und nach Fricker soll er sogar das Trinityland umsegelt und auf seine geringe Ausstreckung hingewiesen haben.

Die nach den etwas schwebenden Angaben Dallmanns konstruierte Karte läßt sich in Bezug auf die Dirk Gherritzpartie schwer mit der von der belgischen Expedition entworfenen vereinen, und wie sich diese zwei Karten vergleichen lassen, werden künftige Untersuchungen ausweisen. Viele Umstände deuten jedoch darauf, daß Dallmann seiner Phantasie einen allzu freien Spielraum gewährt hat. So fehlt beispielsweise seiner Auffassung des

Trinitylandes — wie ich schon vorher angedeutet habe — jede Übereinstimmung mit der Wirklichkeit, und die Behauptung, dasselbe umsegelt zu haben, ist natürlich eine reine Dichtung.

Die belgische Expedition unter Adrien de Gerlache gelangte im Januar 1898 in diese Fahrgewässer. Bei dichtem Nebel passierte Belgica am 23. Januar abends nahe der östlichsten der Dirk Gherritzinseln J. Liège und befand sich plötzlich in einem unbekannten Sunde. Nach einer längeren Debatte beschloß man die Kartierung desselben. Die Kartenaufnahme wurde während einer Zeit von drei Wochen teils vom Schiff herab und teils von 20 Landstationen aus ausgeführt.

Mit einer anfangs sehr großen Ungewißheit, ob dieser neuentdeckte Sund zum Atlantischen Ozean oder Stillen Meere leitete, führte man die Untersuchungen aus, bis die Expedition die Westseite des Grahamlandes erreichte. Während der südwärts gerichteten Fahrt drang Gerlache ganz unbedeutend in eine weite eiserfüllte Bai oder Kanalmündung ein, die seines Dafürhaltens nach der Eingang zur Dallmannschen Bismarckstraße sein kann.

Wohin diese Straße führen soll, ist mir ein Rätsel, denn durch unsere Untersuchungen auf der Nordküste des Grahamlandes ist es völlig festgestellt, daß vom Kap Murray zum Kap Roquemaurel keine Kanalmündung existiert, die dorthinzuversetzen wäre, und dasselbe war Nordenskjöld zufolge auch auf der Ostseite der Fall. Das Wahrscheinlichste dürfte füglicherweise sein, daß Dallmanns Bismarckstraße mit dem Gerlachesund der Belgier zusammenfällt.

Auf diesen letzten Sund werde ich in einem anderen Zusammenhang bald zurückkommen.

Schon vor der belgischen Expedition waren auf der Ostseite des Grahamlandes von Teilnehmern an Fangfahrten der Schottländer und Norweger große und bedeutende Entdeckungen gemacht worden. Im Jahre 1892 gingen nämlich von dem Lande der ersteren vier und von dem der letzteren ein Schiff zu dem Fahrgewässer südlich von Kap Horn ab zu Robben- und Walfang. Bei der schottischen Flottille befanden sich die Ärzte Bruce und

Donald, die teilweise die Karte über die Joinvilleinsel verbesserten. So wiesen sie darauf hin, daß der südwestliche Teil der genannten Insel eine besondere Insel sei, die den Namen Dundeeinsel erhielt. Sie kamen jedoch nicht durch den Antarcticsund, was es erklärlich machen kann, daß sie die großen Fehler, die das damalige Kartenbild aufwies, nicht bemerkten.

Das norwegische Schiff „Jason" (später „Stella Polare") wurde, wie ich bereits im 2. Kapitel erwähnt habe, von Larsen geführt. In diesem Sommer machte Larsen keine wichtigen Entdeckungen, nur fand er, daß Kap Seymour das südlichste Vorgebirge einer Insel ist. Im nächsten Sommer ist er aber schon wieder hier und nun macht er seine große geographische Entdeckung der Landstrecke südlich von der Snow Hillpartie, die Robbeninseln, König Oscar II.-Land ꝛc.

In Ermangelung einer kartographischen Ausrüstung mußte Larsen sich darauf beschränken, gestützt auf den Kurs (Besteck) des Schiffes vom Großtop herab die Hauptzüge der neuentdeckten Küstenstrecken und Inseln zu skizzieren. Daß dabei sehr große Fehler unterlaufen müssen, besonders bei einem solcher Arbeiten ungewohnten Manne, ist ja unvermeidlich. Man muß indessen dankbar anerkennen, daß Larsen ein verhältnismäßig richtiges Bild dieser Gegend lieferte.

Daß er nichts von der Küstenstrecke westlich und nördlich von den Robbeninseln wahrgenommen, muß dem hier unten sehr häufigen Nebel, der sich gern über Land lagert und dasselbe verhüllt, zugeschrieben werden. Teils diesem zufolge, teils daher, daß er östlich von den Robbeninseln eine starke Strömung bemerkte, erhielt Larsen die Auffassung, daß südlich vom Snow Hill ein Sund ausmündete, welcher nach Annahme das Ludwig Philippland von dem König Oscar II.-Land abschnitt, und erklärlicherweise brachte er ihn mit dem Orléanskanal d'Urvilles in Verbindung.

* * *

Als schließlich die schwedische Expedition den Steven diesen Polargegenden zuwandte, hatte die von der englischen Admiralität publizierte Seekarte das Aussehen, wie es die nebenstehende Abbildung zeigt.

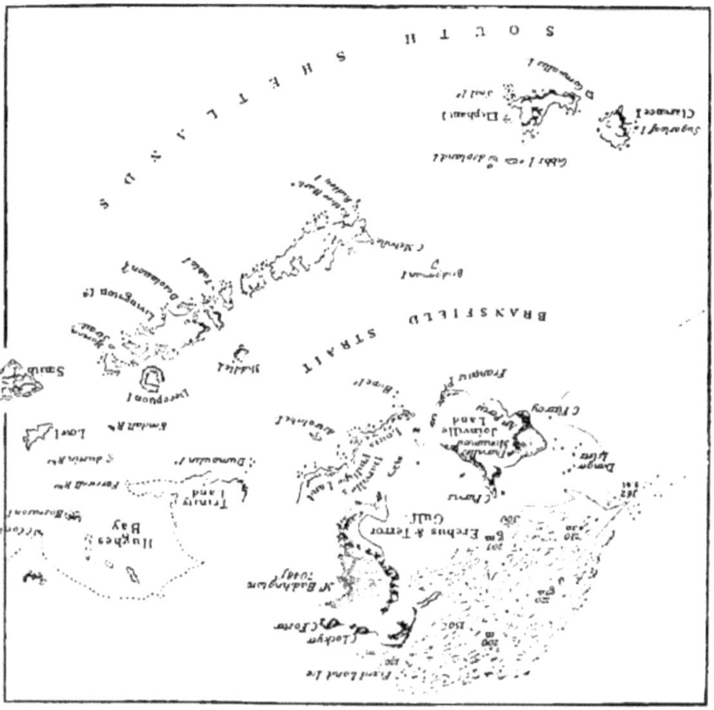

J. C. Roß' Karte über die von ihm neuentdeckten Gebiete am nordöstlichen Teile des Grahamlandes und dabei liegenden Inseln.

Faksimile nach dem Original. (Die Karte wird hier umgewendet gebracht, um die gebräuchliche Orientierung von Nord und Süd zu erhalten.)

Hier hatte man den Gerlachekanal der Belgier aufgenommen, aber keine Notiz von den Entdeckungen Dallmanns, und füglicherweise die Trinitypartie und das Gebiet um den vermuteten Orléanskanal unverändert gelassen. Was die Ostküste des Grahamlandes betrifft, so hatte man sich sowohl der Entdeckungen der Schotten wie der Larsens bedient.

Ich habe bereits vorher im Zusammenhang mit der Erzählung der Eisfahrten erwähnt, welche geographischen Probleme wir in erster Linie zu lösen hatten und wie wir unsere Aufgabe erfüllten und will mich hier deshalb kurz fassen.

Am 11. Januar 1902 verließ der Antarctic die Süd Shetlandinseln, südwärts steuernd. Vor allem galt es, die Existenz des Orléanskanales, um dessen Sein oder Nichtsein man sich nach den Entdeckungen Larsens lange gestritten, zu erforschen.

Daß wir in jenem Sommer unsere Aufgabe nicht lösten, habe ich schon im 2. Kapitel berichtet. Allerdings konnten wir mit Sicherheit berechnen, daß kein südlichgehender Kanal existierte, der das Ludwig Philippland von dem Grahamland abschnitt. Ob die neuaufgefundene Küste, welche sich vom Kap Roquemaurel in südwestlicher Richtung erstreckte, mit dem Dancolande zusammenhing oder nicht, mußten wir jedoch unerforscht lassen.

Das Einzige, das entgegen unserem Besteck und dem Aussehen der belgischen Karte auf die vorige Alternative hindeutete, war das schon früher erwähnte Bild vom Kap Murray (in der Reiseschilderung Cooks), doch dieses Bild konnte doch nicht als hinreichender Beweis dienen. Die Launenhaftigkeit der Natur konnte uns ja einen Possen spielen, die Retouchierungen der publizierten Photographie konnten sie auch verändert haben und schließlich ist es *möglich*, daß eine Photographie bei der Herausgabe der Reiseschilderung vertauscht worden war und einen falschen Namen und Platz erhalten hatte.[1])

[1]) Das ist sicherlich der Fall mit der Abbildung der *Ile Auguste* in demselben Buche. Es war uns absolut unmöglich, eine Aehnlichkeit zwischen dem Bilde und der Insel, die auf der Karte diesen Namen trägt, herauszufinden.

Als ich zwei Jahre später Nordenskjöld bei unserer letzten Schlittentour begegnete und er erfuhr, daß das Problem des Orléanskanales gelöst war, fragte ich ihn, ob er, wären wir durch irgendeine Ursache verhindert gewesen, dies Verhältnis zu erforschen, nur gestützt auf das Bild im Cookschen Buche nach unserer Heimkehr hätte mit Sicherheit die Behauptung, daß der Gerlachesund und der Orléanskanal zusammenhängen, bekräftigen können. Er antwortete mir damals, daß er, obgleich er persönlich davon überzeugt gewesen, das betreffende Bild vom Kap Murray doch nicht als hinreichenden Beweis angesehen hätte.

Die Zeit drängte und wir mußten leider diese interessante Frage diesmal unerledigt lassen. Entweder hatte die neugefundene Küstenstrecke uns in den Gerlachesund geführt, oder auch zu einem südlich von ihm befindlichen Sund. Daß das Besteck einen südlicheren Kurs angab, konnte ja durch Chronometerfehler und Einwirkung von Meeresströmungen erklärt werden. Ein Umstand, der doch wirklich für das Vorhandensein einer Straße südlich von der der Belgier sprach, war die Dallmannsche Angabe der Lage der Bismarckstraße, welche Angabe von Gerlache wesentlich gestützt wurde, da er dem Süden zu eine breite Baimündung vorgefunden hatte.

Im nächsten Sommer sollten die neugefundenen Küsten kartiert werden und damit das Rätsel seine Lösung finden.

Durch diese Kartenaufnahme wurde zu voller Evidenz klargelegt, daß das Ludwig Philippland und das Dancoland zusammenhängen und es füglicherweise keinen selbständigen Orléanskanal gibt. Derselbe muß deshalb — wie ich vorher dargetan habe — entweder als Einlauf zum oder als ein Teil des Gerlachesundes betrachtet werden. Hierdurch kam zum erstenmal Ordnung in das Wirrwarr von Angaben, das wegen der Trinitypartie herrschte.

Ehe ich diese Frage verlasse, kann ich nicht umhin, auf die distinkte Art hinzuweisen, in der wir den Zusammenhang mit dem Gerlachesund feststellten. Bei dieser Gelegenheit war die Two Hummocksinsel frei von Nebel, sodaß man deutlich die Form ihrer Eishülle sehen und die Insel mit der von Arctowski im Antarctic-Manual veröffentlichten Zeichnung vergleichen konnte. Die schlagende Ähnlichkeit ließ keinen Zweifel übrig. Wir begnügten uns jedoch damit nicht. Nachdem ich die Kartenaufnahme der letzten Bucht abgeschlossen hatte, die identisch sein könnte mit der Belgier Brialmontbai, obgleich sie, wie ich bald zeigen werde, wenig Ähnlichkeit aufwies, richteten wir den Kurs auf den Punkt der Karte, den wir uns vorher vorgenommen hatten, zu identifizieren, nämlich nach der Landspitze, auf der Gerlache seine fünfte Landung gemacht hatte und die von ihm den Namen Kap Neyt erhielt. Eine Abbildung dieses Vorgebirges hatten wir sowohl in der Publikation Cooks und im Antarctic Manual, und seine Berggipfel, Eisformen und Küstenklippen waren äußerst charakteristisch.

Bei der Annäherung fanden wir, daß Detail für Detail völlig mit dem Bilde übereinstimmte und damit war die Frage abgetan.

Wir hatten nun dieselbe Schwierigkeit wie im vorigen Sommer, uns nach der belgischen Karte den Weg zu suchen. Daß Gerlache Kap Neyt passieren konnte, ohne die Hoseasoninsel zu observieren, beruhte darauf, daß er während seiner Fahrt dichten Nebel hatte. Vier Tage später kehrte er jedoch bei den Kartierungsarbeiten zu genanntem Kap während strahlend klarem Wetter zurück und bemerkte dennoch nicht die Gruppe von drei in Linie liegender Inseln, die sich zwischen Kap Neyt und der Trinityinsel befindet.

Nordenskjöld nimmt an, daß diese Inseln dieselben sind, die Gerlache Iles Christiania genannt hat, und hat ihnen deshalb den Namen Kristianiainseln gegeben.

Ich beschloß, meine Kartenaufnahme bis zum Kap Murray vorzunehmen und, um einen Vergleich zu erhalten, die in meinem Gebiete liegende von Lecointe kartierte Brialmontbay mitzunehmen. Das Resultat geht aus dem Bilde hervor.

Ich hatte hier nicht weniger als vier Landstationen und von ihnen waren 2 auf eine Inselgruppe verlegt, von der auf dem älteren Kartenbilde nicht viele Andeutungen zu finden waren. Auch östlich vom Kap Murray landete ich auf zwei recht ansehnlichen Inseln, von denen sich auf der belgischen Karte keine Spur vorfindet. Ich brauche nicht darauf hinzuweisen, daß ich nicht allein gewesen, um die Existenz dieser Inseln zu konstatieren und ihre Lage in der Weise anzugeben, wie auf der Karte zu ersehen.

Durch unsere Untersuchungen an der Nordwestküste des Grahamlandes wurde also die Lücke ausgefüllt, die bis dahin in der Landkontur dieser Seite zu finden war.

In demselben Sommer, da diese Messungen ausgeführt wurden, machte Nordenskjöld vom Snow Hill aus eine Schlittenfahrt das König Oscar II.-Land entlang hinunter bis gegen den den 66 ° s. Br. Das Resultat dieser Fahrt geht aus dem veränderten Aussehen der Karte hervor. Die Küste des König Oscar II.-Landes zog sich nämlich in einem weiten Bogen nach Westen und vor derselben fand Nordenskjöld eine niedrige die Robbeninseln umschließende Eisterrasse. Ob diese Eisterrasse aus Landeis oder Meereseis bestand, konnte er jedoch nicht berechnen. Er schien aber der ersten Annahme zuzuneigen und hat in Übereinstimmung hiermit die westlich von der Robertsoninsel liegenden Inseln als Nunataks aufgefaßt. Eine nähere Rechenschaft der Arbeitsmethoden Nordenskjölds und seiner kartographischen Resultate kann ich hier nicht abgeben.

Später im Sommer bemerkten Doz. J. G. Andersson und ich, wie ich früher während unserer ersten Schlittenfahrt von der Bucht der Hoffnung aus berichtet habe, daß nördlich von der Bucht, die Roß die Sidney Herbert Bay benannte, ein ganz breiter Sund bestand, der mit genannter Bucht zusammenzuhängen schien, dessen inneren Abschluß wir jedoch nicht sehen konnten.

Ein Jahr später machte Nordenskjöld seine zweite Schlittenfahrt und entdeckte nun, daß die früher von ihm westlich vom Mt. Haddington observierte weite Öffnung ein Sund war, den er den Kronprinz Gustavkanal benannte. Ungefähr zur gleichen Zeit hatten wir unsere letzte Schlittentour von der Bucht der Hoffnung angetreten und trafen dann mit Nordenskjöld in

Karte vom Grahamland,

angefertigt nach Angabe der Entdeckungen Dallmanns. Aus Ymer 1898.

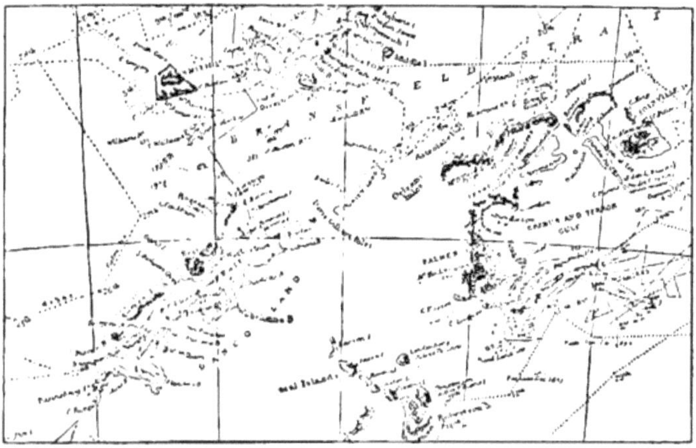

Verkleinerte Faksimile der Seekarte der englischen Admiralität zur Zeit des Antritts der schwedischen Südpolexpedition.

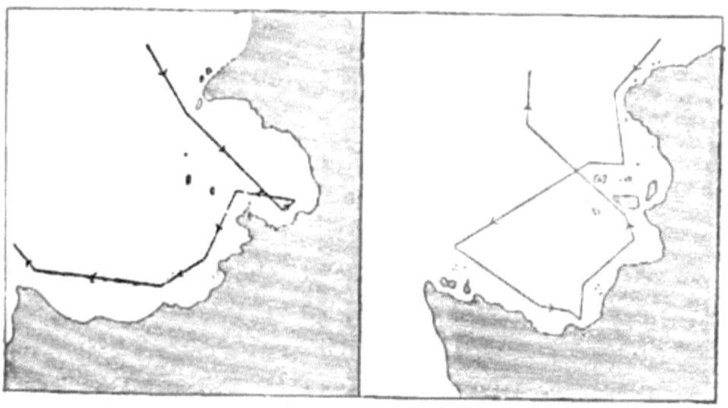

Die belgische. Die schwedische.

Vergleich der Karten über die Brialmont Bay der belgischen und schwedischen Expedition.

der Mündung des neuentdeckten Sundes gleich nördlich vor der Teufelsinsel zusammen. Während einer Skitour am Tage zuvor hatte ich bemerkt, daß sich eine Verbindung zwischen diesem Sunde und der Sidney Herbertbai befand. Auf diesem Wege schritten wir nun fort.

Vor unserem Zusammentreffen hatte Nordenskjöld die Küsten längs des Weges seines Marsches kartiert und während unseres gemeinsamen Weges zum Snow Hill setzte ich die Arbeit fort. Mit der einfachen Instrumentausrüstung, die mir zu Gebote stand, und infolge der Eile, womit wir dahinzogen, wurde die Wiedergabe der Vegainsel sowie der Sidney Herbertbai mehr eine Skizzierung als eine Kartenaufnahme. Durch die früher erzählte unglückliche Zufälligkeit, die uns während unserer ersten Schlittentour zustieß, bei der sowohl mein Kartenmaterial über das Gebiet von der Bucht der Hoffnung bis zum Kap Gordon wie die Instrumente verloren gingen, wurde auch diese Partie nur skizziert.

Wird die vor unserer Expedition publizierte Karte über das Grahamland mit der jetzt hergestellten verglichen, findet man sofort, daß die größten Veränderungen auf der Ostseite vor sich gegangen, daß dort nicht viel übriggeblieben, was an die alte Konfiguration erinnert. Die von uns gemachten Entdeckungen waren teilweise ganz unerwartete, wohingegen eine Umgestaltung der Nordwestküste um den Orléanskanal vorausgesehen war.

Durch unsere Untersuchungen hat der nördliche Teil des Grahamlandes eine zusammenhängende Landkontur erhalten und auch die herumliegenden Inseln wurden im großen Ganzen richtig wiedergegeben.

Noch ist die Kartierung der Nordwestseite des Dirk Gherritzarchipels übrig. Diese Aufgabe geht indessen in das Programm der jetzt vorsichgehenden französischen Südpolexpedition Charcots und es ist zu hoffen, daß ihm die zufriedenstellende Lösung derselben glückt.

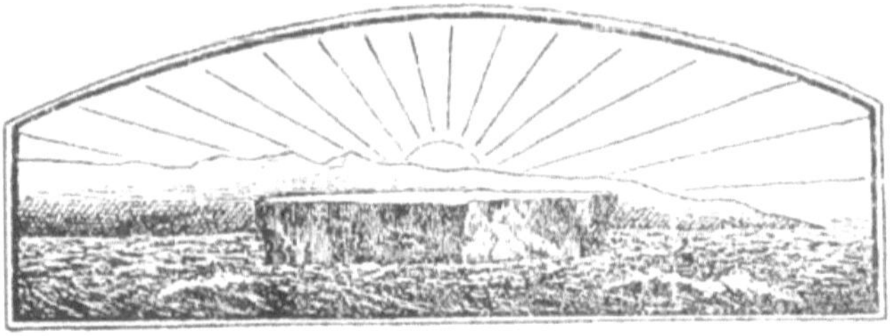

Schlusswort.

Es ist gesagt worden, daß man bei der Polarerforschung mit kleinen Hilfsmitteln sehr viel erzielen und große Resultate gewinnen kann, und das ist in gewissem Grade wahr.

Die schwedische Südpolarexpedition kostete nur einen Bruchteil von dem, was die gleichzeitig ausgesandten deutschen und englischen Expeditionen verschlangen, und doch wären unsere wissenschaftlichen Ergebnisse, hätte uns nicht ein Unglück betroffen und uns eines Teiles derselben beraubt, von einem seltenen Umfange gewesen.

Ob unser Schiff sich im Kampf mit dem Eise besser gestanden hätte, wenn es nicht so alt gewesen wäre, ist schwer zu beurteilen. Das Wahrscheinlichste ist jedoch, daß ein zu dem Zweck neue gebautes Schiff gleichen Modells in diesem besonderen Falle auch dem eisenharten Druck des Eises unterlegen wäre. Der betrübende Schiffbruch darf daher nicht mangelndem Vorausberechnungsvermögen des Expeditionsleiters oder Schiffschefs zugeschrieben, sondern nur als ein durch unvermeidliche Zufällig-

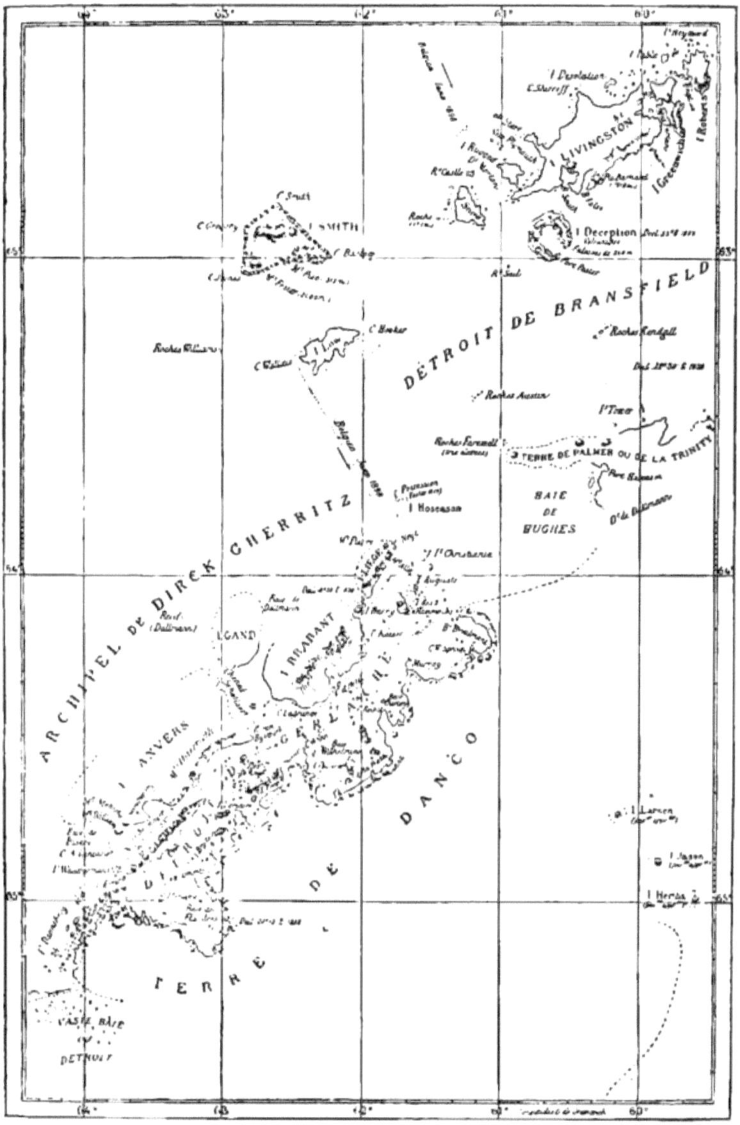

A. de Gerlaches Karte des Gebiets um den Gerlachekanal.

keiten entstandenes Unglück, worauf ja jeder Polarforscher gefaßt sein muß, angesehen werden.

Trotz dieses Unglücks und ungeachtet dessen, daß die Ausrüstung der Expedition eine knappgehaltene und auch in den wissenschaftlichen Zweigen eine teilweise mangelhafte war, haben wir größere naturhistorische Sammlungen heimgeführt als eine frühere schwedische Polarexpedition.

Mit so begrenzten Mitteln ein derartig vielumfassendes Unternehmen starten zu lassen, sollte jedoch nicht zur Nachahmung auffordern, denn die hierdurch unvermeidlichen Entbehrungen machen sich in vielen Hinsichten bemerkbar, und in einem Falle wie dem unserigen haben ja die schlechten ökonomischen Verhältnisse eine Fangjagd hervorgezwungen, die zu gewissen Zeiten störend auf die anderen Arbeiten einwirkte. Es ist daher zu hoffen, wenn künftig eine schwedische Polarexpedition mit nur wissenschaftlichen Zielen zustande kommt, daß dies unter günstigeren Verhältnissen geschehe, mit reichlicheren Mitteln und einer erstklassigen Ausrüstung, um von noch größeren Erfolgen begleitet sein zu können.

Daß wir mit den geringen Hilfsmitteln, die uns zu Gebote standen, in gewissen Hinsichten so bedeutende Resultate erzielten, beruht in erster Linie darauf, daß die Gegend, in der wir arbeiteten, beziehungsweise besonders ergiebig gewesen.

Aber auch andere Umstände haben kräftig zu unseren Erfolgen beigetragen. So die Energie und Ausdauer der Expeditionsmänner, durch die viele Schwierigkeiten überwunden wurden, — und vor Allem ist es die feste und unerschütterliche Freundschaft, die während dieser Fahrt ständig zwischen den Schweden und Norwegern herrschte und die sich auch in brüderlichem Streben, ihrem Lande Ehre zu machen, ausdrückte. Je länger wir gemeinsam das Deck des alten Antarctic traten, je länger wir Mühen und Gefahren teilten, desto nachdrücklicher und wärmer empfanden wir, wie eng die Brüdervölker zu einander gehören.

* * *

Ehe ich die Feder zur Seite lege, kann ich nicht umhin, denen, die sich hinauswagten, uns zu suchen, meinen herzlichsten Dank auszusprechen.

Zuerst den Argentiniern, denen das Glück wohlwollte, uns ohne Schwierigkeiten zu finden und zu ihrem Heimatlande zu bringen. Herzlicher und liebenswürdiger hätten wir von keinem anderen empfangen werden können, und sowohl die ungewöhnlich angenehme Fahrt auf dem Uruguay wie auch die folgenden Tage endloser, glänzender Festlichkeiten in der Hauptstadt Argentinas machen ein Gedenken fürs Leben aus.

Und doch wurde es, da man wußte, daß auch eine schwedische Expedition zu unserem Entsatz abgegangen war, bitter empfunden, daß wir nicht zuerst von unseren Landsleuten begrüßt wurden und die Fahrt nach dem Norden unter schwedischer Flagge machten. In das Festgetöse und den Jubel, der uns in Buenos Aires umgab, mischte sich mit dem Entzücken, wieder dem Leben zurückgeführt zu sein, ein Empfinden des Bedauerns, nicht deren Hand drücken zu können, die aus Schweden zu unserer Hilfe hinunter nach dem Süden geeilt waren.

Nach verschwundenen Polarfahrern zu forschen, ist ein schweres und oft undankbares Unternehmen, und das Schicksal wollte, daß in dem Wettlauf, dessen Ziel der Snow Hill war, die Fremden zuerst anlangten. Kapitän Gyldén und seine Begleiter erreichten ebenfalls das Ziel, aber nur, um zu finden, daß ihre Hilfe nicht mehr benötigt wurde. Sie hatten jedoch, obgleich ihnen die Erfüllung ihres Vorhabens nicht vergönnt sein sollte, ihre Pflicht erfüllt und ihr Leben auf der abenteuerlichen Fahrt gewagt.

Ich fühle mich dazu gedrängt, auch den Männern der schwedischen Entsatzexpedition meinen herzlichsten Dank auszudrücken.

* * *

Ich habe nun meine anspruchslose Schilderung ein Jahr nach der Rückkehr in die Heimat beendigt.

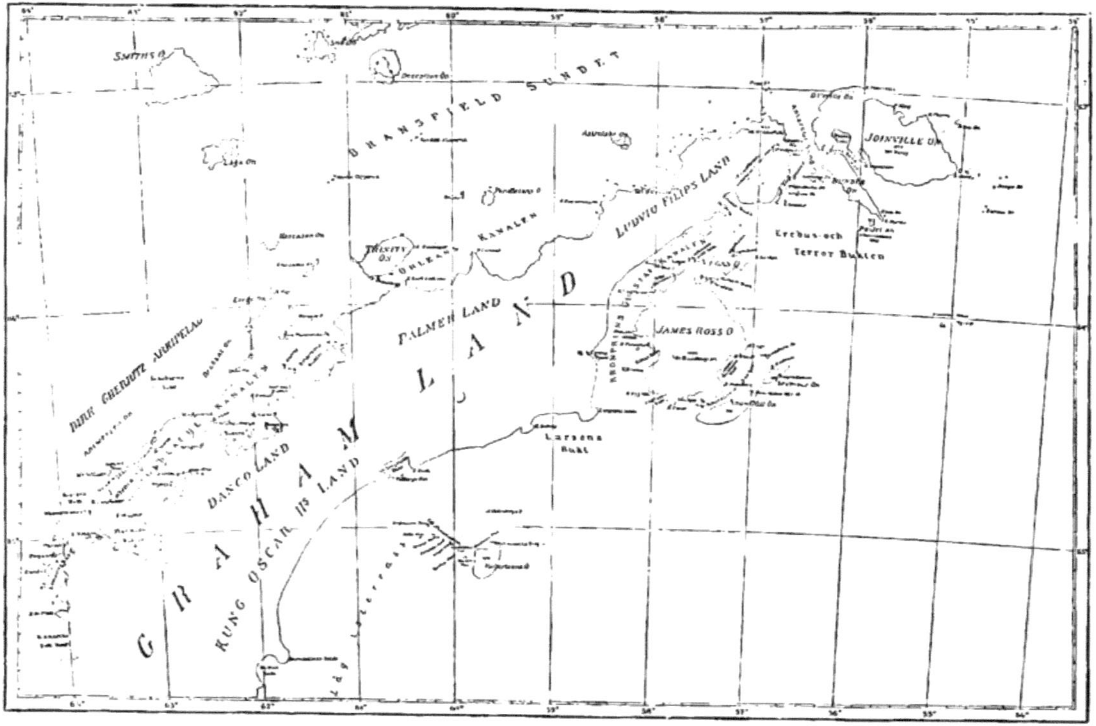

Karte der schwedischen Südpolexpedition vom nördlichen Teile des Grahamlandes.

In meinem warmen, ruhigen Heim sitzend, unberührt von Stürmen und Kälte und mich kaum erinnernd, wie wirklicher Hunger empfunden wird, habe ich versucht, aus meinem verrußten und nahezu unleserlichen Tagebuche die Stimmungen und Eindrücke wiederzugeben und in Kürze meine Erlebnisse während der schwedischen Südpolarexpedition zu erzählen.

Während die Feder über das Papier rasselte, habe ich noch einmal Stunden der Zuversicht und Hoffnung, der Freude über unsere Erfolge und ergebnisreichen Arbeit durchlebt. Ich habe wieder die düsteren Zeiten des Malheurs mitgemacht, da unser kleiner Kreis zersplittert wurde und drei von uns an der Bucht der Hoffnung den Schrecken der Isolierung und des antarktischen Winters standhielten, ein Leben führend, das teilweise dürftiger als das der Eskimos. Noch einmal habe ich in der schwarzen, schmutzigen Steinhöhle gelegen und die Pinguinensuppe aus meinem rußigen und öligen Eßgerät gegessen. — —

Ich habe die sonnigen Tage durchlebt, als mit der frühesten Vorempfindung des Lenzes plötzlich die Befreiung wie in der überraschenden glücklichen Schlußszene eines Schauspieles kam und uns verkündete, daß wir nicht länger frieren und entbehren brauchten und daß der Weg zur Heimat offen war.

Wie ein phantastischer Traum erscheint mir jetzt die ans Sagenhafte streifende Errettung und wie ein Traum kommt mir oft die lange Zeit vor, die ich abgetrennt von Zivilisation und Kultur durchlebt habe.

Das Ganze ist jetzt nur ein vergangener Abschluß in meinem Leben. Werde ich nach und nach die düsteren Seiten desselben vergessen?

Ich weiß es nicht.

Noch ist die Erinnerung unverwischt, — vielleicht überzogen mit einem Hauch märchenhafter Nichtwirklichkeit, der den Bildern eine etwas lichtere Farbe gibt. —

Und da ich nun wieder hier in der Heimat unter den alten alltäglichen Verhältnissen lebe, locken diese Erinnerungen mit wunderbarem Reiz, die Erinnerungen an Abenteuer auf Schnee und Eis, unter Seehunden und Pinguinen. Mitunter überkommt mich eine unbezähmbare Sehnsucht nach der großen, wüsten Ferne, wo Gefahren lauern, welche einen begeistern muß. Ich sehne mich wieder fort über das Meer nach dem bedrückend großartigen Eislande, wo der Schnee ausgebreitet liegt wie ein Leichentuch, weiß und kalt, wo wir unser armseliges Eskimoleben in Schmutz und Kälte, aber mit einem Hoffen auf die Zukunft, das schließlich triumphieren sollte, geführt haben.